陕西省安康中学校本教材

中学数学建模方法

High School Mathematical Modeling Methods

主 编 刘铁 杨婧 曹显斌

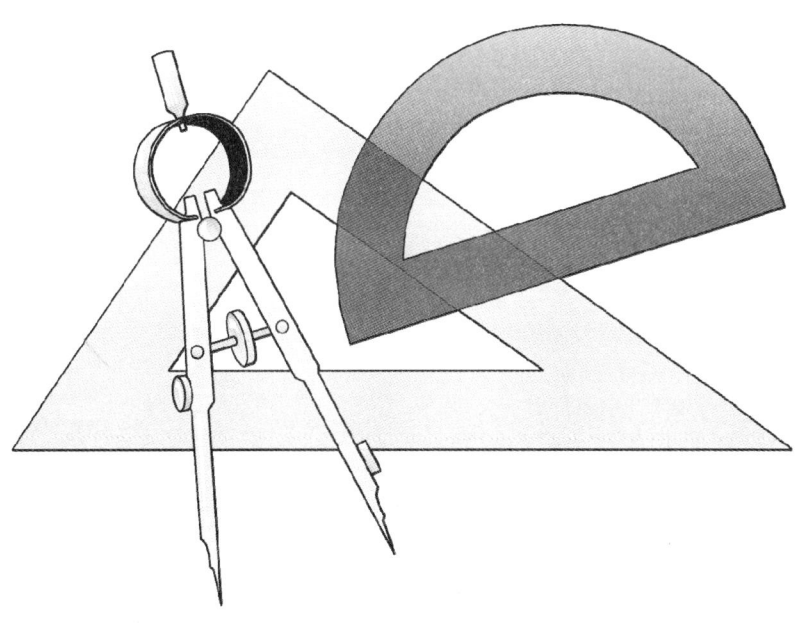

西南交通大学出版社

·成都·

内容提要

本书主要内容有：模型篇，介绍数学建模概论、中学数学建模思想方法、线性规划、非线性规划、初等离散模型、图与网络模型、统计回归模型、拟合等；软件篇，介绍 LINGO 与 MATLAB 软件的使用技巧，展现数学软件在实际问题求解中的应用.

本书可作为广大中学数学教师开展中学数学建模教学及竞赛培训指导用书.

图书在版编目（CIP）数据

中学数学建模方法 / 刘铁，杨婧，曹显斌主编. —成都：西南交通大学出版社，2018.5（2022.2 重印）
ISBN 978-7-5643-6168-6

Ⅰ. ①中… Ⅱ. ①刘… ②杨… ③曹… Ⅲ. ①中学数学课 – 教学参考资料 Ⅳ. ①G634.603

中国版本图书馆 CIP 数据核字（2018）第 090547 号

中学数学建模方法

主编 / 刘铁　杨婧　曹显斌　　　责任编辑 / 张宝华
　　　　　　　　　　　　　　　　封面设计 / 何东琳设计工作室

西南交通大学出版社出版发行
（四川省成都市二环路北一段 111 号西南交通大学创新大厦 21 楼　610031）
发行部电话：028-87600564　　　028-87600533
网址　http://www.xnjdcbs.com
印刷　四川森林印务有限责任公司

成品尺寸　185 mm×260 mm
印张　16　　字数　397 千
版次　2018 年 5 月第 1 版　　印次　2022 年 2 月第 2 次

书号　ISBN 978-7-5643-6168-6
定价　39.80 元

课件咨询电话：028-87600533
图书如有印装质量问题　本社负责退换
版权所有　盗版必究　举报电话：028-87600562

前　言

　　数学建模是数学与外部世界之间联系的桥梁，也是数学通向实际应用的必经之路，是促进应用数学蓬勃发展的不竭动力．它不仅为数学与应用的有效结合建立了可靠的保证和基础，而且也为数学学科本身的发展提供了无穷的契机，并铺平了广阔的道路．它能启迪广大学生的数学心智，培养他们的数学情感，促使他们更好地品味数学、理解数学和热爱数学，从而有力地促进创新型人才的培养，这是对素质教育的重要贡献．

　　数学建模的发展得益于数学建模竞赛活动．数学建模竞赛起源于美国（1938 年）．从 1985 年起美国数学及其应用联合会（COMAP）每年主办一届美国大学生数学建模竞赛（MCM），之后发展为一项国际性赛事．从 1992 年起中国工业与应用数学学会（CSIAM）每年主办一届中国大学生数学建模竞赛，目前已成为教育部重点支持的四大竞赛之首．近年来，随着中学数学教学改革的逐渐深入，人们越来越意识到，对以应试教育为主的中学生而言，进行创新能力培养已刻不容缓，于是在中学开展数学建模教育就成为首选，也正是在这样的背景下，中学生数学建模竞赛活动蓬勃发展起来．1999 年起美国数学及其应用联合会（COMAP）又组织了美国高中数学建模竞赛（HiMCM），它也发展为一项国际性赛事．现在国内教育改革走在前列的省市（京、沪、苏、东三省）已开始定期举办中学生数学建模竞赛，2016 年起由中国工业与应用数学学会（CSIAM）主办并开始举办"登峰杯"全国中学生数学建模竞赛，这是面向全国中学生开展的专业性数学建模作品创新与竞赛活动，旨在更好地引导中学生认识数学并努力衔接高中数学与大学数学的学习，提高中学生以团队方式解决问题的综合能力，培养中学生的创新意识和思维．

　　根据我们多年的教学经验，编写该书时，除介绍常用的数学建模方法外，还选取了数学建模过程中较为常用的 LINGO 软件和 MATLAB 软件，并在软件篇中进行了较为系统的介绍，不过去除了中学生可能应用不到的部分，以便有重点地向中学生展示数学软件在模型求解中的应用．

　　基于上述指导思想，本书在编写上具有如下特点：

　　（1）集应用数学知识、数学建模、数学软件应用于一体，既简要介绍正确描述和解决实际问题的应用数学知识，又结合实例介绍应用相应的数学知识建立数学模型的技术，以及选用合适的数学软件包来求解模型的技术．

　　（2）与国内同类教材相比，该教材更注重实用性，其内容取材于最具应用性的精华案例，这既精简了内容，又突出了重点．

　　（3）各章节内容相对独立，以便根据教学时数、教学要求和学生程度加以取舍．

　　（4）综合介绍各种数学软件的编程技巧．本书取各种数学软件之长，以便教会学生综合运用各种数学软件来处理问题．例如，LINGO 处理优化问题要比 MATLAB 更专业，而 MATLAB 更擅长于各种复杂程序的编写．所以，恰当地选择处理问题的软件及多种软件的配合使用，也是提高学生建模能力的关键技术．

本书分为模型篇和软件篇两部分,其中模型篇第一章从宏观上介绍了数学建模的概念、步骤、过程及分类;第二章介绍中学数学建模思想方法;第三章给出必要的中学数学知识储备及扩充;第四章介绍初等模型;第五章、第六章为优化模型专题;第七章、第八章为离散数学模型专题;第九章、第十章为数据处理专题. 案例丰富、精当、生动、可移植性强,便于自学. 软件篇系统地介绍模型求解"利器"——LINGO 和 MATLAB 的编程技巧,并辅以习题,以帮助学生巩固和掌握这两款软件的使用技术,同时也训练学生分析问题和解决问题的建模能力.

本书编写的具体分工如下:杨婧老师(安康中学)撰写模型篇第一章至第四章及第十章;刘铁老师(安康学院)撰写模型篇第五章至第九章及软件篇第一章;曹显斌老师(安康中学)撰写软件篇第二章至第五章. 全书由刘铁老师统稿.

本书是安康中学与安康学院横向科研项目——"数学建模竞赛对高中生数学综合素质提升的研究"的研究成果之一,感谢安康中学对本书的资助,本书属于安康中学校本教材.

本书可作为中学生数学建模课程或数学建模竞赛培训教材.

刘 铁 于安康

二〇一八年元月

目 录

模型篇

第一章　绪　论 ··· 3
　第一节　数学模型与数学建模 ··· 3
　第二节　数学建模的方法、步骤、分类及建模能力的培养 ············· 5
　第三节　如何写好数学建模竞赛论文 ··· 9
　习题 ··· 12

第二章　中学数学建模思想方法 ·· 14
　第一节　中学数学建模 ·· 14
　第二节　中学常见的数学模型 ·· 18
　习题 ··· 26

第三章　中学数学知识储备与扩充 ·· 28
　第一节　《数列》核心知识点 ··· 28
　第二节　《线性规划》核心知识点 ··· 32
　第三节　《排列组合》核心知识点 ··· 36
　第四节　《平面向量》核心知识点 ··· 40
　第五节　《矩阵》基本知识点 ··· 43
　习题 ··· 49

第四章　初等模型 ··· 51
　第一节　商人们怎样安全过河 ·· 51
　第二节　揪出泄密三人帮 ·· 54
　第三节　双层玻璃的功效问题 ·· 58
　习题 ··· 59

第五章　线性规划模型 ··· 60
　第一节　奶制品的生产与销售 ·· 60
　第二节　自来水输送与货机装运 ··· 67
　第三节　汽车生产与原油采购 ·· 72
　第四节　接力队的选拔与选课策略 ·· 79
　第五节　钢管截割问题 ·· 84
　习题 ··· 88

第六章　非线性规划模型 ··· 90
　第一节　非线性规划的数学模型 ··· 90

第二节　供应与选址 ·· 93
　　第三节　飞机投弹问题 ·· 97
　　第四节　投资的收益和风险 ·· 101
　　习题 ·· 111

第七章　初等离散模型 ··· 112
　　第一节　公平的席位分配 ·· 112
　　第二节　效益的合理分配 ·· 115
　　习题 ·· 122

第八章　图论模型 ··· 124
　　第一节　图论基本概念 ·· 124
　　第二节　最短路问题 ·· 126
　　第三节　树与最小生成树 ·· 135
　　第四节　TSP 问题 ··· 136
　　习题 ·· 139

第九章　统计回归模型 ··· 141
　　第一节　牙膏的销售量 ·· 141
　　第二节　酶促反应 ·· 148
　　第三节　教学评估 ·· 156
　　习题 ·· 159

第十章　插值与拟合 ··· 161
　　第一节　插值问题 ·· 161
　　第二节　用 MATLAB 解一维插值问题 ·· 165
　　第三节　数据拟合 ·· 166
　　第四节　用 MATLAB 解曲线拟合问题 ·· 168
　　习题 ·· 171

软件篇

第一章　LINGO 编程入门 ··· 175
　　第一节　LINGO 快速入门 ·· 175
　　第二节　LINGO 中的集 ·· 177
　　第三节　模型的数据部分和初始部分 ·· 180
　　第四节　LINGO 运算与函数 ·· 183
　　第五节　LINGO 综合程序设计 ·· 197
　　习题 ·· 202

第二章　MATLAB入门 ··· 204
　第一节　MATLAB的系统开发环境 ··· 204
　第二节　MATLAB的基本操作 ·· 207
　第三节　MATLAB的基本数学功能 ··· 210
　第四节　多项式 ·· 216
　第五节　数据分析 ·· 219
　习题 ·· 220

第三章　MATLAB程序设计基础 ··· 222
　第一节　数据文件与M文件 ·· 222
　第二节　程序结构 ·· 224
　第三节　数据的输入与输出 ·· 228
　习题 ·· 229

第四章　MATLAB符号数学基础 ··· 230
　第一节　符号对象的创建 ·· 230
　第二节　符号表达式的化简和替换 ·· 231
　第三节　符号方程的求解 ·· 233
　习题 ·· 234

第五章　MATLAB图形处理功能 ··· 235
　第一节　二维图形 ·· 235
　第二节　图形的控制与表现 ·· 237
　第三节　特殊图形 ·· 243
　习题 ·· 247

参考文献 ·· 248

模型篇

第一章 绪 论
第二章 中学数学建模思想方法
第三章 中学数学知识储备与扩充
第四章 初等模型
第五章 线性规划模型
第六章 非线性规划模型
第七章 初等离散模型
第八章 图论模型
第九章 统计回归模型
第十章 插值与拟合

第一章 绪 论

随着科学技术的迅速发展，数学模型这个词汇越来越多地出现在现代人的生产、工作和社会活动中．气象工作者为了准确地预报天气情况，一刻也离不开根据气象站、气象卫星汇集的气压、雨量、风速等资料建立的数学模型；生理医学专家有了药物浓度在人体内随时间和空间变化的数学模型，就可以分析药物的疗效，有效地指导临床用药；厂长经理们要是能够根据产品的需求状况、生产条件和成本、贮存费用等信息，筹划出一个合理安排生产和销售的数学模型，一定可以获得更好的经济效益；就是在日常活动如访友、采购当中，人们也会思考找一个数学模型，以优化出行的路线．因此说，建立数学模型是沟通摆在人们面前的实际问题与数学工具之间联系的一座必不可少的桥梁[1]．

本章作为全书的导言和数学模型的概述，主要讨论建立数学模型的意义、方法和步骤，给读者以建立数学模型的初步的了解．

第一节 数学模型与数学建模

一、什么是数学模型

其实当你早在学习初等代数的时候就已经碰到了数学模型．当然其中许多问题是老师为了教会学生知识而人为设置的．譬如你一定解过这样的所谓"航行问题"：

甲、乙两地相距 750 km，船从甲地到乙地顺水航行需 30 h，从乙地到甲地逆水航行需 50 h，问船速、水速各若干？

用 x,y 分别代表船速和水速，可以列出方程组：

$$\begin{cases}(x+y)\cdot 30 = 750, \\ (x-y)\cdot 50 = 750.\end{cases}$$

实际上，这组方程就是上述航行问题的数学模型．列出方程，原问题已转化为纯粹的数学问题．方程的解为 $x = 20$ km/h，$y = 5$ km/h，最终给出了航行问题的答案．

当然，真正要建立实际问题的数学模型通常是很复杂的，但是建立数学模型的基本过程已经包含在解这个代数应用题的过程中了．那就是：根据建立数学模型的目的和问题的背景做出必要的简化假设（航行中设船速和水速为常数）；用字母表示待求的未知量（x,y 分别代表船速和水速）；利用相应的物理或其他规律（匀速运动的距离等于速度乘以时间），列出数学式子（二元一次方程）；求出数学上的解答（$x = 20$，$y = 5$）；用这个答案解释原问题（船速和水速分别为 20 km/h 和 5 km/h）；最后还要用实际现象来验证上述结果．

一般来说，**数学模型**可以描述为：对于现实世界的一个**特定对象**，为了一个**特定目的**，根据其特有的**内在规律**，做出一些必要的**简化假设**，再运用适当的**数学工具**，得到的一个**数学结构**．

需要指出，本书的重点不在于介绍现实对象的数学模型（mathematical model）是什么，而是要讨论建立数学模型（mathematical modelling）的全过程．下面将建立数学模型简称为**数学建模**或**建模**．

二、数学建模的重要意义

数学建模作为用数学方法解决实际问题的第一步，自然有着与数学同样悠久的历史．两千多年以前创立的欧几里得几何，17世纪牛顿发现的万有引力定律，都是科学发展史上数学建模的成功范例．进入20世纪以来，随着电子计算机的出现与飞速发展，数学以空前的广度和深度向其他领域进行渗透，数学建模也越来越受到人们的重视，可以从以下几方面来看数学建模在现实世界中的重要意义：

（1）**在一般工程技术领域，数学建模仍然大有用武之地．**

在以声、光、热、力、电这些物理学科为基础的诸如机械、电机、土木、水利等工程技术领域中，数学建模的普遍性和重要性不言而喻．虽然这些基本模型已经存在，但是由于新技术、新工艺的不断涌现，人们还是提出了许多需要用数学方法解决的新问题；高速、大型计算机的飞速发展，也使得过去即便有了数学模型也无法求解的课题（如大型水坝的应力计算、中长期天气预报等）迎刃而解．

（2）**在高新技术领域，数学建模几乎是必不可少的工具．**

无论是发展通信、航天、微电子、自动化等高新技术本身，还是将高新技术用于传统工业去创造新工艺、开发新产品，计算机技术支持下的建模和模拟都是经常使用的有效手段．所以，国际上一位学者就提出了"高技术本质上是一种数学技术"的观点．

（3）**数学迅速进入一些新领域，这为数学建模开拓了许多新的处女地．**

随着数学向诸如经济、人口、生态、地质等所谓非物理领域的渗透，一些交叉学科如计量经济学、人口控制论、数学生态学、数学地质学等应运而生．这里一般来说不存在作为支配关系的物理定律，但当用数学方法研究这些领域中的定量关系时，数学建模就成为首要的、关键的步骤，同时也成为这些学科发展与应用的基础．在这些领域里建立不同类型、不同方法、不同深浅程度的模型的余地相当大，这为数学建模提供了广阔的新天地．

今天，在国民经济和社会活动中的诸多方面，数学建模都有着非常具体的应用：

（1）**分析与设计**．例如，描述药物浓度在人体内的变化规律以分析药物的疗效；建立跨音速流和激波的数学模型，用数值模拟设计新的飞机翼型．

（2）**预报与决策**．生产过程中产品质量指标的预报、气象预报、经济增长预报，等等，都要有预报模型；使经济效益最大的价格策略、使费用最少的设备维修方案，都是决策模型的例子．

（3）**控制与优化**．电力、化工生产过程中的最优控制、零件设计中的参数优化，都要以数学模型为前提．建立大系统控制与优化的数学模型，是迫切需要同时也是十分棘手的课题．

（4）**规划与管理**．生产计划、资源配置、运输网络规划、水库优化调度，以及排队策略、物资管理等，都可以用数学规划模型解决．

美国国家科学院一位院士总结了将数学科学转化为生产力过程中的成功和失败，得出了"数学是一种关键的、普遍的、可以应用的技术"的结论，认为数学"由研究到工业领域的技术转化，对加强经济竞争力具有重要意义"，而"**计算和建模重新成为中心课题，它们是数学科学技术转化的主要途径**"[1]．

第二节　数学建模的方法、步骤、分类及建模能力的培养

数学建模面临的实际问题是多种多样的，建模的目的不同、分析的方法不同、采用的数学工具不同，所得模型的类型也不同，也就是说，不能归纳出适用于一切实际问题的建模的若干条准则．下面的基本方法不是针对具体问题而是从方法论意义上来讲的．

一、数学建模的基本方法

一般来说，建模方法大体上可分为机理分析和测试分析两种．**机理分析**是根据对客观事物特性的认识，找出反映内部机理的数量规律，建立的模型常有明确的物理或现实意义．前面几个示例都用的是机理分析．**测试分析**是将研究对象看作一个"黑箱"系统（意思是它的内部机理看不清楚），通过对系统输入、输出数据的测量和统计分析，按照一定的准则找出与数据拟合得最好的模型．

面对一个实际问题，采用哪一种方法建模，主要取决于人们对研究对象的了解程度和建模目的．如果掌握了对象的一些内部机理的知识，模型也要求具有反映内在特征的物理意义，建模就应以机理分析为主．而如果对象的内部规律基本上不清楚，模型也不需要反映内部特性（如仅用于对输出作预报），就可以用测试分析．对于许多实际问题，还常将两种方法结合起来使用，即用机理分析建立模型的结构，用测试分析确定模型的参数．

机理分析当然要针对具体问题来做，不可能有统一的方法，因而主要是通过实例研究（case study）来学习．测试分析有一整套完整的数学方法，第九章中统计回归模型是其中一小部分．

二、数学建模的一般步骤

建模要经过哪些步骤并没有一定的模式，通常与问题性质、建模目的等有关．下面介绍的是用机理分析方法建模的一般过程，如图 1.2.1 所示．

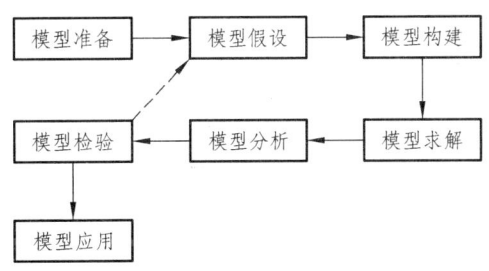

图 1.2.1　数学建模步骤示意图

（1）**模型准备**．了解问题的实际背景，明确建模目的，搜集必要的信息如现象、数据等，弄清对象的主要特征，形成一个比较清晰的"问题"，初步确定用哪一类模型．

（2）**模型假设**．根据对象的特征和建模目的，抓住问题的本质，忽略次要因素，做出必要的、合理的简化假设．对于建模的成败，这是非常重要和困难的一步．假设做得不合理或太简单，会导致错误的或无用的模型；假设做得过分详细，试图把复杂对象的众多因素都考虑进去，会使你很难或无法继续下一步的工作．

（3）**模型构建**．根据所做的假设，用数学的语言、符号描述对象的内在规律，建立包含常量、变量等的数学模型，如优化模型、微分方程模型、图的模型等．这里除了需要一些相关学科的专门知识外，还常常需要较为宽广的数学方面的知识．要善于发挥想象力，注意使用类比法，分析对象与熟悉的其他对象的共性，借用已有的模型．建模应遵循一个原则：能用简单的数学工具，就不用复杂的数学工具．

（4）**模型求解**．可以采用解方程、画图形、优化方法、数值计算、统计分析等各种数学方法，特别是数学软件和计算机技术．

（5）**模型分析**．对求解结果进行数学上的分析，如结果的误差分析、统计分析、模型对数据的灵敏性分析、对假设的强健性分析等．

（6）**模型检验**．把求解和分析结果"翻译"回实际问题中，并与实际的现象、数据比较，以检验模型的合理性和适用性．如果结果与实际不符，问题常常出在模型假设上，应该修改、补充假设，重新建模．

（7）**模型应用**．应用与问题性质、建模目的及最终的结果有关，本书不讨论．

应当指出，并不是所有问题的建模都要经过这些步骤，有时各步骤之间的界限也不那么分明，建模时不要按部就班地拘泥于形式．

三、数学建模的全过程

从建模的一般步骤的分析可以看出，将数学建模的过程分为表述、求解、解释、验证几个阶段，并且通过这些阶段完成从现实对象到数学模型，再从数学模型回到现实对象的循环，如图1.2.2所示．

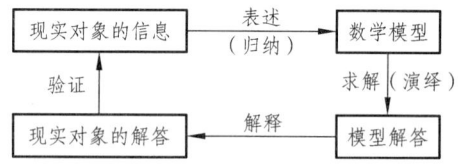

图 1.2.2 数学建模的全过程

表述是将现实问题"翻译"成抽象的数学问题，属于归纳法．数学模型的求解则属于演绎法．归纳是依据个别现象推出一般规律，而演绎则是按照普遍原理考察特定对象，导出结论[2]．解释是把数学模型的解答"翻译"回现实对象中，以给出分析、预报、决策或者控制的结果．最后，作为这个过程的重要一环，这些结果需要用实际的信息加以验证．

图1.2.2也揭示了现实对象和数学模型的关系．一方面，数学模型是将现象加以归纳和抽象的产物，它源于现实，又高于现实；另一方面，只有当数学建模的结果经受住现实对象的检验时，才可以用来指导实际，完成实践—理论—实践这一循环．

四、数学模型的分类

数学模型可以按照不同的方式进行分类，下面介绍常用的几种．

（1）按照模型的**应用领域**（或所属学科）划分，如人口模型、交通模型、环境模型、生态模型、城镇规划模型、水资源模型、再生资源利用模型、污染模型等．

（2）按照建立模型的**数学方法**（或所属数学分支）划分，如初等模型、几何模型、微分方程模型、统计回归模型、数学规划模型等.

（3）按照模型的**表现特性**又有几种分法：

① **确定性模型**和**随机性模型**，取决于是否考虑随机因素的影响.

② **静态模型**和**动态模型**，取决于是否考虑时间因素引起的变化.

③ **线性模型**和**非线性模型**，取决于模型的基本关系，如微分方程是否是线性的.

④ **离散模型**和**连续模型**，指模型中的变量（主要是时间变量）是离散的还是连续的.

虽然从本质上讲大多数实际问题是随机性的、动态的和非线性的，但是由于确定性、静态和线性模型容易处理，并且往往可以作为初步的近似来解决问题，所以建模时常先考虑确定性、静态和线性模型. 连续模型便于利用微积分方法求解析解，作理论分析，而离散模型便于在计算机上作数值计算，所以用哪种模型要由具体问题而定. 在具体的建模过程中将连续模型离散化，或将离散变量视作连续的，也是常采用的方法.

（4）按照**建模目的**划分，有描述模型、预报模型、优化模型、决策模型、控制模型等.

（5）按照对模型结构的**了解程度**划分，有白箱模型、灰箱模型、黑箱模型. 这些都是把研究对象比喻成一只箱子里的机关，通过建模来揭示它的奥妙. **白箱**主要包括用力学、热学、电学等一些机理相当清楚的学科描述的现象，关于这方面的模型大多已经基本确定，还需深入研究的主要是优化设计和控制等问题. **灰箱**主要指生态、气象、经济、交通等领域中机理尚不十分清楚的现象，还有许多工作要做. 至于**黑箱**则主要指生命科学和社会科学等领域中一些机理（数量关系方面）很不清楚的现象. 当然，白、灰、黑之间并没有明显的界限，而且随着科学技术的发展，箱子的"颜色"必然是逐渐由暗变亮的.

五、数学建模能力的培养

用建模方法解决实际问题，首先是用数学语言表述问题即构造模型，其次才是用数学工具求解构造的模型. 用数学语言表述问题，包括模型假设、模型构建等，除了要有广博的知识和足够的经验之外，特别需要丰富的想象力和敏锐的洞察力.

类比方法和理想化方法是建模中常用的方法，它们的运用与想象力、洞察力有着密切的关系. **类比法**是注意到研究对象与已熟悉的另一对象具有某些共性，比较两者的相似之处以获得对研究对象的新认识. 将交通流与水流类比来建立交通流模型就是这方面的例子. **理想化方法**是从观察和经验中通过想象和逻辑思维，把对象简化到理想状态，以期更本质地揭示对象的固有规律. 一定条件下把物体看作质点就是理想化的结果.

建模过程是一种创造性思维过程，直觉和灵感往往起着不可忽视的作用. 相互讨论和思想交锋，特别是不同特长的成员之间的探讨，是激发直觉和灵感的重要因素，所以由各种专门人才组成的所谓团队工作方式（team work）越来越受到重视.

建模可以看成一门艺术，掌握建模这门艺术，培养想象力和洞察力，不外乎认真做好这样两条：第一，学习、分析、评价、改造别人做过的模型. 首先是弄懂它，分析为什么这么做，然后找出它的优缺点，并尝试改进的方法. 第二，要亲自动手，踏实地做几个实际题目. 为了达到这个目的，本书采用**实例研究**方法，一方面给出各个领域中不同数学方法建模的大量实例，另一方面提供若干实际题目让读者自己练习.

关于亲自动手做几个实际题目，这里特别强调一下参加数学建模竞赛的意义和作用.

数学建模竞赛起源于美国. 1938 年美国普特南大学举办首次数学建模竞赛，1985 年起美国数学及其应用联合会（COMAP）每年主办一届美国大学生数学建模竞赛（MCM），之后发展为一项国际性赛事．1992 年起中国工业与应用数学学会（CSIAM）每年主办一届中国大学生数学建模竞赛（CUMCM），目前已成为教育部重点支持的四大竞赛之首．近年来，随着中学数学教学改革的逐渐深入，人们越来越意识到，对以应试教育为主的中学生，进行创新能力培养已刻不容缓，于是在中学开展数学建模教育就成为首选，也正是在这样的背景下，中学生数学建模竞赛活动蓬勃发展起来．1999 年起美国数学及其应用联合会（COMAP）又组织了美国高中数学建模竞赛（HiMCM），它也发展为一项国际性赛事．现在国内教育改革走在前列的省市（京、沪、苏、东三省）已开始定期举办中学生数学建模竞赛，2016 年起由中国工业与应用数学学会（CSIAM）主办并开始举办"登峰杯"全国中学生数学建模竞赛，这是面向全国中学生开展的专业性数学建模作品创新与竞赛活动，旨在更好地引导中学生认识数学并努力衔接高中数学与大学数学的学习，提高中学生以团队方式解决问题的综合能力，培养中学生的创新意识和思维．

竞赛之所以如此受到广大师生的欢迎，主要是由于它的内容、形式和评判标准，适合培养有创新精神和高素质人才的需要，并且具有明显区别于大家熟悉的数学等自然科学学科性竞赛的特点：（1）赛题由工程技术、管理科学及社会热点问题简化而成，非常具有实用性和挑战性（如"解决交通拥堵问题""住房及室温对人体舒适度的影响""城市犯罪与安全"等，每一道题都紧扣当前社会热点，很有时代意义）；（2）要求用数学建模方法和计算机技术，完成一篇包括模型的假设、建立和求解，结果的分析和检验，以及自我评价优缺点等方面的学术论文；（3）赛题没有标准答案，评判以假设的合理性、建模的创造性、结果的正确性（指与模型相符合）及表述的清晰性为标准；（4）在规定时间内（一般为 3 天，人们正在进行延长"登峰杯"赛程的探索），3～4 名中学生为 1 队，共同完成，可以使用任何资料、软件、互联网等，唯一的限制是不能与队外的同学、老师讨论赛题．在全国竞赛活动的推动下，许多学校在实施培训过程中，让同学做有类似特点的练习题，举办模拟赛或选拔赛，有效地扩大了竞赛的参与度和受益面．

只要认真参加这些不同规模的数学建模竞赛，同学们的收获和提高就是多方面的．

首先，运用数学建模方法分析和解决实际问题的能力会得到实际锻炼，数学建模意识（特指碰到实际问题能从数学建模的角度去思考）也会有一定的提高．赛题通常要用到几门数学和计算机课程以及有关的多种知识，是难得的训练学生综合运用各种知识的机会，况且这些对于后续课程的学习和独立研究能力的培养，也有很大的好处．

其次，合作精神与团队意识会得到培养和提高．竞赛需要三个人在相互启发、争辩，然后相互妥协、达成一致的基础上分工合作、奋力攻关，这与同学们毕业后常常面临的集体工作方式十分相近．因此，对于十几年来在读书、做题、考试等一系列个人奋斗的环境中成长起来的同学们来说，数学建模竞赛提供了一个既充分展示个人智商，又有助于培养与人合作的情商的平台．

还有，竞赛需要快捷地搜集、整理、消化与题目有关的资料（主要依靠互联网），使之为我所用，对于尚处于学习阶段的同学来说，这是少有的机会；一篇清晰、通畅地阐明建模思路、假设、方法、结果等内容的论文，是参赛成果的集中体现，文字表述能力也是人的工作能力的一个重要部分，竞赛有益于这方面的锻炼；赛题的实用性有助于培养同学们关注社会生活、理论联系实际的学风；三天的时间显然不可能做得完美，从理论、方法到实际应用，都可以在赛后阶段继续与老师和同学一起，给以充实和提高；既充分开放、又有规则约束的竞赛方式，可以培养学生慎独、自律的良好道德品质.

许多同学表示，不管最后竞赛的成绩如何，只要认真参加了培训、自学、讨论、竞赛的全过程，都会有丰硕的收获，学生的自主学习和创新能力会显著提高，在本科和研究生阶段的学习中会表现出明显的优势，他们用"一次参赛、终身受益"来总结亲身体会.

第三节　如何写好数学建模竞赛论文

参加数学建模竞赛是锻炼学生运用所学知识解决实际问题能力的极好机会. 竞赛论文是评奖的唯一依据，竞赛时间只有三天，一旦时间到了，不管论文写得如何都必须交出去，且一旦交了就成了定局，就不可能再返回给学生. 因此，赛前应有意识地加强论文写作训练，清楚地了解什么样的论文能受到好评，怎样写才能写出够等级的论文.

一、论文的主要组成部分

数学建模竞赛章程规定，对论文的评价应"以假设的合理性、建模的创造性、结果的正确性和文字表述的清晰性"为主要标准. 为此在论文中应努力反映出这些特点. 通常情况下，论文由以下几个部分组成.

（1）题目.

论文题目是展现给读者的涉及论文范围及水平的第一个重要信息，题目应简短精练、高度概括、准确得体、恰如其分，既要准确表达论文内容，反映所研究的范围和深度，又要尽可能概括、精练.

（2）摘要.

摘要是论文内容的简短陈述，在数学建模论文中，摘要是非常重要的一部分. 近几年来，竞赛组委会明确提出要加大摘要在评比中的分量，并规定论文的第一页全部用来写摘要，对字数无明确限制，故数学建模竞赛论文的摘要与一般刊物发表的学术论文的摘要不一样. 参赛者必须十分重视摘要的撰写.

摘要应包含以下内容：建模思路，用什么样的方法建立了怎样的模型、求解模型的方法、获得的主要结果（一定要明确地写明结果）、模型的检验或推广，尤其要突出论文的优点和长处，有什么特色. 要把摘要看成一种自我推销，让别人看了摘要以后能明白你都做了哪些工作，是否值得进一步详细阅读.

因第一页全部用作摘要，故在摘要中也可适当出现反映结果的、有助于别人快速了解的、必要的且篇幅不大的图、表和数学公式.

（3）问题的提出.

可以用"问题的重述"作为段落标题. 不必照抄原题，而应把握住问题的实质，用较精练的语言叙述问题.

（4）符号说明.

论文中所用到的主要数学符号，都必须在此说明它们各自的含义，一个符号说明用一个自然段，全部符号说明形成一个自然节. 例如：

x_i——第 i 年的产值；

y_j——第 j 年的成本.

9

（5）模型假设.

要根据问题的特征和建模目的，抓住问题的本质，忽略次要因素，对问题进行必要的简化，做出一些合理的假设，并用精炼、准确的语言列出.

写假设时请注意以下几点：

① 论文用到的才假设，用不到的就不假设，不要罗列大量无关紧要的假设.
② 题目已经明确给出的假设，可不必重复列出.
③ 重要的假设应当说明理由.

（6）问题的分析.

这是很重要的部分，它体现了参赛者的思路，以及建立模型的依据，起到引导别人读懂论文的作用，也是使论文评阅人理解你的想法并信服你的观点的关键内容. 应当根据自己对问题的理解和解决问题的思路，完整地说清楚对问题的思考，<u>写出条理清晰、层次分明、语言流畅、易于理解的分析</u>.

需要注意的是：

① 术语要专业、内行，切忌说外行话、专业术语不明确；
② 原理、依据要正确、具体；
③ 表述要简明，关键步骤要列出，切忌表述混乱、冗长.

（7）建立模型.

根据假设条件和所采用的数学方法，用数学的语言、符号描述对象的内在规律，建立数学模型. 建模时应尽量采用简单的数学工具. 在撰写这一部分时，<u>对所用的变量、符号应作解释，不要怕与符号说明部分重复</u>. 特定的变量和参数在整篇文章中应保持一致，<u>同一变量不要一会儿大写，一会儿又小写</u>. 为使模型易懂，可借助于适当的图形、表格来描述问题或数据.

（8）模型求解.

使用各种数学方法、数学软件或编程计算，求解数学模型. 此部分应包括求解过程中的公式推导、算法步骤及计算结果. 作者一定要对计算机软件的计算结果做再加工，提炼出关键性的结果，并醒目地表达出来，尽量用图形或图表来表达结果，俗话说："文不如表，表不如图".

必要时对问题解答，做定性或规律性的讨论. 对于结果对原始数据依赖性强的情况，还必须进行灵敏度分析与稳定性分析.

（9）模型检验.

把所求的解和分析结果与实际现象和数据进行比较，以检验模型的合理性和适用性. 如果结果与实际不符，应当对模型进行修改、补充和完善.

（10）模型推广.

将自己所建立的模型进行推广，以解决其他类似问题，或讨论给出该模型的更一般情况下的解法，或指出可能的深化、推广及进一步研究的建议. 由于时间关系，一些改进的思路来不及实现，可指出改进方向.

（11）模型评价.

自我评价中优点要突出，缺点也不要回避. 优点从哪里找？一般从假设合理、建模方法创新、求解特色等方面来阐述.

（12）参考文献.

引用别人的成果或其他公开的资料，在正文引用处用上标方式注明，例如"[3]"，并在参考文献中明确列出. 要按照正文出现的先后次序一一对应，具体格式以组委会当年的正式要求为准.

（13）附录.

附录是正文的补充，与正文有关而又不便于编入正文的内容都收集在这里. 一般包括程序清单，详细数值结果（含中间过程的结果），详细公式推导，定理证明，更多的图表，等等. 注意主要结果数据，应在正文中列出，不怕重复.

二、几个要把握和注意的问题

三天的竞赛，时间很紧张，要做的工作很多，哪个环节出点问题都有可能前功尽弃，现根据多年来的感受，总结以下几点写作经验以供参考.

（1）**正确理解题意**.

对题目的含义要反复阅读、准确理解，透彻分析要解决的问题（抓住重点）. 如果理解发生偏差，可能造成解答错误，出现花费许多时间做了不必要（或次要）的工作.

（2）**抓住重点和关键**.

每个竞赛题都有其重点和关键点. 例如，2005B 题的重点是解决第二问：将 100 种现有 DVD 优化分配给 1000 名会员，使总体满意度最大. 关键点是模型的求解. 如果你把握住了重点，解决了关键问题，而且这也正好是别人没有解决的或者解决得不好的，那么你就有了脱颖而出的机会.

（3）**明确回答题目的所有问题**.

结论明了醒目，突出自己所得到的结果. 要有必要的定量结果，不能只给出公式. 如果软件算出来的结果很长（例如 LINGO 求某个规划的计算结果），要对计算结果再加工，必要时最好设计一个表格列出主要结果，做到一目了然，千万不要让论文评阅人在你的文章中前前后后地翻找你的计算结果.

（4）**开放式、发散式思维**.

考虑问题要用开放式、发散式思维，从正面→反面，简单→复杂，多一些角度去考虑，不要有意或无意地将简单问题复杂化，不要固执地沿着自己的初始思路走，以防钻牛角尖.

（5）**论文要体现工作量**.

论文的内容应充实，体现出作者的工作量，要把问题的分析、建模思路、求解方法、算法设计（程序设计）、求解过程和主要结论说明白. 在模型正确、计算结果无误、论文主体完整的前提下，必要时作一些拓展研讨. 总之，要从论文内容的质量和数量上体现出作者所做的工作. 竞赛组委会对论文的页数和篇幅虽然有不超过 20 页的规定，我个人认为正文应接近 20 页，但不等于越多越好，长而啰唆的文章同样得不到好评.

（6）**要建立明确的数学模型**.

论文中一定要有明确、合理、简洁的数学模型，即使是某些主要靠计算机求解的题目，以及分析大量观测数据得出某种规律性的题目，也应当围绕"数学建模"这一主题，从中推导出恰当的数学模型，不能写成单纯的计算机编程论文或者数据分析论文，即一定要有模型意识.

数学建模要解决的是实际问题，不要追求数学上的高（级）、深（刻）、难（度大），能用初等方法解决的，就不用高等方法；能用简单方法解决的，就不用复杂方法；能用被更多数人看懂、理解的方法，就不用只有少数人看懂、欣赏的方法.

（7）**论文条理要清晰**.

竞赛论文要尽量做到思路清楚，条理清晰，层次分明，重点突出，表达严谨，语意简洁，文字流畅，语言通顺.

（8）**数学符号和公式要规范**.

论文中用到的数学符号、数学公式一定要规范，符合大家的习惯（如 x、y、z 通常表示变量，而 a、b、c 通常用作常量或常参）.变量的符号要简洁，变量一般用斜体.数学公式要用公式编辑器进行输入，以使数学公式的格式美观，打印效果好.关键的结论、计算公式和计算结果一定要仔细检查，不要出任何差错.

（9）**控制竞赛的时间进度**.

在竞赛的三天时间内，一定要控制好时间的分配，不能等所有工作都做好了才开始写论文，应当做好分工，即一人及早动笔，争取在第三天晚饭以后就拿出论文的初稿，以便有足够的时间进行修改和完善.

（10）**既要合理分工又要紧密合作**.

每个队参赛三人的特长要有区别，比如有人擅长数学公式推导，有人擅长软件使用和编程计算，有人擅长文字写作.竞赛时需要作合理的分工，各有侧重，但是三人是一个整体，分工不等于分家，要紧密合作，要防止写论文的人前两天闲着没事干，而公式推导和计算的人第三天就歇着.

（11）**把所做的工作写到论文中**.

有时候，竞赛题目要求解决的问题可能解决得不完美，但不要灰心，只要你做了工作，即使问题没有完整解决，或者解决得不好，也应当把所做的工作及得到的结果详细写出来，只要你的工作是有意义的；虽然没有彻底解决问题（可能别人也同样解决得不好），但对问题的研究还是有价值的.另外，在分析、研究和求解问题的过程中应该随时记录所做的工作，及时整理成文.

（12）**其他注意事项**.

论文的字体、字号、排版格式等规定请参阅全国竞赛组委会的统一写作规范，严格按照规定写.

要确保附件中的程序能正常运行，且运行结果与论文的结果相一致.在竞赛期间，凡是调试成功的程序，要另存放到专门文件夹中，以便最后作为支撑材料提交.

习题

为了培养要考察对象的想象力、洞察力和判断力，考察对象时除了从正面分析外，还常常需要从侧面或反面思考，使其尽可能迅速地回答下面的问题：

（1）某甲早 8:00 从山下旅店出发，沿一条路径上山，下午 5:00 到达山顶并留宿.次日早 8:00 沿同一路径下山，下午 5:00 回到旅店.某乙说，甲必在两天中的同一时刻经过路径中的同一地点.为什么？

（2）37支球队进行冠军争夺赛，每轮比赛中出场的每两支球队中的胜者及轮空者进入下一轮，直至比赛结束．问共需进行多少轮比赛？如果是 n 支球队比赛呢？

（3）甲、乙两站之间有电车相通，每隔 10 min 甲、乙两站相互发一趟车，但发车时刻不一定相同．甲乙之间有一中间站丙，某人每天在随机的时刻到达丙站，并搭乘最先经过丙站的那趟车，结果发现 100 天中约有 90 天到达甲站，约有 10 天到达乙站．问开往甲、乙两站的电车经过丙站的时刻表是如何安排的？

（4）某人家住 T 市而在他乡工作，每天下班后乘火车于 6:00 抵达 T 市车站，他的妻子驾车准时到车站接他回家．一日他提前下班搭早一班火车于 5:30 抵达 T 市车站，随即步行回家，他的妻子像往常一样驾车前来，在半路上遇到他，立即接他回家，此时发现比往常提前了 10 min．问他步行了多长时间？

（5）一男孩和一女孩分别在离家 2 km 和 1 km 且方向相反的两所学校上学，每天同时放学后分别以 4 km/h 和 2 km/h 的速度步行回家．一小狗以 6 km/h 的速度由男孩处奔向女孩，又从女孩处奔向男孩，如此往返直至回到家中．问小狗奔波了多少路程？如果男孩和女孩上学时小狗也往返奔波在他们之间，问当他们到达学校时小狗在何处[3]？

第二章　中学数学建模思想方法

第一节　中学数学建模

一、中学数学建模的思想方法

数学建模中蕴含着许多实用性非常强的解题思想，它对于解决许多复杂的实际问题有很大的帮助，所以建模教学进入中学课堂是一种趋势也是一种必然．

21世纪数学课程改革加强了应用性、创新性的培养，重视了联系学生生活实际和社会实践的要求，为此，我们开展了中学数学建模教学与应用的研究和实践，目的是培养学生的创造能力和应用能力，把学生从纯理论解题的题海中解放出来，把学生应用数学意识的培养贯穿于教学始终，让学生学得生动活泼，以使数学素质教育跃上一个新的高度．

数学建模就是通过对实际问题的抽象、简化，确定变量和参数，并应用某些"规律"建立起变量、参数间的确定的数学问题，求解该数学问题，解释、验证所得到的结果．它是一种数学思维方式，是对"现实的现象通过心智活动构造出能抓住其重要且有用的特征的表示，常常是形象化的或符号的表示"．

在数学学习活动中，认识问题和解决问题都是知识与方法相互作用的结果．初中数学中重要的数学思想有：字母代数思想、转化与化归思想、数形结合思想、分类思想、方程与函数思想、公理化思想等．数学方法有：类比法、归纳法、演绎法、配方法、换元法、待定系数法、数形结合法等．这些思想方法相互联系，相互渗透，相互补充，将整个数学知识构成一个有机和谐统一的整体．数学建模教学要重视数学知识，更应突出数学思想方法．

建模活动包括以下四个主要过程：

（1）问题分析过程：了解问题的实际背景材料，分析并找出问题的本质．

（2）假设简化过程：选出影响研究对象的主要因素，忽略次要因素，这样既简化了问题又抓住了问题的本质．

（3）建模求解过程：根据分析建立相应的数学模型，并用数学方法或计算机程序对模型进行求解．

（4）验证修改过程：检验模型是否符合实际，并对它做出解释，最后将其应用于实际生产、生活中，产生社会效益或经济效益．

二、建模解题的基本步骤

数学建模是一个数学解题过程，大致分为以下四个步骤：

（1）审题：现在的高中数学应用题的题目较长，要求学生具有较强的数学阅读能力．通过仔细阅读题目，理解问题的实际背景，分析处理有关数据，把握已知量和未知量的内在联系．审题时要准确理解关键语句的数学意义，如"至少""不大于""总共""增加""减少"等，明确变量和参数，合理设元．

（2）建立数学模型：将实际问题抽象为数学问题，即为数学建模做最后阶段的审题工作，从各种关系中找出最关键的数量关系，并将此关系用有关的量及数学符号表示出来，即可得到解决问题的数学模型．

（3）求解数学模型：根据建立的数学模型，选择合适的数学方法，设计合理简捷的运算途径，求出数学问题的解，其中特别注意实际问题中对变量范围的限制及其他约束条件．

（4）检验：既要检验所得结果是否适合数学模型，又要评判所得结果是否符合实际问题的要求，从而对原问题做出合乎实际意义的回答．

三、中学数学建模教学和建模能力培养

数学建模教学是学生走出课本、走出传统的习题演练，这些演练使他们进入了生活与生产的实际中，进入了一个更加开放的天地，也使学生体会到数学的由来及数学的应用，体验到一个充满生命活力的数学，这对于培养学生的应用意识和创造精神显然是一个很好的途径．

1. 从生活中的数学问题出发，强化应用意识

日常生活是应用问题的源泉之一．现实生活中有许多问题可通过建立数学模型加以解决，如合理负担出租车车资问题、家庭日用电量的计算问题、红绿灯管制的设计问题、登楼方案问题、住房问题、投掷问题等，都可用基础数学知识建立初等数学模型，加以解决．

例1（分油问题） 在山西民间，有一个人们常提的问题，说的是：3斤的葫芦7斤的罐，10斤的油篓分一半．

实际上是说：有一个能装10斤油的油篓装满了油，另外只有两个容器，即：能装3斤油的葫芦和能装7斤油的罐．现在要把10斤油分出一半来，问该怎么分？

解 要把10斤油分出一半来，必须把7斤的罐中的油倒出2斤到3斤的葫芦中，而3斤的葫芦中的油的另外一斤油可由 7-3×2=1 得来．

例2（真假问题） 很久以前，在很远的地方，住着两个种族的人：阿纳尼阿斯人——他们都是积习很深的说谎者；迪昂根尼斯人——他们无一例外的都是诚实者．一次，一个外来者到访这块土地，遇见三个居民，问他们各属于什么种族？第一个人回答的声音很低，外来者没听清楚他说了什么；第二个人指着第一个人说："他说他是阿纳尼阿斯人"；第三个人指着第二个人说："你说谎"．请你想一想：他们各是什么种族的人．

解 每一个居民必定说自己是迪昂根尼斯人．迪昂根尼斯人这么说，是因为他们说真话，而阿纳尼阿斯人这么说，是因为他们说谎话．因此，第二个人说的话必定是假的，而第三个人说的话是真的，他是迪昂根尼斯人．

于是，可以判断第二个人和第三个人属于什么种族，而第一个人属于什么种族，尚难确定．

例3（建房问题） 某房屋开发公司用100万元购得一块土地，该地可以建造每层1000平方米的楼房，楼房的总建筑面积（即各层面积之和）的每平方米平均建筑费用与建筑高度有关．楼房每升高一层，整幢楼房每平方米建筑费用提高5%．已知建筑5层楼房时，每平方米的建筑费用为400元，为了使该楼每平方米的平均综合费用最低（综合费用是建筑费用与购地费用之和），公司应把楼建成几层？

分析 本题属于综合费用最省的优化问题，解决此问题的关键是寻找楼层的层数与综合费用的函数关系式，将问题转化为求函数的最值问题．

解 设楼房应建成 x 层，

则每平方米的购地费用为 $\dfrac{1000000}{1000x} = \dfrac{1000}{x}$（元）.

每平方米建筑费用为 $400+400(x-5)\times 5\%$（元）.

所以，每平方米的综合费用为

$$y = 400 + 400(x-5)\times 5\% + \dfrac{1000}{x}$$
$$= \dfrac{1000}{x} + 20x + 300$$
$$= 20\left(\sqrt{x} - \sqrt{\dfrac{50}{x}}\right)^2 + 300 + 200\sqrt{2}.$$

当 $\sqrt{x} - \sqrt{\dfrac{50}{x}} = 0$ 时，该楼房每平方米的平均综合费用最少，此时 $\sqrt{x} = \sqrt{\dfrac{50}{x}}$，解得 $x \approx 7$，因此应把楼建成 7 层.

总之，对于某些实际问题，可以通过建立合理的数学模型来解决. 对于相同类型的问题，可采用相同的数学模型，使学生的思维过程形象化、公式化，这样，学生学起来不感到抽象、难懂，并能增强记忆和理解，容易被学生所接受. 一个学生是否具有创造能力的一个重要标志是他是否有建立并应用数学模型的能力，因此，在数学教学中应充分重视培养这种能力，鼓励他们独立思考、勇于探索，发现前人尚未发现的问题的新结论、新方法.

2. 从社会热点问题出发，介绍建模方法

国家大事、社会热点、市场经济等都是中学数学建模教学的好素材，适当地选取，融入教学活动中，使学生掌握相关类型的建模方法，不但可以使学生树立正确的商品经济观念，而且还为其日后能主动地以数学的意识、方法、手段处理问题打下了基础.

例 4 为了防范"甲流"病毒入侵校园，根据上级疾病控制中心的要求：每平方米的教室地面，需用质量分数为 0.2% 的过氧乙酸溶液 200 克进行喷洒消毒.

（1）请估算：你所在班级的教室地面面积约为_____平方米（精确到 1 平方米）；

（2）请计算：需要用质量分数为 20% 的过氧乙酸溶液多少克加水稀释，才能按疾病控制中心的要求，对你所在班级的教室地面消毒一次？

分析 设教室面积为 a 平方米，需用 x 克的水将质量分数为 20% 的过氧乙酸溶液进行稀释. 根据"稀释前溶质质量=稀释后溶质质量"，有

$$(200a-x)\cdot 20\% = 200a \cdot 0.2\%.$$

所以，$x = 198a$.

学生通过阅读本题，自然而然地会想到 2003 年上半年那场可歌可泣的、没有硝烟的抗"非典"战争. 这是一个列方程类的应用题. 第一小题考查了学生应初步具有的估算能力，第二小题把浓度问题巧妙地融入其中，既考查学生解决实际问题的能力，又考查学生活学活用的能力. 它不仅使学生从中学到了数学建模的方法，也让学生得到了德育教育，体现了数学的社会化功能.

例 5 荆门火车货运站现有甲种货物 1580 吨、乙种货物 1150 吨，需安排一列货车将这批货物运往某市. 这列货车可挂 A、B 两种不同规格的货厢共 50 节. 已知用一节 A 型货厢的运费是 0.5 万元，用一节 B 型货厢的运费是 0.8 万元.

（1）设运输这批货物的总运费为 y（万元），用 A 型货厢的节数为 x（节），试写出 y 与 x 的函数关系式.

（2）如果甲种货物 35 吨和乙种货物 15 吨可装满一节 A 型货厢，甲种货物 25 吨和乙种货物 35 吨可装满一节 B 型货厢，按此要求安排 A、B 两种货厢的节数，有哪几种运输方案？请你设计出来.

（3）利用函数的性质说明，在这些方案中，哪种方案总运费最少？最少运费是多少万元？

解（1）总运费=甲的运费+乙的运费：

$$y = 0.5x+0.8(50-x) = 40-0.3x.$$

（2）设用 A 型货厢的节数为 x 节，用 B 型货厢的节数为 $(50-x)$ 节，则

$$\begin{cases} 35x+25(50-x) \leq 1580, \\ 15x+35(50-x) \leq 1150, \end{cases}$$

所以，$30 \leq x \leq 33$.

（3）$y = 40-0.3x$，y 随 x 的增大而减小，当 $x = 33$ 时，y 最小为 30.1.

虽然数学建模的目的是解决实际问题，但对于中学生来说，进行数学建模教学的主要目的并不是要他们去解决生产、生活中的实际问题，而是培养他们的数学应用意识，掌握数学建模的方法，以便为将来的工作打下坚实的基础. 因此，在教学时，要授之以渔，尤其要注重培养学生从初看起来杂乱无章的现象中抽象出恰当的数学问题的能力，即培养学生把客观事物的原型与抽象的数学模型联系起来的能力.

3. 以活动为手段，培养建模能力

利用课外活动时间开展综合实践活动课，并把它作为建模教学不可分割的一部分. 为了改变过去以教师为中心、以课堂讲授为主的传统教学模式，数学建模课程的指导思想应强调：以实验室为基础、以学生为中心、以问题为主线、以能力培养为目标来组织教学工作，通过教学使学生了解利用数学理论和方法去解决实际问题的全过程，以提高他们学习数学的兴趣和应用数学的能力，并使他们在以后的工作中能常常想到用数学知识解决实际问题.

例 6 为了测量人民公园中荷花池两旁 A、B 两棵树间的距离（见图 2.1.1），由于条件限制无法直接测量，请你用所学过的数学知识设计出一种测量 AB 的方案？

建模一：构造直角三角形，运用勾股定理解决问题，求出 AB.
建模二：构造等腰三角形或等边三角形，求出 AB.
建模三：构造三角形及其中位线，利用中位线的性质求出 AB.
建模四：构造两个三角形，利用全等或相似性质来求出 AB.

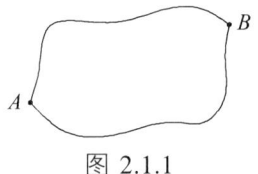

图 2.1.1

总而言之，应用数学知识解决各类实际问题时，建立数学模型是十分关键的一步，同时也是十分困难的一步. 建立数学模型的过程，就是把错综复杂的实际问题简化、抽象为合理的数学结构的过程. 即通过调查、收集数据资料，观察和研究实际对象的固有特征和内在规律，抓住问题的主要矛盾，建立起反映实际问题的数量关系，然后利用数学的理论和方法去分析和解决问题. 数学建模是联系数学与实际问题的桥梁，具有难度大、涉及面广、形式灵活的特点，所以说数学建模教学本身也是一个不断探索、不断创新、不断完善和提高的过程.

第二节　中学常见的数学模型

一、函数模型

函数反映了事物间的广泛联系，揭示了现实世界众多的数量关系及运动规律，现实生活中，诸如获利最大、用料最省、投资最佳、成本最小、方案最优化等问题，常可建立函数模型来求解.

例 1（消防损失最小问题）　森林失火了，火势正以每分钟 100 平方米的速度顺风蔓延. 消防站接到警报后立即派消防队员前去，在失火后 5 分钟到达现场救火. 已知消防队员在现场每人每分钟可灭火 50 平方米，所消耗的灭火材料、劳务津贴等费用为每人每分钟 125 元，另附加每次救火所损耗的车辆、器械和装备等费用平均每人 100 元，而每烧毁一平方米森林的损失费为 60 元，问应该派多少名消防队员前去救火，才能使得总损失最小？

分析： 总损失费 = 森林损失费+灭火材料费+车辆器械费，

其中，森林损失费 = 每平方米损失费×面积
$$= 每平方米损失费×每分钟蔓延面积×时间$$
$$= 60×100×(5+t);$$

灭火材料费 = 每单位时间人均费用×人数×时间 $= 125×x×t$；

车辆器械费 = 人均车辆器械费×人数 $= 100×x$；

灭火面积 = 新增过火面积+原有过火面积，即 $50×x×t = 100t+500$.

解　设需要 x 名消防员，t 分钟救火时间，由题意可知
$$50×x×t = 100t+500,$$

即 $t = \dfrac{10}{x-2}$.

由条件列出森林损失费与救火费用的总损失费用的目标函数为
$$y = 60×100×(5+t)+125xt+100x.$$

代入 $t = \dfrac{10}{x-2}$，得

$$y = 60×100×\left(5+\dfrac{10}{x-2}\right)+\dfrac{1250x}{x-2}+100x$$
$$= 30000+\dfrac{60000}{x-2}+\dfrac{1250(x-2)+2500}{x-2}+100x$$
$$= \dfrac{62500}{x-2}+100(x-2)+31450$$
$$= \left(\dfrac{250}{\sqrt{x-2}}-10\sqrt{x-2}\right)^2+36450,$$

即当 $x = 27$ 时，总损失最小，最小损失为 36450 元.

例 2（淋雨问题）　如图 2.2.1 所示，长方体物体 E 在雨中沿面 P（面积为 S）的垂直方向作匀速移动，速度为 $v(v>0)$，雨速沿 E 移动方向的分速度为 $c(c \in \mathbf{R})$. E 移动时单位时

间内的淋雨量包括两部分:(1)P 或 P 的平行面(只有一个面淋雨)的淋雨量,假设其值与 $|v-c|\times S$ 成正比,比例系数为 $\dfrac{1}{10}$;(2)其他面的淋雨量之和,其值为 $\dfrac{1}{2}$. 记 y 为 E 移动过程中的总淋雨量,当移动距离 $d=100$,面积 $S=\dfrac{3}{2}$.

(1)写出 y 的表达式;

(2)设 $0<v\leqslant 10$,$0<c\leqslant 5$,试根据 c 的不同取值范围,确定移动速度 v,使总淋雨量 y 最少?

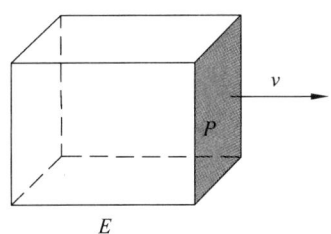

图 2.2.1　淋雨示意图

解　(1)由题意知,E 移动时单位时间内的淋雨量为 $\dfrac{3}{20}|v-c|+\dfrac{1}{2}$,故

$$y=\dfrac{100}{v}\left(\dfrac{3}{20}|v-c|+\dfrac{1}{2}\right)=\dfrac{5}{v}(3|v-c|+10).$$

(2)由(1)知,当 $0\leqslant v\leqslant c$ 时,

$$y=\dfrac{5}{v}(3c-3v+10)=\dfrac{5(3c+10)}{v}-15;$$

当 $c<v\leqslant 10$ 时,

$$y=\dfrac{5}{v}(3v-3c+10)=\dfrac{5(10-3c)}{v}+15.$$

故

$$y=\begin{cases}\dfrac{5(3c+10)}{v}-15, & 0<v\leqslant c,\\[2mm]\dfrac{5(10-3c)}{v}+15, & c<v\leqslant 10.\end{cases}$$

① 当 $0<c\leqslant\dfrac{10}{3}$ 时,y 是关于 v 的减函数. 故当 $v=10$ 时,$y_{\min}=20-\dfrac{3c}{2}$.

② 当 $\dfrac{10}{3}<c\leqslant 5$ 时,在 $(0,c]$ 上,y 是关于 v 的减函数;在 $(c,10]$ 上,y 是关于 v 的增函数. 故当 $v=c$ 时,$y_{\min}=\dfrac{50}{c}$.

例 3(轮滑跑道问题)　轮滑是穿着带滚轮的特制鞋在坚硬的场地上滑行的运动. 如图

2.2.2 所示,助跑道 ABC 是一段抛物线,某轮滑运动员通过助跑道获取速度后飞离跑道然后落到离地面高为 1 米的平台上 E 处,飞行的轨迹是一段抛物线 CDE(抛物线 CDE 与抛物线 ABC 在同一平面内),D 为这段抛物线的最高点. 现在在运动员的滑行轨迹所在平面上建立如图所示的直角坐标系,x 轴在地面上,助跑道一端点 $A(0,4)$,另一端点 $C(3,1)$,点 $B(2,0)$,单位:米.

(1)求助跑道所在的抛物线方程;

(2)若助跑道所在抛物线与飞行轨迹所在抛物线在点 C 处有相同的切线,为使运动员安全和空中姿态优美,要求运动员的飞行距离在 4 米与 6 米之间(包括 4 米和 6 米),试求运动员在飞行过程中距离平台最大高度的取值范围?(注:飞行距离指点 C 与点 E 的水平距离,即这两点横坐标差的绝对值.)

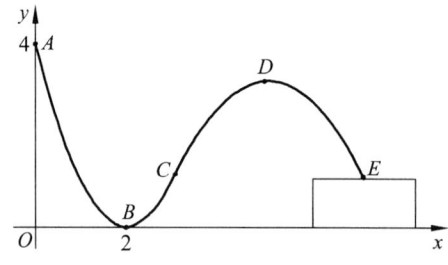

图 2.2.2　轮滑跑道示意图

解　(1)设助跑道所在的抛物线方程为 $f(x) = a_0 x^2 + b_0 x + c_0$,依题意得

$$\begin{cases} c_0 = 4, \\ 4a_0 + 2b_0 + c_0 = 0, \\ 9a_0 + 3b_0 + c_0 = 1. \end{cases}$$

解得 $a_0 = 1, b_0 = -4, c_0 = 4$. 所以助跑道所在的抛物线方程为

$$f(x) = x^2 - 4x + 4.$$

(2)设飞行轨迹所在抛物线为 $g(x) = ax^2 + bx + c\,(a < 0)$,依题意得

$$\begin{cases} f(3) = g(3), \\ f'(3) = g'(3). \end{cases}$$

得

$$\begin{cases} 9a + 3b + c = 1, \\ 6a + b = 2. \end{cases}$$

解得 $\begin{cases} b = 2 - 6a, \\ c = 9a - 5. \end{cases}$ 所以

$$g(x) = ax^2 + (2 - 6a)x + 9a - 5 = a\left(x - \frac{3a-1}{a}\right)^2 + 1 - \frac{1}{a}.$$

令 $g(x) = 1$,得

$$\left(x-\frac{3a-1}{a}\right)^2=\frac{1}{a^2}.$$

因为 $a<0$，所以 $x=\frac{3a-1}{a}-\frac{1}{a}=3-\frac{2}{a}$.

当 $x=\frac{3a-1}{a}$ 时，$g(x)$ 有最大值为 $1-\frac{1}{a}$，则运动员的飞行距离

$$d=3-\frac{2}{a}-3=\frac{-2}{a};$$

飞行过程中距离平台最大高度

$$h=1-\frac{1}{a}-1=-\frac{1}{a}.$$

依题意，$4\leqslant -\frac{2}{a}\leqslant 6$，得

$$2\leqslant -\frac{1}{a}\leqslant 3,$$

即飞行过程中距离平台最大高度的取值范围为 2 米与 3 米之间.

二、方程（组）模型

现实生活中广泛存在着数量之间的相等关系. 方程（组）模型是研究现实世界数量关系的最基本的数学模型，它可以帮助人们从数量关系的角度更正确、清晰地认识、描述和把握现实世界. 诸如纳税问题、分期付款问题、打折销售问题、增长率问题、储蓄利息问题、工程问题、行程问题、浓度配比问题等，常可以抽象成"方程（组）"模型，通过列方程（组）加以解决.

例 4（耕地规划问题） 某地现有耕地 1 万公顷，规划 10 年后，粮食单产比现在增加 22%，人均粮食占有量比现在提高 10%，如果人口年增加率为 1%，那么耕地平均每年至多只能减少多少公顷？

解 建立数学模型：找出题中所涉及的对象，并用符号表示如下：

现有土地数量 M_1，十年后土地数量 M_2；

现有单产量 N_1，十年后单产量 N_2；

现有人口数 P_1，十年后人口数 P_2；

现人均占有量 A_1，十年后人均占有量 A_2，

这些量之间具有如下关系：

$$A_1=\frac{M_1N_1}{P_1}, \quad A_2=\frac{M_2N_2}{P_2}, \quad A_2=(1+10\%)A_1,$$

$$P_2=(1+1\%)^{10}P_1, \quad N_2=(1+22\%)N_1.$$

由此可得

$$\frac{M_1N_1(1+10\%)}{P_1}=\frac{M_2N_1(1+22\%)}{P_1(1+1\%)^{10}}. \tag{2.2.1}$$

若设平均每年耕地减少量为 x 公顷,则有如下关系:
$$M_2 = M_1 - 10x.$$
对(2.2.1)式化简整理,并代入 $M_1 = 10^4$,得
$$10^4 \times (1+10\%) = \frac{(10^4 - 10x) \times (1+22\%)}{(1+1\%)^{10}}.$$

关于 x 的上述方程即可作为原题的数学模型,注意到 x 增大时,方程右端的值单调减少,所以根据这一模型的解 $x \approx 4$ 来给出原题的答案时,应是 x 至多为 4,即 $x \leq 4$,也即平均每年减少至多 4 公顷.

三、不等式(组)模型

现实生活中同样也广泛存在着数量之间的不等关系. 诸如统筹安排、市场营销、生产决策、核定价格范围等问题,可以通过给出的一些数据进行分析,将实际问题转化成相应的不等式问题,利用不等式的有关性质加以解决.

例 5(服装的降价幅度问题) 某种服装原来以高于成本价的 40% 出售,根据市场调查,原价每降低 1 个百分点,月销售件数将增加 10 个百分点. 为使月毛利润(月毛利润=月销售总额-月成本总额)比原来增加幅度不小于 30%,问降价至多多少个百分点?

分析 从整体上看,这是一个服装销售过程中计算毛利润问题,涉及服装的成本价、原价、月销售件数、月销售总额、月成本总额、降价等概念,但从局部来看,关键是要处理好上述各量之间的关系,在选准基准量后,应分析降价前后的服装销售毛利润.

解 设原价为 a,销售件数为 b,价格降低的百分比为 x,列表 2.2.1 分析如下:

表 2.2.1 成本、售价、销量、利润

	成本	价格	销售量	销售额	毛利润
降价前	$\frac{5a}{7}$	a	b	ab	$ab - \frac{5ab}{7} = \frac{2ab}{7}$
降价后	$\frac{5a}{7}$	$a(1-x)$	$b(1+10x)$	$ab(1-x)(1+10x)$	$ab(1-x)(1+10x) - \frac{5ab(1+10x)}{7}$

数量关系式为
$$\frac{\left[ab(1+10x)(1-x) - \frac{5ab(1+10x)}{7} - \frac{2ab}{7}\right]}{\frac{2ab}{7}} \geq 30\%.$$

公式化简得
$$-70x^2 + 13x - 0.6 \geq 0.$$

解得 $x \leq 0.1$.

答:降价至多 10 个百分点.

四、三角函数模型

三角函数在测算距离、高度、角度等几何相关实际问题中有着广泛的应用,且有大量的公式和优良的性质,在实际中应用也非常灵活.

例 6(港口停泊时间问题) 通常情况下,船在涨潮时驶进航道,靠近船坞,落潮时离开.某港口水深 y 与时间 t 的函数记作 $y = f(t)$,表 2.2.2 是该港口在某季节每时水深的数据:

表 2.2.2 某港某季节各时段水深数据

t	0	3	6	9	12	15	18	21	24
y	10.0	13.0	9.9	7.0	10.0	13.0	10.1	7.0	10.0

经长期观察,$y = f(t)$ 的曲线可以近似看作函数 $y = A\sin\omega t + k$ 的图像. 问:一般情况下,船舶航行时船底到海底的距离在 5 米或 5 米以上是安全的,某船吃水深度为 6.5 米,如果该船想在同一天进出港,问至多能停留多久?

解 根据数据得

$$y = 3\sin\frac{\pi}{6}t + 10.$$

船出港时水深不小于 $5 + 6.5 = 11.5$ 米,即

$$3\sin\frac{\pi}{6}t + 10 \geqslant 11.5.$$

得

$$2k\pi + \frac{\pi}{6} \leqslant \frac{\pi}{6}t \leqslant 2k\pi + \frac{5\pi}{6}.$$

同一天内取 $k = 1$ 或 0,得 $1 \leqslant t \leqslant 5$,$13 \leqslant t \leqslant 17$. 所以最早凌晨 1 点进港,最迟下午 17 点出港.

例 7(飞轮传动问题) 如图 2.2.3 所示,两个圆形飞轮通过皮带传动,大飞轮 O_1 的半径为 $2r$(r 为常数),小飞轮 O_2 的半径为 r,$O_1O_2 = 4r$. 在大飞轮的边缘上有两点 A, B,满足 $\angle BO_1A = \frac{\pi}{3}$,在小飞轮的边缘上有一点 C. 设大飞轮逆时针旋转一圈,传动开始时,点 B, C 在水平直线 O_1O_2 上.

(1)求点 A 到达最高点时 A, C 间的距离;

(2)求点 B, C 在传动过程中高度差的最大值.

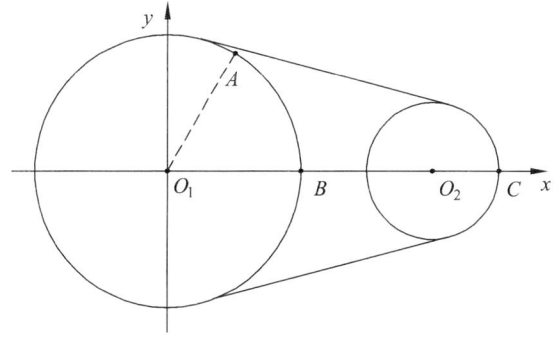

图 2.2.3 飞轮传动示意图

解 (1)以 O_1 为坐标系的原点,O_1O_2 所在直线为 x 轴,如图 2.2.3 所示,建立直角坐

标系. 当点 A 到达最高点时, 点 A 绕 O_1 转过 $\dfrac{\pi}{6}$, 则点 C 绕 O_2 转过 $\dfrac{\pi}{3}$. 此时, $A(0, 2r)$, $C\left(\dfrac{9}{2}r, \dfrac{\sqrt{3}}{2}r\right)$. 所以

$$AC = \sqrt{\left(\dfrac{9}{2}r\right)^2 + \left(2r - \dfrac{\sqrt{3}}{2}r\right)^2} = \sqrt{25 - 2\sqrt{3}}\, r.$$

（2）由题意, 设大飞轮转过的角度为 θ, 则小飞轮转过的角度为 2θ, 其中 $\theta \in [0, 2\pi]$. 此时, $B(2r\cos\theta, 2r\sin\theta)$, $C(4r + r\cos 2\theta, r\sin 2\theta)$.

记点 B, C 高度差为 d, 则

$$d = |2r\sin\theta - r\sin 2\theta|.$$

即

$$d = 2r|\sin\theta - \sin\theta\cos\theta|.$$

设 $f(\theta) = \sin\theta - \sin\theta\cos\theta$, $\theta \in [0, 2\pi]$, 则

$$f'(\theta) = (1 - \cos\theta)(2\cos\theta + 1).$$

令 $f'(\theta) = (1 - \cos\theta)(2\cos\theta + 1) = 0$, 得 $\cos\theta = -\dfrac{1}{2}$ 或 1. 则 $\theta = \dfrac{2}{3}\pi, \dfrac{4}{3}\pi, 0$ 或 2π.

列表 2.2.3 如下：

表 2.2.3

θ	0	$\left(0, \dfrac{2}{3}\pi\right)$	$\dfrac{2}{3}\pi$	$\left(\dfrac{2}{3}\pi, \dfrac{4}{3}\pi\right)$	$\dfrac{4}{3}\pi$	$\left(\dfrac{4}{3}\pi, 2\pi\right)$	2π
$f'(\theta)$		+	0	−	0	+	
$f(\theta)$	0	↗	极大值 $f\left(\dfrac{2}{3}\pi\right)$	↘	极小值 $f\left(\dfrac{4}{3}\pi\right)$	↗	0

所以当 $\theta = \dfrac{2}{3}\pi$ 时, $f(\theta)$ 取得极大值为 $\dfrac{3\sqrt{3}}{4}$; 当 $\theta = \dfrac{4}{3}\pi$ 时, $f(\theta)$ 取得极小值为 $-\dfrac{3\sqrt{3}}{4}$. 所以, 点 B, C 在传动中高度差的最大值 $d_{\max} = \dfrac{3\sqrt{3}}{2}r$.

五、数列模型

现实世界的经济活动中, 诸如增长率、降低率、复利、分期付款等与年份有关的实际问题常常归结为数列问题, 可通过建立数列模型来解决.

例 8（购房付款方式问题） 某房地产开发公司因有大量住房闲置, 为盘活资金, 促进住房销售, 提出了两种优惠售房方案：第一种方案是分期付款, 2000 年元月要求购房者先付 12 万元, 然后从第二年起每年元月付款 2 万元, 连续付 5 年（假设这 5 年中银行存款的

年利率为 2%）；第二种方案是 2000 年元月一次性付款 21.2 万元．如果购房者都从银行取款购房，试问：他们采用哪一种方案付款合算，请加以说明．（结果精确到小数点后两位，计算时，可以选用如下数据：$1.02^4 \approx 1.08$，$1.02^5 \approx 1.10$，$1.02^6 \approx 1.13$）．

解 终值比较法，选择比较的时点是 2005 年元月．

分期付款模型：

2000	2001	2002	2003	2004	2005
12	12(1+2%)	⋯	⋯	⋯	$12(1+2\%)^5$
	2	2(1+2%)	⋯		$2(1+2\%)^4$
		2	⋯	⋯	$2(1+2\%)^3$
			2	⋯	$2(1+2\%)^2$
				2	2(1+2%)
					2

经分析得

$$S_{\text{分}} = 12(1+2\%)^5 + 2(1+2\%)^4 + \cdots + 2(1+2\%) + 2 \approx 23.2 \text{ 万元};$$

$$S_{\text{合}} = 21.2 \times 1.02^5 \approx 23.32 \text{ 万元},$$

可见第一种方案比较合算．

例 9 某啤酒厂为适应市场需要，2011 年起引进葡萄酒生产线，同时生产啤酒和葡萄酒，2011 年啤酒生产量为 16000 吨，葡萄酒生产量 1000 吨．该厂计划从 2012 年起每年啤酒的生产量比上一年减少 50%，葡萄酒生产量比上一年增加 100%，试问：

（1）哪一年啤酒与葡萄酒的年生产量之和最低？

（2）从 2011 年起（包括 2011 年），经过多少年葡萄酒的生产总量不低于该厂啤酒与葡萄酒生产总量之和的 $\dfrac{2}{3}$？（生产总量是指各年年产量之和）

解 设从 2011 年起，该厂第 n 年啤酒和葡萄酒年生产量分别为 a_n 吨和 b_n 吨，经过 n 年后啤酒和葡萄酒各年生产量的总量分别为 A_n 吨和 B_n 吨．

（1）设第 n 年啤酒和葡萄酒生产的年生产量为 D_n 吨，根据题意，得

$$a_n = 16000(1-50\%)^{n-1} = \frac{32000}{2^n}, \ (n \in \mathbf{N}^*);$$

$$b_n = 1000(1+100\%)^{n-1} = 500 \times 2^n, \ (n \in \mathbf{N}^*).$$

则

$$D_n = a_n + b_n = \frac{32000}{2^n} + 500 \times 2^n = 500\left(\frac{64}{2^n} + 2^n\right) \geqslant 500 \times 2\sqrt{\frac{64}{2^n} \times 2^n} = 8000,$$

当且仅当 $\dfrac{64}{2^n} = 2^n$，即 $n = 3$ 时取等号．

故 2013 年啤酒和葡萄酒生产的年生产量之和最低，为 8000 吨．

（2）依题意，$\dfrac{B_n}{A_n + B_n} \geqslant \dfrac{2}{3}$，得 $B_n \geqslant 2A_n$．因为

$$A_n = \frac{16000\left[1-\left(\frac{1}{2}\right)^n\right]}{1-\frac{1}{2}} = 32000 \cdot \frac{2^n-1}{2^n},$$

$$B_n = \frac{1000[1-2^n]}{1-2} = 1000(2^n-1),$$

所以
$$1000(2^n-1) \geq 32000 \cdot \frac{2^n-1}{2^n} \times 2.$$

因为 $2^n-1>0$，所以 $2^n \geq 64 = 2^6$，故 $n \geq 6$. 因此，从第 6 年起，葡萄酒各年生产的总量不低于啤酒各年生产总量与葡萄酒各年生产总量之和的 $\frac{2}{3}$.

中学里的应用题都可转化为我们所熟悉的代数式、方程、不等式、函数及几何图形、几何关系等数学模型来解决. 鉴于问题的多样性、灵活性，为了构建数学模型，应要求学生对有关数学知识充分理解，且要具备敏锐的观察力、良好的想象力、较强的抽象思维能力和创新意识等，而且还应要求学生具备较强的知识应用能力和实践能力.

习题

1. 某体育用品商场采购员要到厂家批发购进篮球和排球共 100 只，付款总额不得超过 11815 元. 已知两种球厂家的批发价和商场的零售价如表 2.1 所示，试解答下列问题：

表 2.1 两种球厂家的批发价和商场的零售价

品名	厂家批发价（元/只）	商场零售价（元/只）
篮球	130	160
排球	100	120

（1）该采购员最多可购进篮球多少只？

（2）若该商场能把这 100 只球全部以零售价售出，为使商场获得的利润不低于 2580 元，则采购员至少要购篮球多少只？该商场最多可盈利多少元？

2. 某水果批发商销售每箱进价为 40 元的苹果，物价部门规定每箱售价不得高于 55 元，市场调查发现，若每箱以 50 元的价格销售，平均每天销售 90 箱，价格每提高 1 元，平均每天少销售 3 箱.

（1）求平均每天销售量 y（箱）与销售价 x（元/箱）之间的函数关系式.

（2）求该批发商平均每天的销售利润 w（元）与销售价 x（元/箱）之间的函数关系式.

（3）当每箱苹果的销售价为多少元时，可以获得最大利润？最大利润是多少？

3. 工厂生产某种产品，次品率 p 与日产量 x（万件）间的关系为：

$$p = \begin{cases} \dfrac{1}{6-x}, 0 < x \leq c, \\ \dfrac{2}{3}, x > c, \end{cases} \quad (c\text{ 为常数，且 } 0 < c < 6).$$

已知每生产 1 件合格产品盈利 3 元，每出现 1 件次品亏损 1.5 元.

（1）将日盈利额 y（万元）表示为日产量 x（万件）的函数；

（2）为使日盈利额最大，日产量应为多少万件？（注：次品率 $=\dfrac{\text{次品数}}{\text{产品总数}}\times 100\%$）

4．某汽车制造厂开发了一款新式电动汽车，计划一年生产安装 240 辆. 由于抽调不出足够的熟练工来完成新式电动车的安装，工厂决定招聘一些新工人，他们经过培训后上岗，也能独立进行电动汽车的安装. 生产开始后，调研部门发现：1 名熟练工和 2 名新工人每月可安装 8 辆电动汽车；2 名熟练工和 3 名新工人每月可安装 14 辆电动汽车.

（1）每名熟练工和新工人每月分别可以安装多少辆电动汽车？

（2）如果工厂招聘 $n(0 < n < 10)$ 名新工人，使得招聘的新工人和抽调的熟练工刚好能完成一年的安装任务，那么工厂有哪几种新工人的招聘方案？

（3）在（2）的条件下，工厂给安装电动汽车的每名熟练工每月发 2000 元的工资，给每名新工人每月发 1200 元的工资，那么工厂招聘多少名新工人，才使新工人的数量多于熟练工，同时工厂每月支出的工资总额 W（元）尽可能的少？

第三章 中学数学知识储备与扩充

在中学生中开展数学建模学习与竞赛活动，需要一定的知识储备，尤其是应用较为广泛的中学数学知识．另外，还需要一些必要的知识扩展，比如矩阵．当然，这些知识对于将来的大学学习也都是必修内容．关于这些扩充知识，同学们应重点理解概念及基本运算规则，涉及的计算过程可直接使用数学软件来完成．

第一节 《数列》核心知识点

一、重要知识点

1. 数列

（1）**定义**：按照一定次序排列的一列数称为数列，数列中的每一个数叫做这个数列的项，如：数列 1, 3, 5, 7, ….

数列是一种特殊的函数（定义域为正整数集的函数）.

（2）**通项公式**：如果数列 $\{a_n\}$ 的第 n 项 a_n 与项数 n 之间的关系可以用一个式子来表示，则这个公式称为通项公式，其中 $n \in \mathbf{N}^+$ 或 $n \in \mathbf{N}^*$（可省略）.

（3）**前 n 项和**：$S_n = a_1 + a_2 + a_3 + a_4 + \cdots + a_n$，$n \in \mathbf{N}^+$.

（4）**a_n 与 S_n 的关系**：$a_n = \begin{cases} S_1, & n=1, \\ S_n - S_{n-1}, & n \geqslant 2, \end{cases}$（常用来求通项公式）.

2. 等差数列

（1）**定义**：如果一个数列从第 2 项起，每一项与它前一项的差等于同一常数，则该数列叫做等差数列，这个常数叫做公差，常用字母 d 表示，即

$$a_n - a_{n-1} = d\,(n \geqslant 2 \text{ 且 } n \in \mathbf{N}^*) \text{ 或 } a_{n+1} - a_n = d\,(n \in \mathbf{N}^+).$$

（2）**通项公式**：$a_n = a_1 + (n-1)d$.（注意变式）

（3）**等差中项**：若 x, A, y 成等差数列，则称 A 为 x 与 y 的等差中项，即 $A = \dfrac{x+y}{2}$.

（4）**重要性质**：若 $m + n = p + q$，则 $a_m + a_n = a_p + a_q$.

（5）**前 n 项和**：$S_n = \dfrac{n(a_1 + a_n)}{2} = na_1 + \dfrac{n(n-1)}{2}d$.

3. 等比数列

（1）**定义**：如果一个数列从第 2 项起，每一项与它前一项的比等于同一个非零常数，则该数列叫做等比数列，这个常数叫做公比，常用字母 q 表示，即

$$\dfrac{a_n}{a_{n-1}} = q\,(q \neq 0, n \geqslant 2, n \in \mathbf{N}^+) \text{ 或 } \dfrac{a_{n+1}}{a_n} = q\,(q \neq 0, n \in \mathbf{N}^+).$$（等比数列中不会有 0 出现）

（2）**通项公式**：$a_n = a_1 q^{n-1}$.（注意变式）

（3）**等比中项**：若 x, G, y 成等比数列，则称 G 为 x 与 y 的等比中项，即 $G^2 = xy$.

（4）**重要性质**：若 $m+n = p+q$，则 $a_m a_n = a_p a_q$.

（5）**前 n 项和**：$S_n = \begin{cases} na_1, & q=1, \\ \dfrac{a_1(1-q^n)}{1-q}, & q \neq 1. \end{cases}$

4. 等差数列和等比数列的对比（见表 3.1.1）

表 3.1.1　等差数列和等比数列对比表

	等差数列	等比数列
定义	$a_n - a_{n-1} = $ 常数 $(n \geqslant 2)$	$\dfrac{a_n}{a_{n-1}} = $ 常数 $(n \geqslant 2)$
通项公式	$a_n = a_1 + (n-1)d$	$a_n = a_1 q^{n-1} (q \neq 0)$
判定方法	（1）定义法； （2）中项公式法： $2a_{n+1} = a_n + a_{n+2}(n \geqslant 1) \Leftrightarrow \{a_n\}$ 为等差数列； （3）通项公式法： $a_n = pn + q(p, q$ 为常数$) \Leftrightarrow \{a_n\}$ 为等差数列； （4）前 n 项和公式法： $S_n = An^2 + Bn(A, B$ 为常数$) \Leftrightarrow \{a_n\}$ 为等差数列； （5）$\{a_n\}$ 为等比数列，$a_n > 0 \Leftrightarrow \{\log_a a_n\}$ 为等差数列	（1）定义法； （2）中项公式法： $a_{n+1}^2 = a_n \cdot a_{n+2}(n \geqslant 1, a_n \neq 0) \Leftrightarrow \{a_n\}$ 为等比数列； （3）通项公式法： $a_n = c \cdot q^n (c, q$ 均是不为 0 的常数，$n \in \mathbf{N}^*) \Leftrightarrow \{a_n\}$ 为等比数列； （4）$\{a_n\}$ 为等差数列 $\Leftrightarrow \{ca_n\}$ 为等比数列 $(c > 0$ 且 $c \neq 1)$
性质	（1）若 $m, n, p, q \in \mathbf{N}^*$，且 $m+n = p+q$，则 $a_m + a_n = a_p + a_q$； （2）$a_n = a_m + (n-m)d$； （3）$S_m, S_{2m}-S_m, S_{3m}-S_{2m}, \cdots$ 仍成等差数列	（1）若 $m, n, p, q \in \mathbf{N}^*$，且 $m+n = p+q$，则 $a_m \cdot a_n = a_p \cdot a_q$； （2）$a_n = a_m q^{n-m}$； （3）等比数列中依次每 n 项和 $(S_n \neq 0)$ 仍成等比数列
前 n 项和	$S_n = \dfrac{n(a_1 + a_n)}{2} = na_1 + \dfrac{n(n-1)}{2}d$	（1）$q \neq 1$，$S_n = \dfrac{a_1(1-q^n)}{1-q} = \dfrac{a_1 - a_n q}{1-q}$； （2）$q = 1$，$S_n = na_1$

二、数列应用的模型

（1）**等差模型**：如果增加（或减少）的量是一个固定量，则该模型是等差模型，增加（或减少）的量就是公差.

（2）**等比模型**：如果后一个量与前一个量的比是一个固定的数，则该模型是等比模型，这个固定的数就是公比.

（3）**混合模型**：在一个问题中同时涉及等差数列和等比数列的模型.

（4）**生长模型**：如果某一个量，每一期以一个固定的百分数增加（或减少），同时又以一个固定的具体量增加（或减少）时，我们称该模型为生长模型．如分期付款问题、树木的生长与砍伐问题等．

（5）递推模型：如果容易找到该数列任意一项 a_n 与它的前一项 a_{n-1}（或前 n 项）间的递推关系式，我们可以用递推数列的知识来解决此问题．

例 1（2012·湖南） 某公司一下属企业从事某种高科技产品的生产．该企业第一年年初有资金 2000 万元，将其投入生产，到当年年底资金增长了 50%，预计以后每年资金年增长率与第一年的相同．公司要求企业从第一年开始，每年年底上缴资金 d 万元，并将剩余资金全部投入下一年生产．设第 n 年年底企业上缴资金后的剩余资金为 a_n 万元．

（1）用 d 表示 a_1，a_2，并写出 a_{n+1} 与 a_n 的关系式；

（2）若公司希望经过 $m(m \geq 3)$ 年使企业的剩余资金为 4000 万元，试确定企业每年上缴资金 d 的值（用 m 表示）．

分析：（1）由第 n 年和第 $(n+1)$ 年的资金变化情况得出 a_n 与 a_{n+1} 的递推关系；

（2）由 a_{n+1} 与 a_n 之间的关系可求出通项公式，问题便可求解．

解（1）由题意得

$$a_1 = 2000(1+50\%) - d = 3000 - d.$$

$$a_2 = a_1(1+50\%) - d = \frac{3}{2}a_1 - d = 4500 - \frac{5}{2}d.$$

$$\cdots\cdots$$

$$a_{n+1} = a_n(1+50\%) - d = \frac{3}{2}a_n - d.$$

（2）由（1）得

$$a_n = \frac{3}{2}a_{n-1} - d = \frac{3}{2}\left(\frac{3}{2}a_{n-2} - d\right) - d$$

$$= \left(\frac{3}{2}\right)^2 a_{n-2} - \frac{3}{2}d - d = \cdots$$

$$= \left(\frac{3}{2}\right)^{n-1} a_1 - d\left[1 + \frac{3}{2} + \left(\frac{3}{2}\right)^2 + \cdots + \left(\frac{3}{2}\right)^{n-2}\right].$$

整理得

$$a_n = \left(\frac{3}{2}\right)^{n-1}(3000 - d) - 2d\left[\left(\frac{3}{2}\right)^{n-1} - 1\right] = \left(\frac{3}{2}\right)^{n-1}(3000 - 3d) + 2d.$$

由题意知 $a_m = 4000$，即

$$\left(\frac{3}{2}\right)^{m-1}(3000 - 3d) + 2d = 4000.$$

解得

$$d = \frac{\left[\left(\frac{3}{2}\right)^m - 2\right] \times 1000}{\left(\frac{3}{2}\right)^m - 1} = \frac{1000(3^m - 2^{m+1})}{3^m - 2^m}.$$

故该企业每年上缴资金 d 的值为 $\dfrac{1000(3^m-2^{m+1})}{3^m-2^m}$ 时，经过 $m(m\geqslant 3)$ 年企业的剩余资金为 4000 万元.

例 2 某产品在不做广告宣传且每千克获利 a 元的前提下，可卖出 b 千克. 若做广告宣传，广告费为 $n(n\in \mathbf{N}^*)$ 千元时比广告费为 $(n-1)$ 千元时多卖出 $\dfrac{b}{2^n}$ 千克.

（1）当广告费分别为 1 千元和 2 千元时，用 b 表示销售量 S；

（2）试写出销售量 S 与 n 的函数关系式；

（3）当 $a=50$，$b=200$ 时，要使厂家获利最大，销售量 S 和广告费 n 分别应为多少？

解 （1）当广告费为 1 千元时，销售量 $S=b+\dfrac{b}{2}=\dfrac{3b}{2}$；

当广告费为 2 千元时，销售量 $S=b+\dfrac{b}{2}+\dfrac{b}{2^2}=\dfrac{7b}{4}$.

（2）设 $S_n(n\in \mathbf{N})$ 表示广告费为 n 千元时的销售量，由题意得：

$$S_1-S_0=\dfrac{b}{2},$$

$$S_2-S_1=\dfrac{b}{2^2},$$

$$\cdots\cdots$$

$$S_n-S_{n-1}=\dfrac{b}{2^n}.$$

以上 n 个等式相加得

$$S_n-S_0=\dfrac{b}{2}+\dfrac{b}{2^2}+\dfrac{b}{2^3}+\cdots+\dfrac{b}{2^n},$$

即

$$S=S_n=b+\dfrac{b}{2}+\dfrac{b}{2^2}+\dfrac{b}{2^3}+\cdots+\dfrac{b}{2^n}=\dfrac{b\left[1-\left(\dfrac{1}{2}\right)^{n+1}\right]}{1-\dfrac{1}{2}}=b\left(2-\dfrac{1}{2^n}\right).$$

（3）当 $a=50$，$b=200$ 时，设获利为 T_n，则有

$$T_n=aS_n-1000n=10000\times\left(2-\dfrac{1}{2^n}\right)-1000n=1000\times\left(20-\dfrac{10}{2^n}-n\right).$$

设 $b_n=20-\dfrac{10}{2^n}-n$，则

$$b_{n+1}-b_n=20-\dfrac{10}{2^{n+1}}-n-1-20+\dfrac{10}{2^n}+n=\dfrac{5}{2^n}-1.$$

当 $n\leqslant 2$ 时，$b_{n+1}-b_n>0$；当 $n\geqslant 3$ 时，$b_{n+1}-b_n<0$. 所以当 $n=3$ 时，b_n 取得最大值，即 T_n 取得最大值，此时 $S_n=375$，即该厂家获利最大时，销售量和广告费分别为 375 千克和 3 千元.

反思：用数列知识解相关的实际问题，关键是合理建立数学模型——数列模型，弄清所

构造的数列的首项是什么，项数是多少，然后转化为解数列问题．求解时，要明确目标，即搞清是求和，还是求通项，还是解递推关系问题，所求结论对应的是解方程问题，还是解不等式问题，还是最值问题，然后进行合理推算，得出实际问题的结果．

第二节 《线性规划》核心知识点

一、平面区域

1. 二元一次不等式表示平面区域

在平面直角坐标系中，平面内所有的点被直线 $Ax+By+C=0$ 分成三类：

（1）满足 $Ax+By+C=0$ 的点；

（2）满足 $Ax+By+C>0$ 的点；

（3）满足 $Ax+By+C<0$ 的点．

2. 二元一次不等式表示平面区域的判断方法

直线 l：$Ax+By+C=0$ 把坐标平面内不在直线 l 上的点分为两部分：当点在直线 l 的同一侧时，点的坐标使式子 $Ax+By+C$ 的值具有相同的符号；当点在直线 l 的两侧时，点的坐标使式子 $Ax+By+C$ 的值具有相反的符号．

例 1 在直角坐标系 xOy 中，已知 $\triangle AOB$ 的三边所在直线的方程分别为 $x=0$，$y=0$，$2x+3y=30$，则 $\triangle AOB$ 内部和边上整点（即坐标均为整数的点）的总数为（　　）.

A. 95　　　　B. 91　　　　C. 88　　　　D. 75

答案 B

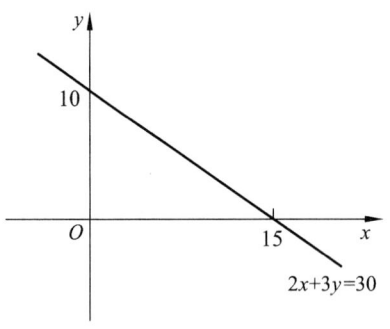

图 3.2.1　例 1 的图

解析 如图 3.2.1 所示，由 $2x+3y=30$ 知：

$y=0$ 时，$0 \leqslant x \leqslant 15$，有 16 个；

$y=1$ 时，$0 \leqslant x \leqslant 13$；$y=2$ 时，$0 \leqslant x \leqslant 12$；

$y=3$ 时，$0 \leqslant x \leqslant 10$；$y=4$ 时，$0 \leqslant x \leqslant 9$；

$y=5$ 时，$0 \leqslant x \leqslant 7$；$y=6$ 时，$0 \leqslant x \leqslant 6$；

$y=7$ 时，$0 \leqslant x \leqslant 4$；$y=8$ 时，$0 \leqslant x \leqslant 3$；

$y=9$ 时，$0 \leqslant x \leqslant 1$，$y=10$ 时，$x=0$.

所以，共有 $16+14+13+11+10+8+7+5+4+2+1=91$ 个．

二、简单的线性规划

1. 线性规划中的基本概念（见表 3.2.1）

表 3.2.1 线性规划的基本概念

名称	意义
线性约束条件	由 x, y 的一次不等式（或方程）组成的不等式（组）
线性目标函数	关于 x, y 的一次解析式
可行解	满足线性约束条件的解 (x, y)
可行域	所有可行解组成的集合
最优解	使目标函数取得最大或最小的可行解
线性规划问题	在线性约束条件下求线性目标函数的最大或最小问题

2. 求解线性规划的基本步骤

第一步：在直角坐标系中作出可行域；

第二步：通过观察目标函数对应直线系的纵截距，在可行域中找到最优解对应的点；

第三步：解出最优解，从而求出目标函数的最值.

例 2 （1）若变量 x, y 满足约束条件 $\begin{cases} x+y-3 \leqslant 0 \\ x-y+1 \geqslant 0 \\ y \geqslant 1 \end{cases}$，则 $z = 2x-y$ 的最大值为（　　）.

A. -1　　　　B. 0　　　　C. 3　　　　D. 4

答案 C

解析 作出可行域如图 3.2.2（a）阴影部分所示，作直线 $l_0: 2x-y=0$，平移 l_0，当平移到经过点 $A(2, 1)$ 时，$z_{\max}=3$.

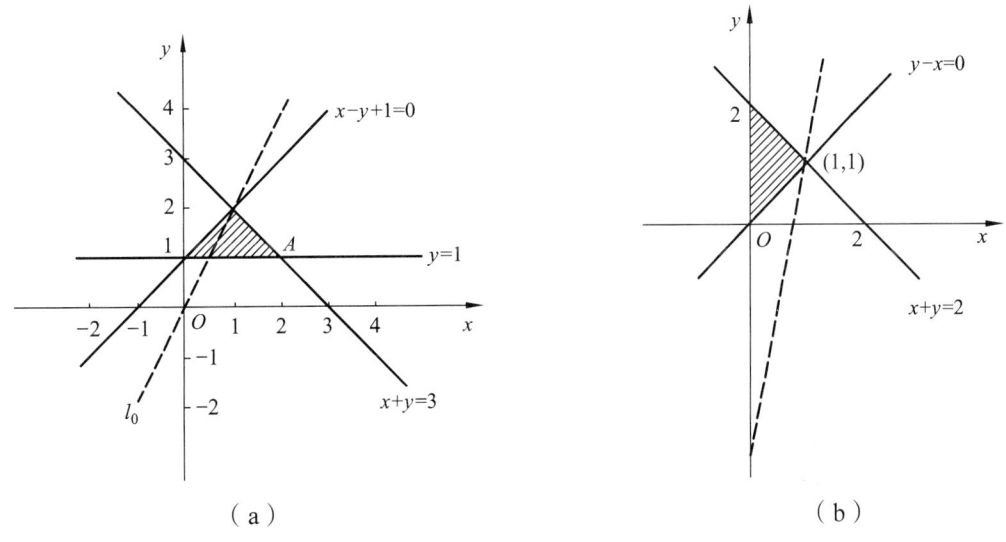

图 3.2.2 例 2 的图

（2）已知 x,y 满足不等式组 $\begin{cases} x+y \leq 2 \\ y-x \geq 0 \\ x \geq 0 \end{cases}$，目标函数 $z = ax+y$ 只在点$(1,1)$处取最小值，则有（ ）.

    A. $a>1$ B. $a>-1$ C. $a<1$ D. $a<-1$

答案 D

解析 作出可行域如图 3.2.2（b）阴影部分所示.

由 $z = ax+y$，得 $y = -ax+z$.

z 只在点$(1,1)$处取得最小值，则斜率$-a>1$.

故 $a<-1$，故选 D.

3. 简单线性规划的实际应用

第一步：先设相关变量，找出目标函数与约束条件；

第二步：作出可行域，寻找最优解（结合实际情况）；

第三步：回答实际问题.

例 3 某企业生产甲、乙两种产品，已知生产每吨甲产品要用 A 原料 3 吨，B 原料 2 吨；生产每吨乙产品要用 A 原料 1 吨，B 原料 3 吨，销售每吨甲产品可获得利润 5 万元，每吨乙产品可获得利润 3 万元. 该企业在一个生产周期内消耗 A 原料不超过 13 吨，B 原料不超过 18 吨. 那么该企业可获得最大利润是（ ）.

    A. 12 万元   B. 20 万元   C. 25 万元   D. 27 万元

答案 D

解析 设生产甲、乙两种产品分别为 x 吨，y 吨，

由题意得 $\begin{cases} 3x+y \leq 13, \\ 2x+3y \leq 18, \\ x \geq 0, \\ y \geq 0, \end{cases}$

获利润 $\omega = 5x+3y$，画出可行域如图 3.2.3 所示.

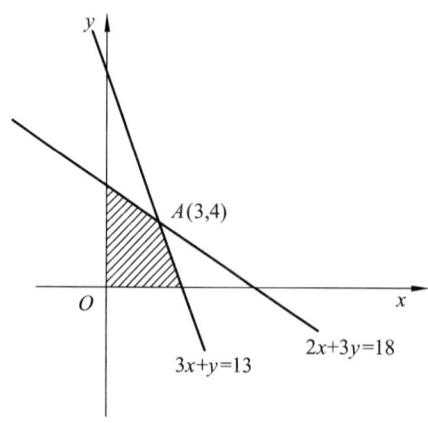

图 3.2.3 例 3 的图

由 $\begin{cases} 3x+y=13 \\ 2x+3y=18 \end{cases}$,解得 $A(3,4)$.

因为 $-3 < -\dfrac{5}{3} < -\dfrac{2}{3}$,

所以当直线 $5x+3y=\omega$ 经过 A 点时,$\omega_{\max}=27$.

例 4 某运输公司有 12 名驾驶员和 19 名工人,有 8 辆载重量为 10 吨的甲型卡车和 7 辆载重量为 6 吨的乙型卡车,某天需送往 A 地至少 72 吨的货物,派用的每辆车需载满且只运送一次,派用的每辆甲型卡车需配 2 名工人,运送一次可得利润 450 元;派用的每辆乙型卡车需配 1 名工人;运送一次可得利润 350 元,该公司合理计划当天派用甲、乙卡车的车辆数,可得最大利润 $z=(\quad)$.

A. 4650 元   B. 4700 元   C. 4900 元   D. 5000 元

答案 C

解析 设该公司派甲型卡车 x 辆,乙型卡车 y 辆,

由题意得 $\begin{cases} 10x+6y \geqslant 72, \\ 2x+y \leqslant 19, \\ x+y \leqslant 12, \\ 0 \leqslant x \leqslant 8, x \in \mathbf{N}, \\ 0 \leqslant y \leqslant 7, y \in \mathbf{N}, \end{cases}$

利润 $z=450x+350y$,可行域如图 3.2.4 所示.

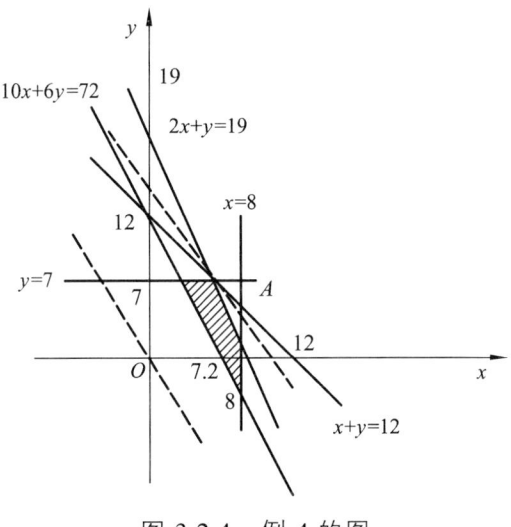

图 3.2.4 例 4 的图

解 $\begin{cases} 2x+y=19 \\ x+y=12 \end{cases}$,得 $A(7,5)$.

当直线 $350y+450x=z$ 过 $A(7,5)$ 时 z 取最大值,

所以 $z_{\max}=450\times 7+350\times 5=4900$(元).故选 C.

反思:约束条件为不等关系,目标函数为等量关系,且 z 为所求.因此,要先找目标函数,再确定约束条件.

第三节 《排列组合》核心知识点

一、两个计数原理

（1）分类计数原理：做一件事情，完成它可以有 n 类办法，在第一类办法中有 m_1 种不同的方法，在第二类办法中有 m_2 种不同的方法，……，在第 n 类办法中有 m_n 种不同的方法，那么完成这件事共有 $N = m_1 + m_2 + \cdots + m_n$ 种不同的方法.

（2）分步计数原理：做一件事情，完成它需要分成 n 个步骤，做第一步有 m_1 种不同的方法，做第二步有 m_2 种不同的方法，……，做第 n 步有 m_n 种不同的方法，那么完成这件事有 $N = m_1 \times m_2 \times \cdots \times m_n$ 种不同的方法.

（3）两个基本原理的作用：计算做一件事完成它的所有不同的方法种数.

（4）两个基本原理的区别：

一个与分类有关，一个与分步有关；加法原理是"分类完成"，乘法原理是"分步完成".

（5）原理浅释.

分类计数原理（加法原理）中，"完成一件事，有 n 类办法"，是说每种办法"互斥"，即每种方法都可以独立地完成这件事，同时它们之间没有重复也没有遗漏. 因此，进行分类时，要求各类办法彼此之间是相互排斥的，不论哪一类办法中的哪一种方法，都能独立完成这件事，只有满足这个条件，才能直接用加法原理，否则不可以.

分步计数原理（乘法原理）中，"完成一件事，需要分成 n 个步骤"，是说每个步骤都不足以完成这件事，这些步骤，彼此间也不能有重复和遗漏. 如果完成一件事需要分成 n 个步骤，各步骤都不可缺少，需要依次完成所有步骤才能完成这件事，而各步要求相互独立，即相对于前一步的每一种方法，下一步都有 m 种不同的方法，那么完成这件事的方法数就可以直接用乘法原理.

可以看出"分"是它们共同的特征，但是，分法却大不相同.

两个原理的公式是：$N = m_1 + m_2 + \cdots + m_n$；$N = m_1 \times m_2 \times \cdots \times m_n$.

例 1 电视台在"欢乐今宵"节目中有两个信箱，其中存放着先后两次竞猜中成绩优秀的观众来信，甲信箱中有 30 封，乙信箱中有 20 封. 现由主持人抽奖确定幸运观众，若先确定一名幸运之星，再从两信箱中各确定一名幸运伙伴，有多少种不同的结果？

解 分两类：

（1）幸运之星在甲箱中抽，再在两箱中各确定一名幸运伙伴，有 $30 \times 29 \times 20 = 17400$ 种结果；

（2）幸运之星在乙箱中抽，同理有 $20 \times 19 \times 30 = 11400$ 种结果，

因此共有 $17400 + 11400 = 28800$ 种不同结果.

例 2 从集合 $\{1, 2, 3, \cdots, 10\}$ 中，选出由 5 个数组成的子集，使得这 5 个数中任何两个数的和都不等于 11，这样的子集共有多少个？

解 和为 11 的数共有 5 组：1 与 10，2 与 9，3 与 8，4 与 7，5 与 6，子集中的元素不能取自同一组中的两数，即子集中的元素取自 5 个组中的一个数而每个数的取法有 2 种，所以子集的个数为 $2 \times 2 \times 2 \times 2 \times 2 = 2^5 = 32$.

点评：解本题的关键是找出和为 11 的 5 组数，然后再用分步计数原理求解. 例中选出

5个数组成子集，若改为选出 4 个数呢？答案：$C_5^4 \cdot 2^4 = 80$ 个.

二、排列

（1）排列的概念：从 n 个不同元素中，任取 $m(m \leq n)$ 个元素（这里的被取元素各不相同）按照一定的顺序排成一列，叫做从 n 个不同元素中取出 m 个元素的一个排列.

（2）排列数的定义：从 n 个不同元素中，任取 $m(m \leq n)$ 个元素的所有排列的个数叫做从 n 个元素中取出 m 个元素的排列数，用符号 A_n^m 表示.

（3）排列数公式：$A_n^m = n(n-1)(n-2)\cdots(n-m+1)$（$m, n \in \mathbf{N}^*, m \leq n$）.

（4）阶乘：$n!$ 表示从正整数 1 到 n 的连乘积，叫做 n 的阶乘. 规定 $0! = 1$.

（5）排列数的另一个计算公式：$A_n^m = \dfrac{n!}{(n-m)!}$.

三、组合

（1）组合的概念：一般地，从 n 个不同元素中取出 $m(m \leq n)$ 个元素并组成一组，叫做从 n 个不同元素中取出 m 个元素的一个组合.

（2）组合数的概念：从 n 个不同元素中取出 $m(m \leq n)$ 个元素的所有组合的个数，叫做从 n 个不同元素中取出 m 个元素的组合数. 用符号 C_n^m 表示.

（3）组合数公式：

$$C_n^m = \dfrac{A_n^m}{A_m^m} = \dfrac{n(n-1)(n-2)\cdots(n-m+1)}{m!} \text{ 或 } C_n^m = \dfrac{n!}{m!(n-m)!} \ (n, m \in \mathbf{N}^*, \text{且} m \leq n)$$

（4）组合数的性质 1：$C_n^m = C_n^{n-m}$. 规定：$C_n^0 = 1$；

（5）组合数的性质 2：$C_{n+1}^m = C_n^m + C_n^{m-1}$.

四、排列、组合的应用

解排列组合问题，首先要弄清一件事是"分类"完成还是"分步"完成，对于元素之间的关系，还要考虑"是有序"的还是"无序的"，也就是学会正确使用分类计数原理和分步计数原理、排列定义和组合定义. 其次，对一些复杂的带有附加条件的问题，需掌握以下几种常用的解题方法：

（1）特殊优先法：对于存在特殊元素或者特殊位置的排列组合问题，我们可以从这些特殊的元素或位置入手，即先解决特殊元素或特殊位置的问题，再去解决其他元素或位置的问题，这种解法叫做特殊优先法. 例如：用 0, 1, 2, 3, 4 这 5 个数字，组成没有重复数字的三位数，其中偶数共有_____个（答案：30 个）.

（2）科学分类法：对于较复杂的排列组合问题，由于情况繁多，因此要对各种不同情况进行科学分类，以便有条不紊地进行解答，避免重复或遗漏现象发生. 例如：从 6 台原装计算机和 5 台组装计算机中任取 5 台，其中至少有原装与组装计算机各两台，则不同的选取法有_____种（答案：350）.

分组（堆）问题的六个模型：① 有序不等分；② 有序等分；③ 有序局部等分；④ 无

序不等分；⑤ 无序等分；⑥ 无序局部等分．

（3）插空法：解决一些不相邻问题时，可以先排一些元素然后插入其余元素，使问题得以解决．例如：7人站成一行，如果甲乙两人不相邻，则不同排法种数是_____（答案：3600）．

（4）捆绑法：相邻元素的排列，可以采用"整体到局部"的排法，即将相邻的元素当成"一个"元素进行排列，然后再局部排．例如：6名同学坐成一排，其中甲、乙必须坐在一起的不同坐法是_____种（答案：240）．

（5）排除法：从总体中排除不符合条件的方法数，这是一种间接解题的方法．

排列组合应用题往往和代数、三角、立体几何、平面解析几何的某些知识联系，从而增加了问题的综合性，解答这类应用题时，要注意使用相关知识对答案进行取舍．例如：从集合 $\{0, 1, 2, 3, 5, 7, 11\}$ 中任取3个元素分别作为直线方程 $Ax+By+C=0$ 中的 A, B, C，所得的经过坐标原点的直线有_____条（答案：30）．

（6）剪截法（隔板法）：n 个相同小球放入 m（$m \leq n$）个盒子里，要求每个盒子里至少有一个小球的放法等价于 n 个相同小球串成一串并从间隙里选 $m-1$ 个结点剪成 m 段（插入 $m-1$ 块隔板）的方法，有 C_{n-1}^{m-1} 种方法．

（7）错位法：编号为1至 n 的 n 个小球放入编号为1到 n 的 n 个盒子里，每个盒子放一个小球．要求小球与盒子的编号都不同，这种排列称为错位排列．特别地，当 $n = 2, 3, 4, 5$ 时的错位数各为 $1, 2, 9, 44$．

2个、3个、4个元素的错位排列容易计算．关于5个元素的错位排列的计算，可以用剔除法转化为2个、3个、4个元素的错位排列的问题：

① 5个元素的全排列为：$A_5^5 = 120$；

② 剔除恰好有5对球盒同号1种、恰好有3对球盒同号（2个错位的）$C_5^3 \times 1$ 种、恰好有2对球盒同号（3个错位的）$C_5^2 \times 2$ 种、恰好有1对球盒同号（4个错位的）$C_5^1 \times 9$ 种.

所以有 $120 - 1 - C_5^3 \times 1 - C_5^2 \times 2 - C_5^1 \times 9 = 44$．

用此法可以逐步计算：6个、7个、8个、……元素的错位排列问题．

例3 分别求出符合下列要求的不同排法的种数．

（1）6名学生排3排，前排1人，中排2人，后排3人；

（2）6名学生排成一排，甲不在排头也不在排尾；

（3）从6名运动员中选出4人参加4×100米接力赛，甲不跑第一棒，乙不跑第四棒；

（4）6人排成一排，甲、乙必须相邻；

（5）6人排成一排，甲、乙不相邻；

（6）6人排成一排，限定甲要排在乙的左边，乙要排在丙的左边（甲、乙、丙可以不相邻）．

解 （1）分排坐法与直排坐法一一对应，故排法种数为 $A_6^6 = 720$．

（2）甲不能排头尾，让受特殊限制的甲先选位置，有 A_4^1 种选法，然后其他5人选，有 A_5^5 种选法，故排法种数为 $A_4^1 A_5^5 = 480$．

（3）有两棒受限制，以第一棒的人选来分类：

① 乙跑第一棒，其余棒次则不受限制，排法数为 A_5^3；

② 乙不跑第一棒，则跑第一棒的人有 A_4^1 种选法，第四棒除了乙和第一棒选定的人外，也有 A_4^1 种选法，其余两棒次不受限制，故有 $A_4^1 A_4^1 A_2^2$ 种排法．

由分类计数原理，共有 $A_5^3+A_4^1A_4^1A_4^2 = 252$ 种排法.

（4）将甲乙"捆绑"成"一个元"与其他 4 人一起作全排列共有 $A_2^2A_5^5 = 240$ 种排法.

（5）甲、乙不相邻，第一步除甲乙外的其余 4 人先排好；第二步，甲、乙选择已排好的 4 人的左、右及之间的空当插位，共有 $A_4^4A_5^2$（或用 6 人的排列数减去问题（2）后排列数为 $A_6^6 - 240 = 480$）.

（6）三人的顺序已定，实质是从 6 个位置中选出三个位置，然后按规定的顺序放置这 3 人，其余 3 人在 3 个位置上全排列，故有 $C_6^3A_3^3 = 120$ 种排法.

点评：排队问题是一类典型的排列问题，常见的附加条件是定位与限位、相邻与不相邻.

例 4 假设在 100 件产品中有 3 件是次品，从中任意抽取 5 件，求下列抽取方法各多少种？（1）没有次品；（2）恰有两件是次品；（3）至少有两件是次品.

解 （1）没有次品的抽法就是从 97 件正品中抽取 5 件的抽法，共有 $C_{97}^5 = 64446024$ 种.

（2）恰有两件是次品的抽法就是从 97 件正品中抽取 3 件，并从 3 件次品中抽 2 件的抽法，共有 $C_{97}^3C_3^2 = 442320$ 种.

（3）至少有两件次品的抽法，按次品件数来分有两类：

第一类，从 97 件正品中抽取 3 件，并从 3 件次品中抽取 2 件，有 $C_{97}^3C_3^2$ 种；

第二类，从 97 件正品中抽取 2 件，并将 3 件次品全部抽取，有 $C_{97}^2C_3^3$ 种.

按分类计数原理有 $C_{97}^3C_3^2 + C_{97}^2C_3^3 = 446976$ 种.

点评：此题是只选"元"而不排"序"的典型的组合问题，附加的条件是从不同种类的元素中抽取，应当注意：如果第（3）题采用先从 3 件次品抽取 2 件（以保证至少有 2 件是次品），再从余下的 98 件产品中任意抽取 3 件的抽法，那么所得结果是 $C_3^2C_{98}^3 = 456288$ 种，其结论是错误的，错在"重复"：假设 3 件次品是 A, B, C，第一步先抽 A, B，第二步再抽 C 和其余 2 件正品，与第一步先抽 A, C（或 B, C），第二步再抽 B（或 A）和其余 2 件正品是同一种抽法，但在算式 $C_3^2C_{98}^3$ 中算作三种不同抽法.

例 5 将 6 本不同的书按下列分法，各有多少种不同的分法？

（1）分给学生甲 3 本，学生乙 2 本，学生丙 1 本；

（2）分给甲、乙、丙三人，其中一人得 3 本、一人得 2 本、一人得 1 本；

（3）分给甲、乙、丙三人，每人 2 本；

（4）分成 3 堆，一堆 3 本，一堆 2 本，一堆 1 本；

（5）分成 3 堆，每堆 2 本；

（6）分给甲、乙、丙三人，其中一人 4 本，另两人每人 1 本；

（7）分成 3 堆，其中一堆 4 本，另两堆每堆 1 本.

分析：（1）分书过程中要分清：是均匀的还是非均匀的；是有序的还是无序的.

（2）特别是均匀的分法中要注意算法中的重复问题.

解 （1）是指定人应得数量的非均匀问题：方法数为 $C_6^3C_3^2C_1^1$；

（2）是没有指定人应得数量的非均匀问题：方法数为 $C_6^3C_3^2C_1^1A_3^3$；

（3）是指定人应得数量的均匀问题：方法数为 $C_6^2C_4^2C_2^2$；

（4）是分堆的非均匀问题（与（1）等价）：方法数为 $C_6^3C_3^2C_1^1$；

（5）是分堆的均匀问题：方法数为 $\dfrac{C_6^2C_4^2C_2^2}{A_3^3}$；

（6）是部分均匀地分给人的问题：方法数为 $\dfrac{C_6^4 C_2^1 C_1^1 A_3^3}{A_2^2}$；

（7）是部分均匀地分堆的问题：方法数为 $\dfrac{C_6^4 C_2^1 C_1^1}{A_2^2}$.

点评：分清是排列还是组合问题．排列与组合的根本区别是元素之间有否顺序．若元素之间交换次序后是两种不同的情形，则是排列问题；若元素之间交换次序后是相同的情形，则是组合问题；另外，若元素之间已经规定了顺序，则仍是组合问题．

第四节 《平面向量》核心知识点

一、平面向量的五个基本概念

（1）零向量模的大小为 0，方向是任意的，它与任意非零向量都共线，记为 **0** 或 $\vec{0}$．

（2）长度等于 1 个单位长度的向量叫做单位向量，$\boldsymbol{a}$ 的单位向量为 $\dfrac{\boldsymbol{a}}{|\boldsymbol{a}|}$．

（3）方向相同或相反的向量叫做共线向量（平行向量）．

（4）如果直线 l 的斜率为 k，则 $\boldsymbol{a}=(1,k)$ 是直线 l 的一个方向向量．

（5）向量的投影：$|\boldsymbol{b}|\cos\langle\boldsymbol{a},\boldsymbol{b}\rangle$ 叫做向量 $\boldsymbol{b}$ 在向量 $\boldsymbol{a}$ 方向上的投影．

二、向量的两个定理

1. 向量共线定理

（1）**实数与向量的积**：实数 λ 与向量 $\boldsymbol{a}$ 的积是一个向量，记作 $\lambda\boldsymbol{a}$，它的长度与方向规定如下：

① $|\lambda\boldsymbol{a}|=|\lambda||\boldsymbol{a}|$．

② 当 $\lambda>0$ 时，$\lambda\boldsymbol{a}$ 的方向与 $\boldsymbol{a}$ 的方向相同；

当 $\lambda<0$ 时，$\lambda\boldsymbol{a}$ 的方向与 $\boldsymbol{a}$ 的方向相反；

当 $\lambda=0$ 时，$\lambda\boldsymbol{a}=\boldsymbol{0}$，方向是任意的．

（2）**两个向量共线定理**：向量 $\boldsymbol{b}$ 与非零向量 $\boldsymbol{a}$ 共线 $\Leftrightarrow$ 有且只有一个实数 λ，使得 $\boldsymbol{b}=\lambda\boldsymbol{a}$．

2. 平面向量基本定理

如果 $\boldsymbol{e}_1,\boldsymbol{e}_2$ 是一个平面内的两个不共线向量，那么对这一平面内的任一向量 $\boldsymbol{a}$，有且只有一对实数 λ_1,λ_2 使得 $\boldsymbol{a}=\lambda_1\boldsymbol{e}_1+\lambda_2\boldsymbol{e}_2$，其中不共线的向量 $\boldsymbol{e}_1,\boldsymbol{e}_2$ 叫做表示这一平面内所有向量的一组基底．

三、向量的充要条件及性质

1. 向量的坐标

平面内向量的基底固定为 x 轴正方向、y 轴正方向的单位向量 $\boldsymbol{i},\boldsymbol{j}$ 时，平面内的任一向量 $\boldsymbol{a}=x\boldsymbol{i}+y\boldsymbol{j}$．则向量 $\boldsymbol{a}=(x,y)$．

2. 平面向量的两个充要条件

若两个非零向量 $a=(x_1, y_1)$, $b=(x_2, y_2)$, 则：

（1）$a // b \Leftrightarrow a = \lambda b \Leftrightarrow x_1 y_2 - x_2 y_1 = 0$.

（2）$a \perp b \Leftrightarrow a \cdot b = 0 \Leftrightarrow x_1 x_2 + y_1 y_2 = 0$.

3. 平面向量的三个性质

（1）若 $a = (x, y)$, 则 $|a| = \sqrt{a \cdot a} = \sqrt{x^2 + y^2}$.

（2）若 $A(x_1, y_1)$, $B(x_2, y_2)$, 则 $|\overrightarrow{AB}| = \sqrt{(x_2 - x_1)^2 + (y_2 - y_1)^2}$.

（3）若 $a = (x_1, y_1)$, $b = (x_2, y_2)$, θ 为 a 与 b 的夹角，则

$$\cos\theta = \frac{a \cdot b}{|a||b|} = \frac{x_1 x_2 + y_1 y_2}{\sqrt{x_1^2 + y_1^2}\sqrt{x_2^2 + y_2^2}}.$$

四、向量的应用

1. 类型一 平面向量的概念及线性运算

例 1 （1）设 D, E 分别是 $\triangle ABC$ 的边 AB, BC 上的点，$AD = \frac{1}{2}AB$, $BE = \frac{2}{3}BC$. 若 $\overrightarrow{DE} = \lambda_1 \overrightarrow{AB} + \lambda_2 \overrightarrow{AC}$（$\lambda_1, \lambda_2$ 为实数），则 $\lambda_1 + \lambda_2$ 的值为 _____.

（2）$\triangle ABC$ 的外接圆的圆心为 O, 半径为 2, $\overrightarrow{OA} + \overrightarrow{AB} + \overrightarrow{AC} = \mathbf{0}$ 且 $|\overrightarrow{OA}| = |\overrightarrow{AB}|$, 则向量 $\overrightarrow{CA}$ 在 $\overrightarrow{CB}$ 上的投影为（　　）.

A. $\sqrt{3}$ 　　　　B. 3 　　　　C. $-\sqrt{3}$ 　　　　D. -3

答案 （1）$\frac{1}{2}$；（2）A.

解 （1）如图 3.4.1（a）所示，

$$\overrightarrow{DE} = \overrightarrow{DB} + \overrightarrow{BE} = \frac{1}{2}\overrightarrow{AB} + \frac{2}{3}\overrightarrow{BC} = \frac{1}{2}\overrightarrow{AB} + \frac{2}{3}(\overrightarrow{AC} - \overrightarrow{AB}) = -\frac{1}{6}\overrightarrow{AB} + \frac{2}{3}\overrightarrow{AC},$$

则 $\lambda_1 = -\frac{1}{6}$, $\lambda_2 = \frac{2}{3}$, $\lambda_1 + \lambda_2 = \frac{1}{2}$.

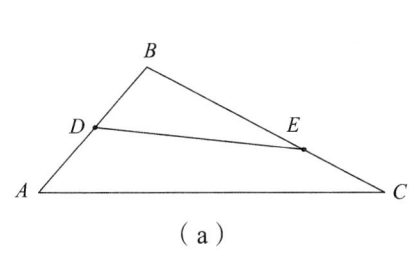

图 3.4.1 例 1 的图

（2）如图 3.4.1（b）所示，由 $\overrightarrow{OA} + \overrightarrow{AB} + \overrightarrow{AC} = \mathbf{0}$,

得 $\vec{AB}+\vec{AC}=\vec{AO}$.

又 O 为 $\triangle ABC$ 外接圆的圆心，$OB=OC$，

所以四边形 $ABOC$ 为菱形，$AO \perp BC$.

由 $|\vec{OA}|=|\vec{AB}|=2$，

知 $\triangle AOC$ 为等边三角形.

故 $\vec{CA}$ 在 $\vec{CB}$ 上的投影为 $|\vec{CA}|\cos\angle ACB = 2\cos\dfrac{\pi}{6} = \sqrt{3}$.

反思：（1）在一般向量的线性运算中，只要把其中的向量当作字母，其运算就类似于代数中合并同类项的运算；有的问题采用坐标解决更简单.

（2）运用向量加减法解决几何问题时，要善于发现或构造三角形或平行四边形，使用三角形法则时要特别注意"首尾相接". 运用平行四边形法则时两个向量的起点必须重合.

2. 类型二　平面向量的数量积

例2（1）如图 3.4.2 所示，在矩形 $ABCD$ 中，$AB=\sqrt{2}$，$BC=2$，点 E 为 BC 的中点，点 F 在边 CD 上，若 $\vec{AB}\cdot\vec{AF}=\sqrt{2}$，则 $\vec{AE}\cdot\vec{BF}$ 的值是_____.

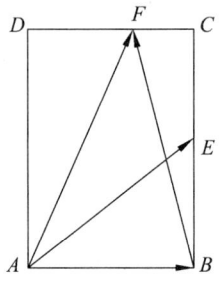

图 3.4.2　例 2 的图

（2）若 a, b, c 均为单位向量，且 $a\cdot b=0$，$(a-c)\cdot(b-c)\leqslant 0$，则 $|a+b-c|$ 的最大值为（　　）.

A. $\sqrt{2}-1$　　　B. 1　　　C. $\sqrt{2}$　　　D. 2

答案（1）$\sqrt{2}$；（2）B.

解（1）方法 1　坐标法.

以 A 为坐标原点，AB, AD 所在直线为 x 轴、y 轴建立平面直角坐标系，

则 $A(0,0)$，$B(\sqrt{2},0)$，$E(\sqrt{2},1)$，$F(x,2)$.

故 $\vec{AB}=(\sqrt{2},0)$，$\vec{AF}=(x,2)$，$\vec{AE}=(\sqrt{2},1)$，$\vec{BF}=(x-\sqrt{2},2)$.

所以 $\vec{AB}\cdot\vec{AF}=(\sqrt{2},0)\cdot(x,2)=\sqrt{2}x$.

又 $\vec{AB}\cdot\vec{AF}=\sqrt{2}$，所以 $x=1$.

所以 $\vec{BF}=(1-\sqrt{2},2)$.

所以 $\vec{AE}\cdot\vec{BF}=(\sqrt{2},1)\cdot(1-\sqrt{2},2)=\sqrt{2}-2+2=\sqrt{2}$.

方法 2　用 $\vec{AB}, \vec{BC}$ 表示 $\vec{AE}, \vec{BF}$ 是关键.

设 $\vec{DF}=x\vec{AB}$，则

$\vec{CF}=(x-1)\vec{AB}$.

$\vec{AB} \cdot \vec{AF} = \vec{AB} \cdot (\vec{AD} + \vec{DF}) = \vec{AB} \cdot (\vec{AD} + x\vec{AB}) = x\vec{AB}^2 = 2x$

又因为 $\vec{AB} \cdot \vec{AF} = \sqrt{2}$，所以 $2x = \sqrt{2}$. 所以 $x = \dfrac{\sqrt{2}}{2}$.

所以 $\vec{BF} = \vec{BC} + \vec{CF} = \vec{BC} + \left(\dfrac{\sqrt{2}}{2} - 1\right)\vec{AB}$.

所以 $\vec{AE} \cdot \vec{BF} = (\vec{AB} + \vec{BE}) \cdot \left[\vec{BC} + \left(\dfrac{\sqrt{2}}{2} - 1\right)\vec{AB}\right]$

$= \left(\vec{AB} + \dfrac{1}{2}\vec{BC}\right)\left[\vec{BC} + \left(\dfrac{\sqrt{2}}{2} - 1\right)\vec{AB}\right]$

$= \left(\dfrac{\sqrt{2}}{2} - 1\right)\vec{AB}^2 + \dfrac{1}{2}\vec{BC}^2$

$= \left(\dfrac{\sqrt{2}}{2} - 1\right) \times 2 + \dfrac{1}{2} \times 4 = \sqrt{2}$.

（2）方法 1 由题意知 $a^2 = b^2 = c^2 = 1$.
又因为 $\boldsymbol{a} \cdot \boldsymbol{b} = 0$，
$(\boldsymbol{a} - \boldsymbol{c}) \cdot (\boldsymbol{b} - \boldsymbol{c}) = \boldsymbol{a} \cdot \boldsymbol{b} - \boldsymbol{a} \cdot \boldsymbol{c} - \boldsymbol{b} \cdot \boldsymbol{c} + \boldsymbol{c}^2 \leqslant 0$，
所以 $\boldsymbol{a} \cdot \boldsymbol{c} + \boldsymbol{b} \cdot \boldsymbol{c} \geqslant \boldsymbol{c}^2 = 1$.
所以 $|\boldsymbol{a} + \boldsymbol{b} - \boldsymbol{c}|^2 = \boldsymbol{a}^2 + \boldsymbol{b}^2 + \boldsymbol{c}^2 + 2\boldsymbol{a} \cdot \boldsymbol{b} - 2\boldsymbol{a} \cdot \boldsymbol{c} - 2\boldsymbol{b} \cdot \boldsymbol{c} = 3 - 2(\boldsymbol{a} \cdot \boldsymbol{c} + \boldsymbol{b} \cdot \boldsymbol{c}) \leqslant 1$.
所以 $|\boldsymbol{a} + \boldsymbol{b} - \boldsymbol{c}| \leqslant 1$.

方法 2 设 $\boldsymbol{a} = (1, 0)$，$\boldsymbol{b} = (0, 1)$，$\boldsymbol{c} = (x, y)$，
则 $x^2 + y^2 = 1$，$\boldsymbol{a} - \boldsymbol{c} = (1-x, -y)$，$\boldsymbol{b} - \boldsymbol{c} = (-x, 1-y)$.
则 $(\boldsymbol{a} - \boldsymbol{c}) \cdot (\boldsymbol{b} - \boldsymbol{c}) = (1-x)(-x) + (-y)(1-y)$
$= x^2 + y^2 - x - y = 1 - x - y \leqslant 0$，
即 $x + y \geqslant 1$.
又 $\boldsymbol{a} + \boldsymbol{b} - \boldsymbol{c} = (1-x, 1-y)$，
所以 $|\boldsymbol{a} + \boldsymbol{b} - \boldsymbol{c}| = \sqrt{(1-x)^2 + (1-y)^2} = \sqrt{(x-1)^2 + (y-1)^2} = \sqrt{3 - 2(x+y)} \leqslant 1$.

反思：（1）涉及数量积和模的计算问题，通常有两种求解思路：
① 直接利用数量积的定义；
② 建立坐标系，通过坐标运算求解.
（2）在利用数量积的定义计算时，要善于将相关向量分解为图形中模和夹角已知的向量进行计算.
求平面向量的模时，常把模的平方转化为向量的平方.

第五节 《矩阵》基本知识点

矩阵理论是线性代数中最重要的一个部分，矩阵是数学中极其重要并且应用广泛的工具．本节首先介绍矩阵及其相关的概念，然后介绍矩阵的相等、线性运算、矩阵乘法及相应

的运算律.

一、矩阵概念

由 $m \times n$ 个数 a_{ij} 构成的 m 行 n 列数表

$$A = \begin{pmatrix} a_{11} & a_{12} & \cdots & a_{1n} \\ a_{21} & a_{22} & \cdots & a_{2n} \\ \vdots & \vdots & & \vdots \\ a_{m1} & a_{m2} & \cdots & a_{mn} \end{pmatrix}$$

称为 $m \times n$ 维（型）的矩阵（matrix），简称为 $m \times n$ 矩阵. 记为 $A = (a_{ij})_{m \times n}$，$A_{m \times n}$ 或 $A = (a_{ij})$，其中 a_{ij} 为矩阵的第 i 行第 j 列元素，$i = 1, 2, \cdots, m$ 为行标，$j = 1, 2, \cdots, n$ 为列标.

注：矩阵一般用大写黑体字母 $A, B, \cdots$ 表示.

例 1 试写出 4×5 矩阵 A，其元素 $a_{ij} = 2i - j$.

解 由已知条件得

$$a_{11}=2\times1-1=1，a_{12}=2\times1-2=0，\cdots，a_{45}=2\times4-5=3.$$

则

$$A = \begin{pmatrix} 1 & 0 & -1 & -2 & -3 \\ 3 & 2 & 1 & 0 & -1 \\ 5 & 4 & 3 & 2 & 1 \\ 7 & 6 & 5 & 4 & 3 \end{pmatrix}.$$

例 2 试写出游戏"石头、剪刀、布"的二人零和对策中甲的得分矩阵，规定胜者得 1 分，败者得-1 分，平手各得零分.

解 依题意

0	1	-1	石头	
-1	0	1	剪刀	甲方
1	-1	0	布	
石头	剪刀	布		
	乙方			

所以

$$A = \begin{pmatrix} 0 & 1 & -1 \\ -1 & 0 & 1 \\ 1 & -1 & 0 \end{pmatrix}.$$

二、矩阵的线性运算（矩阵加法、数乘）

1. 矩阵相等

设有两个 $m \times n$ 矩阵

$$A = \begin{pmatrix} a_{11} & a_{12} & \cdots & a_{1n} \\ a_{21} & a_{22} & \cdots & a_{2n} \\ \vdots & \vdots & & \vdots \\ a_{m1} & a_{m2} & \cdots & a_{mn} \end{pmatrix}, \quad B = \begin{pmatrix} b_{11} & b_{12} & \cdots & b_{1n} \\ b_{21} & b_{22} & \cdots & b_{2n} \\ \vdots & \vdots & & \vdots \\ b_{m1} & b_{m2} & \cdots & b_{mn} \end{pmatrix},$$

若 $a_{ij} = b_{ij}(i=1,2,\cdots,m; j=1,2,\cdots,n)$，则称矩阵 **A** 和 **B** 相等，记作 **A**=**B**.

<u>注意：矩阵相等必须满足：行列对应相等且元素对应相等.</u>

2. 矩阵加法

设有两个 $m \times n$ 矩阵

$$A = \begin{pmatrix} a_{11} & a_{12} & \cdots & a_{1n} \\ a_{21} & a_{22} & \cdots & a_{2n} \\ \vdots & \vdots & & \vdots \\ a_{m1} & a_{m2} & \cdots & a_{mn} \end{pmatrix}, \quad B = \begin{pmatrix} b_{11} & b_{12} & \cdots & b_{1n} \\ b_{21} & b_{22} & \cdots & b_{2n} \\ \vdots & \vdots & & \vdots \\ b_{m1} & b_{m2} & \cdots & b_{mn} \end{pmatrix},$$

矩阵 $C = \begin{pmatrix} a_{11}+b_{11} & a_{12}+b_{12} & \cdots & a_{1n}+b_{1n} \\ a_{21}+b_{21} & a_{22}+b_{22} & \cdots & a_{2n}+b_{2n} \\ \vdots & \vdots & & \vdots \\ a_{m1}+b_{m1} & a_{m2}+b_{m2} & \cdots & a_{mn}+b_{mn} \end{pmatrix}$ 称为**矩阵 A 与 B 的和**，记作 $C = A+B = (a_{ij}+b_{ij})_{m \times n}$.

注意：只有同型的两个矩阵才能进行加法运算.

3. 矩阵减法

设 $A = (a_{ij})_{m \times n}$，负矩阵定义为：$-A = (-a_{ij})_{m \times n} = \begin{pmatrix} -a_{11} & -a_{12} & \cdots & -a_{1n} \\ -a_{21} & -a_{22} & \cdots & -a_{2n} \\ \vdots & \vdots & & \vdots \\ -a_{m1} & -a_{m2} & \cdots & -a_{mn} \end{pmatrix}$.

$$O = (0)_{m \times n} = \begin{pmatrix} 0 & 0 & \cdots & 0 \\ 0 & 0 & \cdots & 0 \\ \vdots & \vdots & & \vdots \\ 0 & 0 & \cdots & 0 \end{pmatrix}_{m \times n}$$ 称为 $m \times n$ 零矩阵.

矩阵的减法定义为：

$$A - B = A + (-B) = \begin{pmatrix} a_{11}-b_{11} & a_{12}-b_{12} & \cdots & a_{1n}-b_{1n} \\ a_{21}-b_{21} & a_{22}-b_{22} & \cdots & a_{2n}-b_{2n} \\ \vdots & \vdots & & \vdots \\ a_{m1}-b_{m1} & a_{m2}-b_{m2} & \cdots & a_{mn}-b_{mn} \end{pmatrix}.$$

4. 加法运算律

（1）**A**+**B** = **B**+**A**；

（2）(**A**+**B**)+**C** = **A**+(**B**+**C**)；

（3）**A**+**O** = **O**+**A** = **A**；

（4）$A - A = A + (-A) = O$，

其中，A, B, C 及零矩阵 O 是同型矩阵.

例3 设 $A = \begin{pmatrix} 2 & 0 & -1 \\ 3 & 1 & -2 \end{pmatrix}, B = \begin{pmatrix} -1 & 1 & 2 \\ -2 & 1 & 5 \end{pmatrix}$，求（1）$A + B$；（2）$A - B$.

解（1）$A + B = \begin{pmatrix} 2 & 0 & -1 \\ 3 & 1 & -2 \end{pmatrix} + \begin{pmatrix} -1 & 1 & 2 \\ -2 & 1 & 5 \end{pmatrix}$

$= \begin{pmatrix} 2+(-1) & 0+1 & -1+2 \\ 3+(-2) & 1+1 & -2+5 \end{pmatrix} = \begin{pmatrix} 1 & 1 & 1 \\ 1 & 2 & 3 \end{pmatrix}$.

（2）$A - B = \begin{pmatrix} 2 & 0 & -1 \\ 3 & 1 & -2 \end{pmatrix} + \begin{pmatrix} -(-1) & -1 & -2 \\ -(-2) & -1 & -5 \end{pmatrix}$

$= \begin{pmatrix} 2 & 0 & -1 \\ 3 & 1 & -2 \end{pmatrix} + \begin{pmatrix} 1 & -1 & -2 \\ 2 & -1 & -5 \end{pmatrix} = \begin{pmatrix} 3 & -1 & -3 \\ 5 & 0 & -7 \end{pmatrix}$.

5. 数乘矩阵

数 k 与矩阵 A 的乘积记作 kA，规定为：

$$kA = (ka_{ij})_{m \times n} = \begin{pmatrix} ka_{11} & ka_{12} & \cdots & ka_{1n} \\ ka_{21} & ka_{22} & \cdots & ka_{2n} \\ \vdots & \vdots & & \vdots \\ ka_{m1} & ka_{m2} & \cdots & ka_{mn} \end{pmatrix}.$$

其运算规律如下：

（1）$k(A+B) = kA + kB$；
（2）$(k+h)A = kA + hA$；
（3）$k(hA) = (kh)A$；
（4）$1A = A$，

其中 A, B 为 $m \times n$ 矩阵；k, h 为数.

例4 设 $A = \begin{pmatrix} 2 & 0 & -1 \\ 3 & 1 & -2 \end{pmatrix}, B = \begin{pmatrix} -1 & 1 & 2 \\ -2 & 1 & 5 \end{pmatrix}$，求（1）$2A + B$；（2）$A - 3B$.

解（1）$2A + B = \begin{pmatrix} 2\times 2 & 2\times 0 & 2\times(-1) \\ 2\times 3 & 2\times 1 & 2\times(-2) \end{pmatrix} + \begin{pmatrix} -1 & 1 & 2 \\ -2 & 1 & 5 \end{pmatrix}$

$= \begin{pmatrix} 4 & 0 & -2 \\ 6 & 2 & -4 \end{pmatrix} + \begin{pmatrix} -1 & 1 & 2 \\ -2 & 1 & 5 \end{pmatrix} = \begin{pmatrix} 3 & 1 & 0 \\ 4 & 3 & 1 \end{pmatrix}$.

（2）$A - 3B = \begin{pmatrix} 2 & 0 & -1 \\ 3 & 1 & -2 \end{pmatrix} - \begin{pmatrix} 3\times(-1) & 3\times 1 & 3\times 2 \\ 3\times(-2) & 3\times 1 & 3\times 5 \end{pmatrix}$

$= \begin{pmatrix} 2 & 0 & -1 \\ 3 & 1 & -2 \end{pmatrix} - \begin{pmatrix} -3 & 3 & 6 \\ -6 & 3 & 15 \end{pmatrix} = \begin{pmatrix} 5 & -3 & -7 \\ 9 & -2 & -17 \end{pmatrix}$.

例 5 如果矩阵 X 满足 $X-2A=B-X$, 其中 $A=\begin{pmatrix} 2 & -1 \\ -1 & 2 \end{pmatrix}$, $B=\begin{pmatrix} 0 & -2 \\ -2 & 0 \end{pmatrix}$, 求 X.

解 因为 $X-2A=B-X$, 所以 $X=A+\dfrac{1}{2}B$, 则

$$X=\begin{pmatrix} 2 & -1 \\ -1 & 2 \end{pmatrix}+\dfrac{1}{2}\begin{pmatrix} 0 & -2 \\ -2 & 0 \end{pmatrix}=\begin{pmatrix} 2 & -1 \\ -1 & 2 \end{pmatrix}+\begin{pmatrix} 0 & -1 \\ -1 & 0 \end{pmatrix}=\begin{pmatrix} 2 & -2 \\ -2 & 2 \end{pmatrix}.$$

三、矩阵的转置

把矩阵 A 的行换成同顺序的列得到的新矩阵叫做 A 的转置矩阵, 记作 A^T.

例如: $A=\begin{pmatrix} 1 & 2 & 3 \\ 4 & 5 & 6 \end{pmatrix}$, 则 $A^T=\begin{pmatrix} 1 & 4 \\ 2 & 5 \\ 3 & 6 \end{pmatrix}$.

四、矩阵乘法

引例 某服装商店一天的牛仔裤销售量如表 3.5.1 所示, 且知每条 W 牌、L 牌、CF 牌、BO 牌、BA 牌牛仔裤的利润分别为 15 元、17.5 元、20 元、12.5 元、20 元.

表 3.5.1 某店牛仔裤销量表

型号＼品牌	W	L	CF	BO	BA
28	1	3	0	1	2
30	5	8	6	1	2
32	2	3	5	6	0
34	0	1	1	0	3

问题 1: 这一天内, 最小号牛仔裤的销售利润总和是多少?
问题 2: 30 号牛仔裤的利润总和是多少?
问题 3: 所有牛仔裤的销售利润总和是多少?

解 由已知得: 利润矩阵 $B=\begin{pmatrix} 15 \\ 17.5 \\ 20 \\ 12.5 \\ 20 \end{pmatrix}$, 销量矩阵 $A=\begin{pmatrix} \alpha_1 \\ \alpha_2 \\ \alpha_3 \\ \alpha_4 \end{pmatrix}$.

（1）$\alpha_1 B = 1\times 15 + 3\times 17.5 + 0\times 20 + 1\times 12.5 + 2\times 20$

$$=(1\ \ 3\ \ 0\ \ 1\ \ 2)\begin{pmatrix} 15 \\ 17.5 \\ 20 \\ 12.5 \\ 20 \end{pmatrix}=120.$$

（2）$\alpha_2 B = 5\times15 + 8\times17.5 + 6\times20 + 1\times12.5 + 2\times20$

$$= (5\ \ 8\ \ 6\ \ 1\ \ 2)\begin{pmatrix} 15 \\ 17.5 \\ 20 \\ 12.5 \\ 20 \end{pmatrix} = 387.5.$$

（3）$AB = \begin{pmatrix} 1 & 3 & 0 & 1 & 2 \\ 5 & 8 & 6 & 1 & 2 \\ 2 & 3 & 5 & 6 & 0 \\ 0 & 1 & 1 & 0 & 3 \end{pmatrix} \begin{pmatrix} 15 \\ 17.5 \\ 20 \\ 12.5 \\ 20 \end{pmatrix} = \begin{pmatrix} 120 \\ 387.5 \\ 257.5 \\ 97.5 \end{pmatrix},$

所以，所有牛仔裤的销售利润总和为 120+387.5+257.5+97.5 = 862.5（元）.

设矩阵 $A = (a_{ij})_{m\times s}$，$B = (b_{ij})_{s\times n}$，矩阵 A 与 B 的乘积是一个 $m\times n$ 矩阵 $C = (c_{ij})_{m\times n}$，其中

$$c_{ij} = a_{i1}b_{1j} + a_{i2}b_{2j} + \cdots + a_{is}b_{sj} = \sum_{k=1}^{s} a_{ik}b_{kj}\ (i=1,2,\cdots,m; j=1,2,\cdots,n),$$

记作 $C = AB$.

注：（1）只有当第一个矩阵（左矩阵）的列数等于第二个矩阵（右矩阵）的行数时，两个矩阵才能相乘.

（2）乘积矩阵 $AB = C$ 的第 i 行第 j 列元素 c_{ij} 是 A 的第 i 行与 B 的第 j 列对应元素乘积之和.

（3）一个 $1\times s$ 矩阵与一个 $s\times 1$ 矩阵的乘积是一个 1 阶矩阵，也就是一个数.

例如：$C = AB = \begin{pmatrix} a_{11} & a_{12} & \cdots & a_{1s} \\ \boxed{a_{21} & a_{22} & \cdots & a_{2s}} \\ \vdots & \vdots & & \vdots \\ a_{m1} & a_{m2} & \cdots & a_{ms} \end{pmatrix} \begin{pmatrix} \boxed{b_{11}} & b_{12} & \cdots & b_{1n} \\ b_{21} & b_{22} & \cdots & b_{2n} \\ \vdots & \vdots & & \vdots \\ b_{s1} & b_{s2} & \cdots & b_{sn} \end{pmatrix},$

即 $c_{21} = a_{21}b_{11} + a_{22}b_{21} + \cdots + a_{2s}b_{s1}$.

例 6 求矩阵 $A = \begin{pmatrix} 4 & -1 & 2 & 1 \\ 1 & 1 & 0 & 3 \\ 0 & 3 & 1 & 4 \end{pmatrix}$ 与 $B = \begin{pmatrix} 1 & 2 \\ 0 & 1 \\ 3 & 0 \\ -1 & 2 \end{pmatrix}$ 的乘积 AB.

解 $C = AB = \begin{pmatrix} 4 & -1 & 2 & 1 \\ 1 & 1 & 0 & 3 \\ 0 & 3 & 1 & 4 \end{pmatrix} \begin{pmatrix} 1 & 2 \\ 0 & 1 \\ 3 & 0 \\ -1 & 2 \end{pmatrix}$

$= \begin{pmatrix} 4\times1+(-1)\times0+2\times3+1\times(-1) & 4\times2+(-1)\times1+2\times0+1\times2 \\ 1\times1+1\times0+0\times3+3\times(-1) & 1\times2+1\times1+0\times0+3\times2 \\ 0\times1+3\times0+1\times3+4\times(-1) & 0\times2+3\times1+1\times0+4\times2 \end{pmatrix}$

$$= \begin{pmatrix} 9 & 9 \\ -2 & 9 \\ -1 & 11 \end{pmatrix}.$$

例 7 求矩阵 $A = \begin{pmatrix} -2 & 4 \\ 1 & -2 \end{pmatrix}$ 与 $B = \begin{pmatrix} 2 & 4 \\ -3 & -6 \end{pmatrix}$ 的乘积 AB 与 BA.

解 $AB = \begin{pmatrix} -2 & 4 \\ 1 & -2 \end{pmatrix} \begin{pmatrix} 2 & 4 \\ -3 & -6 \end{pmatrix} = \begin{pmatrix} -16 & -32 \\ 8 & 16 \end{pmatrix};$

$BA = \begin{pmatrix} 2 & 4 \\ -3 & -6 \end{pmatrix} \begin{pmatrix} -2 & 4 \\ 1 & -2 \end{pmatrix} = \begin{pmatrix} 0 & 0 \\ 0 & 0 \end{pmatrix}.$

一般地：（1）矩阵的乘法不满足交换律，即 $AB \neq BA$；

（2）两个非零矩阵的乘积可能是零矩阵. 即由 $AB = O$ 不能推出 $A = O$ 或 $B = O$.

例 8 设矩阵 $A = \begin{pmatrix} 2 & -3 & -5 \\ -1 & 4 & 5 \\ 1 & -3 & -4 \end{pmatrix}$, $B = \begin{pmatrix} -1 & 3 & 5 \\ 1 & -3 & -5 \\ -1 & 3 & 5 \end{pmatrix}$, 计算 AO, AB.

解 显然 $AO = O$；

$AB = \begin{pmatrix} 2 & -3 & -5 \\ -1 & 4 & 5 \\ 1 & -3 & -4 \end{pmatrix} \begin{pmatrix} -1 & 3 & 5 \\ 1 & -3 & -5 \\ -1 & 3 & 5 \end{pmatrix} = \begin{pmatrix} 0 & 0 & 0 \\ 0 & 0 & 0 \\ 0 & 0 & 0 \end{pmatrix} = O.$

矩阵乘法不满足消去律，即由 $AB = AC$ 不能推出 $B = C$.

矩阵的乘法运算规律（假设运算都是可行的）：

（1）$(AB)C = A(BC)$；
（2）$A(B+C) = AB+AC$, $(B+C)A = BA+CA$；
（3）$k(AB) = (kA)B = A(kB)$（其中 k 为数）.

习题

1. 在金融危机中，某钢材公司积压了部分圆钢，经清理知共有 2 009 根. 现将它们堆放在一起.

（1）若堆放成纵断面为正三角形（每一层的根数比上一层根数多 1 根），并使剩余的圆钢尽可能地少，则剩余了多少根圆钢？

（2）若堆成纵断面为等腰梯形（每一层的根数比上一层根数多 1 根），且不少于七层，

（Ⅰ）共有几种不同的方案？

（Ⅱ）已知每根圆钢的直径为 10 cm，为考虑安全隐患，堆放高度不得高于 4 m，则选择哪个方案，最能节省堆放场地？

2. 某公司计划2010年在甲、乙两个电视台做广告总时间不超过300分钟的广告，广告总费用不超过9万元，甲、乙电视台的广告收费标准分别为500元/分钟和200元/分钟，规定甲、乙两个电视台为该公司所做的每分钟广告，能给公司带来的收益分别为0.3万元和0.2万元．问该公司如何分配在甲、乙两个电视台的广告时间，才能使公司的收益最大？最大收益是多少万元？

3. 田忌和齐王赛马是历史上有名的故事．设齐王的3匹马分别为A、B、C，田忌的3匹马分别为a、b、c，6匹马的奔跑速度由快到慢的顺序依次为：A、a、B、b、C、c．两人约定：6匹马均需参赛，共赛3场，每场比赛双方各出1匹马，最终至少胜两场者为获胜．

（1）如果双方均不知道对方的出马顺序，求田忌获胜的概率；

（2）颇有心计的田忌赛前派探子到齐王处打探实情，得知齐王第一场必出A马．那么，田忌应怎样安排马的出场顺序，才能使获胜的概率最大？

4. 现有两个城镇（城镇1和城镇2），城镇1中有人员A（1000）和人员B（500人），城镇2中有人员A（2000）和人员B（1000）；人员A需苹果、橘子和梨分别5、10和3，而人员B需苹果、橘子和梨分别4、5和5．现不妨假设每个城镇中都有两个商店（商店A和商店B），每个商店内的苹果、橘子和梨的价格均不相同，商店A中苹果、橘子和梨的价格分别为每斤0.10、0.15和0.10，而商店B中苹果、橘子和梨的价格分别为0.15、0.20、0.10．现问：

（1）每个商店每个人购买水果的费用是多少？

（2）每个城镇每种水果的购买量是多少？

第四章 初等模型

如果研究对象的机理比较简单,一般用静态、线性、确定性模型描述就能达到建模目的时,我们基本上采用初等数学的方法来构造和求解模型. 通过本章的若干实例读者能够看到, 用简单的数学方法已经可以解决一些饶有兴味的实际问题.

需要强调的是, 衡量一个模型的优劣在于它的应用效果, 而不是采用了多么高深的数学方法. 进一步说, 对于某个实际问题, 如果用初等方法和所谓高等的方法建立了两个模型, 且它们的应用效果相差无几, 那么受到人们欢迎并采用的, 一定是前者而非后者.

第一节 商人们怎样安全过河

三名商人各带一名随从乘船渡河,一只小船只能容纳两人,且由他们自己划行. 随从们密约, 在河的任一岸, 一旦随从的人数比商人多, 就杀人越货. 但是如果乘船渡河的大权掌握在商人们手中, 商人们怎样渡河才能安全呢[1]?

对于这类智力游戏, 经过一番逻辑思索是可以找出解决办法的. 这里用数学模型求解, 一是为了给出建模的示例, 二是因为这类模型可以解决相当广泛的一类问题, 比逻辑思索的结果容易推广.

由于这个虚拟的问题已经理想化了,所以不必再作假设. 安全渡河问题可以视为一个多步决策过程. 每一步, 即船由此岸驶向彼岸或从彼岸驶回此岸, 都要对船上的人员(商人、随从各几人)作出决策, 在保证安全的前提 (两岸的随从人数都不比商人人数多)下, 在有限步内使全部人员过河. 用状态(变量)表示某一岸的人员状况, 决策(变量)表示船上的人员状况, 可以找出状态随决策变化的规律, 此时问题转化为在状态的允许变化范围内(即安全渡河条件), 确定每一步的决策, 达到渡河的目标.

【模型构建】

记第 k 次渡河前此岸的商人人数为 x_k, 随从人数为 $y_k(k=1,2,\cdots)$, $x_k, y_k = 0, 1, 2, 3$. 将二维向量 $s_k = (x_k, y_k)$ 定义为**状态**. 安全渡河条件下的状态集合称为**允许状态集合**, 记作 S.

$$S = \{(x, y) \mid x = 0, y = 0, 1, 2, 3; x = 3, y = 0, 1, 2, 3; x = y = 1, 2\}. \tag{4.1.1}$$

不难验证, S 对此岸和彼岸都是安全的.

记第 k 次渡河时, 船上的商人人数为 u_k, 随从人数为 v_k. 将二维向量 $d_k = (u_k, v_k)$ 定义为**决策**. **允许决策集合**记作 D, 由小船的容量可知

$$D = \{(u, v) \mid 1 \leq u+v \leq 2, u, v = 0, 1, 2\}. \tag{4.1.2}$$

因为 k 为奇数时船从此岸驶向彼岸, k 为偶数时船由彼岸驶回此岸, 所以状态 s_k 随决策 d_k 变化的规律是

$$s_{k+1} = s_k + (-1)^k d_k. \tag{4.1.3}$$

(4.1.3)式称为**状态转移律**. 这样, 制订安全渡河方案可归结为如下的多步决策模型:

求决策 $d_k \in D$ ($k=1, 2, \cdots, n$), 使状态 $s_k \in S$ 按照转移律 (4.1.3), 由初始状态 $s_1 = (3, 3)$

经 n 步到达最终状态 $s_{n+1} = (0, 0)$.

【模型求解】

解法 1 本题商人和随从人数不大, 用图解法可以很方便地解这个模型.

在 xOy 平面坐标系上画出图 4.1.1 所示的方格, 方格点表示状态 $s = (x, y)$. 允许状态集合 S 是用圆点标出的 10 个格子点. 允许决策 d_k 是沿方格线移动 1 或 2 格, k 为奇数时向左、下方移动, k 为偶数时向右、上方移动. 要确定一系列的 d_k, 使由 $s_1 = (3, 3)$ 经过哪些圆点最终移至原点 $(0,0)$.

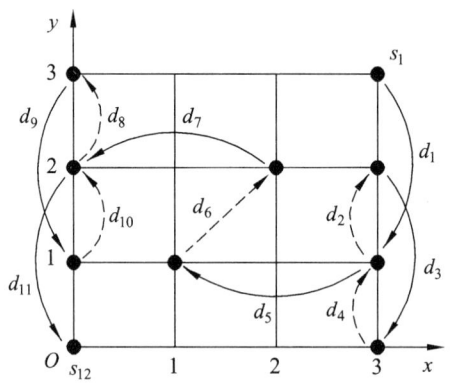

图 4.1.1 安全渡河问题的图解法

图 4.1.1 给出了一种移动方案, 经过决策 $d_1, d_2, \cdots, d_{11}$, 最终有 $s_{12} = (0, 0)$. 这个结果很容易翻译成渡河的方案.

解法 2 根据 (4.1.1) ~ (4.1.3) 式编一段程序, 用计算机求解上述多步决策问题是可行的. 一个穷举模拟算法的 MATLAB 代码如下:

主函数脚本 duhe:

```
function d = duhe( p )
%p 和 q 分别为此岸和对岸的状态向量
%s1 和 s2 分别为划过去和划回来的决策向量
%d 为决策矩阵
q=[0 0];s2=[0 0];
[p,q,s1]=go(p,q,s2);    %调用 go 子函数;
d=s1;
while (p(1)+p(2))~=0
    [p,q,s2]=back(p,q,s1);    %调用 back 子函数;
    d=[d;s2];
    [p,q,s1]=go(p,q,s2);
    d=[d;s1];
end
```

模拟划过去过程的子函数 go:

```
function [ p,q,s1 ] = go( p,q,s2 )
y1=[0 2;2 0;1 1;0 1;1 0];    %被选决策
for i=1:5
```

```
        if s2==y1(i,:)     %判断是否走回头路
            continue
        end
        p=p-y1(i,1:2);
        if (p>=[0 0])    %判断是否已过河
            if p(1)==0|p(1)>=p(2)    %判断是否安全
                q=q+y1(i,:);
            else
                p=p+y1(i,:);
                continue
            end
        else
            p=p+y1(i,:);
            continue
        end
        if q(1)==0|q(1)>=q(2)
            s1=y1(i,:);
            return
        else
            q=q-y1(i,:);
            p=p+y1(i,:);
            continue
        end
end
```
模拟返回过程的子函数 back:
```
function [p,q,s2] = back(p,q,s1 )
y2=[1 0;0 1;1 1;0 2;2 0];
for i=1:5
    if s1==y2(i,:)
        continue
    end
    q=q-y2(i,:);
    if q>=[0 0]
        if q(1)==0|q(1)>=q(2)
            p=p+y2(i,:);
        else
            q=q+y2(i,:);
            continue
        end
    else
```

```
            q=q+y2(i,:);
            continue
        end
        if p(1)==0|p(1)>=p(2)
            s2=y2(i,:);
            return
        else
            p=p-y2(i,:);q=q+y2(i,:);
            continue
        end
    end
end
```

在 MATLAB 中运行 d = duhe([3 3])，即可得到本问题的决策向量.

此问题中的决定因素包含商人和随从人数以及船容量，不妨将其分别设为 n_1, n_2, n_3，此类问题记为 $Q(n_1, n_2, n_3)$，请读者尝试用上述方法研究一下 $Q(4, 4, 2)$, $Q(4, 4, 3)$, $Q(4, 3, 2)$, ⋯，考察一下有没有什么规律[4]？该问题的第三种解法见第八章第二节.

评注：这里介绍的是一种规格化的方法，所建立的多步决策模型可以用计算机求解，从而具有推广的意义. 譬如当商人和随从人数增加或小船的容量加大时，靠逻辑思考就困难了，而用这种模型则可方便地求解.

第二节　揪出泄密三人帮

美国纽约大学库兰特研究院的计算机科学系教授丹尼斯·夏沙，主要从事谜题的设计及破解，最近他出版了《艾科博士的网络谜题：给骇客与数学侦探的 36 道谜题》一书（w. w. Norton, 2002），其中一道谜题为：某政府首长让九位顾问参赞机密，结果他发现，当他透露某些消息给这些顾问后，机密竟然就上了隔天的报纸. 报纸编辑只愿意刊登有三人以上共同证实的消息，另外，首长相当确定，泄密的人一定恰有三个人. 为了找到泄密三人帮，这位首长决定：每天透露一份消息给四位顾问，如果消息走漏了，他再对这可疑的四位顾问，一次透露消息给其中三人知道. 他有两个目标：第一，最多只能走漏两次消息，一次在四人组合，另一次顶多是在三人组合时；第二，他希望能找出一系列恰当的四人组合，保证他能找到可疑的四人组合，进而找到其中泄密的三人帮，而且他还希望提供消息的次数不超过 25 次. 试用数学建模的方法解决这位首长的问题[5].

【问题分析】

原始问题的关键是想找出一系列的四人组合，而一个四人组合包含 4 个三人组合，再最多提供 3 次消息就可从四人组合中找出泄密的三人帮. 我们知道九个人的三人组合共有 C_9^3 =84 组，一个四人组合包含 4 个三人组合. 因此，我们首先想到从九个人中找出 21 个四人组合来包含所有不同的三人组合，问题即可解决. 但是实际上找不到这样的 21 个四人组合，运行如下 MATLAB 程序可获得含有互不重复三人组合的所有四人组，共 14 组.

主程序：
```
a=combntns(1:9,4);
a1=f1(a)
```

函数 f1.m:
```
function a=f1(a)
p=1;[m,n]=size(a);
while p<=m
    t=[];
    for q=p+1:m
        s=0;
        for j=1:4
            s=s+sum(a(p,j)==a(q,:));
        end
        if s==3
            t=[t q];
        end
    end
    a(t,:)=[];
    m=m-length(t);
    p=p+1;
end
end
```

所以试图一次就找出题目要求的一系列四人组合的办法是行不通的. 我们用穷举法得知, 包含八个人的 $56(C_8^3=56)$ 个不同的三人组合的四人组合最少有 14 个. 于是想到先把某一位顾问隔离出去, 对剩余的八位顾问的 14 个四人组合发布消息. 若消息有泄密, 则泄密三人帮包含在八个人中; 若 14 组都没有泄密, 则被隔离的那个人一定是泄密者. 再采用类似的方法可判断出另外两个泄密者.

【符号设定】

为了叙述方便, 设九位顾问的编号为 1, 2, 3, …, 9 号.

【模型建立及求解】

为了从 9 个人中找出 3 个泄密者, 最多需要经过三个步骤, 且每个步骤都有相应的命题作为理论依据, 在每个步骤中都给出了具体的操作方法.

步骤 1 考察 9 个人中任一被选定的人 (例如 "9 号", 这无损一般性, 下同) 是否为泄密者? 在得出否定结论时, 通过本步骤可找到 3 个泄密者; 在得出肯定结论时, 为了找到另外两个泄密者, 需进入下一个步骤.

命题 1 在 8 个人的四人组合中, 存在 14 个四人组合, 恰好包含这 8 个人所有不同的三人组合 (这样的 14 个四人组合并不唯一).

证明 如果存在这样的四人组合, 则其个数 $k_1=14$. 事实上, 若 $k_1 \neq 14$, 则由于每一个四人组合包含 4 个三人组合, 因此, 这 k_1 个四人组合所包含的三人组合的个数为 $4k_1 \neq 56$, 但是, 8 个人的三人组合恰有 56 个, 故 $k_1=14$.

要完成命题 1 的证明, 还要至少给出一种方法来寻找这 14 个四人组合. 14 个四人组合要包含 56 个三人组合, 则任两个四人组合所包含的三人组合各不相同. 不妨以除 "9 号" 之外的 8 个人为例, 把 8 个人两两分为 4 组 (例如 12, 34, 56, 78), 我们给出如下的方法:

（1）从这4组中任选两组，共有 $C_4^2=6$ 种选法.

（2）从这4组中每组各选一个元素. 事实上，若选了三个组中的三个元素，要使所选四人组没有3个人相同，对另一组的两个元素只能有一种取法. 因此有 $C_2^1C_2^1C_2^1=8$ 种选法.

通过（1），（2）两步，可找出14个四人组合来包含全部的三人组合，并给出至少一种这样的14个四人组合为：

$$1234, 1256, 1278, 1357, 1368, 1458, 1467$$
$$2358, 2367, 2457, 2468, 3456, 3478, 5678$$

证毕.

操作1 对命题1证明中给出的某一种14个四人组合，按任意顺序提供消息.

情形1-1 若某个四人组合使消息走漏，则3个泄密者就在这个四人组合中，这个四人组合包含4个三人组合，任意选出其中3个三人组合，再提供消息（最多3次），如果某个三人组合使消息走漏，便找到了三个泄密者；如果选出的3个三人组合都没有使消息走漏，那么可以判定未被选出的那个三人组合是泄密者，在这种情形下，步骤1所要考察的那个人（"9号"）不是泄密者. 提供消息的次数最多为 14+3 = 17（次），消息走漏的次数最多为2次（四人组必有一次，三人组至多一次）.

情形1-2 若8个人的这种14个四人组合皆未使消息走漏，则这8个人之外的那个人（"9号"）必为泄密者，这是因为上述的14个四人组合包含了8个人的所有三人组合，另外两个泄密者必在这8个人中，需要在步骤2中进一步讨论.

步骤2 在已经确定某人（"9号"）为泄密者的情况下，考察其余8人中任一被选定的人（例如"8号"）是否为泄密者？在得出否定结论时，通过本步骤可找到另外两个泄密者；在得出肯定结论时，为了找到第三个泄密者需要进入下一个步骤.

命题2 在7个人的三人组合中，存在7个三人组合，恰好包含这7个人的所有不同的二人组合（这样的7个三人组合并不唯一）.

证明 如果存在这样的三人组合，则其个数 $k_2 = 7$. 事实上，如 $k_2 \neq 7$，则因每一个三人组合包含3个二人组合，从而这 k_2 个三人组合所包含的二人组合的个数为 $3k_2 \neq 21$. 但是，7个人的二人组合恰有21个，故 $k_2 = 7$.

要完成命题2的证明，还要至少给出一种方法来寻找这7个三人组合. 7个三人组合要包含21个二人组合，则任意两个三人组合所包含的二人组合各不相同，不妨以除"8号"之外的7个人为例，同样把这7个人两两分为四组（例如 12, 34, 56, 7），以下把含两个元素的组以双人组称呼，把含一个元素的组以单人组称呼. 我们给出如下的方法：

（1）从双人组中任选一组和单人组组成一个三人组合，共有 $C_3^1=3$ 种选法.

（2）从双人组中每组各选一个元素. 事实上，若选了两组中的两个元素，要使所选三人组合没有两个人相同，对另外一组的两个元素只能有一种选法. 因此有 $C_2^1C_2^1=4$ 种选法.

通过（1），（2）两步可找到7个三人组合来包含7个人的全部二人组合，并至少给出一种这样的7个三人组合为：

$$127, 347, 567, 135, 146, 236, 245.$$

操作2 对命题2证明中所给出的某一种7个三人组合，分别添加已在步骤1中确定的那个泄密者（"9号"），可构成7个四人组合，按任意顺序提供消息.

情形2-1 若某个四人组合使消息走漏，则要找的另外两个泄密者在该四人组除"9号"

之外的三人中．由这三人可构成 3 个二人组合，任选其二，分别与"9 号"构成两个三人组合，再提供消息（最多 2 次）．如果某个三人组合使消息走漏，则可找到另外两个泄密者；如果所选的三人组合皆未使消息走漏，则可断定没有被选的那个二人组合是泄密者，在这种情形下，步骤 2 所要考察的那个人（"8 号"）不是泄密者．提供消息的次数最多为 14+7+2 = 23 次，消息走漏次数最多为 2 次（四人组必有一次，三人组至多一次）．

情形 2-2 若上述的 7 个四人组合皆未使消息走漏，则第二个泄密者便是步骤 2 所要考察的那个人（"8 号"），而第三个泄密者在已确定的两个泄密者之外的 7 个人中，需要在步骤 3 中进一步讨论．

步骤 3 在已确定某二人（"9 号"，"8 号"）为泄密者的情况下，考察其余 7 个人中任一被选定的人（例如"7 号"）是否为第三个泄密者？在得出否定结论时，通过本步骤可找到第三个泄密者；在得出肯定结论时，已找到了所有的泄密者．

命题 3 在 6 个人的二人组合中，存在 3 个二人组合，恰好包含这 6 个人（这样的二人组合并不唯一）．

证明 命题显然成立．以 1 到 6 号为例，给出至少一种二人组合：

第一种：12，34，56；第二种：13，26，45；第三种：14，23，56．

操作 3 对命题 3 证明中给出的某一种 3 个二人组合，分别添加已被确定的两个泄密者（"9 号"，"8 号"）可构成 3 个四人组合，按任意顺序发布消息．

情形 3-1 若某个四人组合使消息走漏，则因为该组的四个人中已有两人确定为泄密者，故第三个泄密者在该组的另外两个人中，任选这两人中的一人与被确定的两个泄密者构成一个三人组合，再提供一次消息．如果消息走漏，则第三个泄密者便是被选入的那个人，如果消息没有走漏，则第三个泄密者是未被选入的那个人．在此情形下，步骤 3 中要考察的那个人（"7 号"）不是泄密者．提供消息的次数最多为 14+7+3+1 = 25（次），消息走漏的次数最多为两次（四人组必有一次，三人组最多一次）．

情形 3-2 若上述 3 个四人组合皆未使消息走漏，则在步骤 3 中要考察的那个人（"7 号"）就是第三个泄密者．在这种情形下，提供消息的次数最多 14+7+3=24（次），消息走漏的次数为 0 次．

【模型评价】

本模型提出了直观的解决问题的方案，可操作性强，且环环紧扣，对问题的各项限制都恰好吻合，较为圆满地解决了问题．提供的方案具有一定的可选择性，不同的读者可根据各自实际情况及喜好选择不同的 4 人组合进行实际操作．不足之处为没有把模型推广为一般情形，如 n 个人中有 m 个泄密者的情况，上述方案可能不适用．

【模型优化】

若不限于只给 4 人组合发布消息，且取消走漏消息不超过两次的限制，则可能用更少的消息钓到泄密三人帮．一种可行的方案为：

在上述模型中，在考察某一个人（如"9 号"）时，对其余 8 个人发布一次消息来看被考察的人是否为泄密者．若消息走漏，则被考察的人不是泄密者，在以后的讨论中不再考虑他；否则，被考察的人是泄密者，以后每次都给他发布消息．在未被考察过的人中任选一个进行下一步考察，以下同上，直到找出泄密者为止．一种可能的答案为：最多发布消息 8 次，最多走漏消息 6 次．但应注意，这种方法消息走漏次数太多，走漏率 75% 太大．

若取消最多提供消息 25 次的限制，则可先找出一种包含 9 人所有三人组合的四人组合，一种可行的包含 9 人所有三人组合的四人组合为：
$$1234，1256，1278，1357，1368，1458，1467，2358，$$
$$2367，2457，2468，3456，3478，5678，1239，1459，$$
$$1679，2469，2579，3569，3479，1289，3489，5689.$$
提供消息至多 23 次，找到泄密的四人组合，再对其中的 4 个三人组至多发布消息 3 次，即可揪出泄密三人帮，消息至多走漏两次.

第三节　双层玻璃的功效问题

北方城镇某些建筑物的窗户的设计是双层的，即窗户上装两层玻璃且中间留有一定的空隙，如图 4.3.1 左图所示，据说这种玻璃窗能够减少室内向室外流失的热量. 试建立数学模型来描述热量通过窗户的传导过程[6].

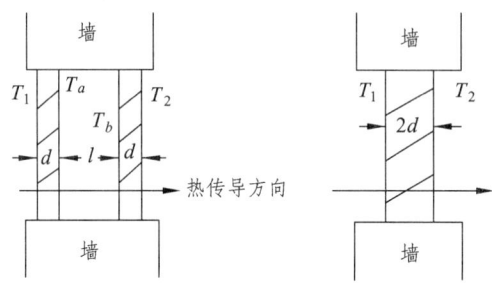

图 4.3.1　双层玻璃窗与单层玻璃窗

【模型假设】

（1）热量的传播过程只有传导，没有对流. 即假定窗户的密封性能很好，两层玻璃之间的空气是不流动的.

（2）室内温度 T_1 和室外温度 T_2 保持不变. 热传导过程已处于稳定状态. 即沿热传导方向，单位时间通过单位面积的热量是常数.

（3）玻璃材料均匀，热传导系数是常数.

【模型建立（根据物理定律建模）】

热传导过程遵循的物理定律是厚度为 d 的均匀介质，两侧温度差为 ΔT，则单位时间由温度高的一侧向温度低的一侧通过单位面积的热量 Q 与 ΔT 成正比，与 d 成反比，即

$$Q = k\frac{\Delta T}{d}, \qquad (4.3.1)$$

k 为热传导系数.

双层窗内层玻璃的外侧温度为 T_a，外层玻璃的内侧温度为 T_b，玻璃的热传导系数为 k_1，空气的传导系数为 k_2，单位时间单位面积的热量传导（即热量流失）为

$$Q_1 = k_1\frac{T_1 - T_a}{d} = k_2\frac{T_a - T_b}{l} = k_1\frac{T_b - T_2}{d}. \qquad (4.3.2)$$

求解得

$$Q_1 = \frac{k_1(T_1 - T_2)}{d(s+2)},\ s = h\frac{k_1}{k_2},\ h = \frac{l}{d}. \qquad (4.3.3)$$

而对于厚度为 $2d$ 的单层玻璃窗，其热量传导为

$$Q_2 = \frac{k_1(T_1 - T_2)}{2d}. \tag{4.3.4}$$

两者之比为

$$\frac{Q_1}{Q_2} = \frac{2}{s+2} < 1. \tag{4.3.5}$$

结论 1 同样多材料的双层玻璃窗比单层玻璃窗能够减少室内向室外热量的流失．

【数值模拟】

$k_1 = 4\times 10^{-3} \sim 8\times 10^{-3}\,\mathrm{J/(cm\cdot s\cdot K)}$，$k_2 = 2.5\times 10^{-4}\,\mathrm{J/(cm\cdot s\cdot K)}$．代入模型得

$$\frac{k_1}{k_2} = 16 \sim 32.$$

取 $\dfrac{k_1}{k_2} = 16$，则 $\dfrac{Q_1}{Q_2} = \dfrac{2}{s+2}$，$h = \dfrac{l}{d}$．又 $\dfrac{Q_1}{Q_2}$ 反映了双层玻璃窗在减少热量损失上的功效，而 $\dfrac{Q_1}{Q_2} = \dfrac{1}{8h+1}$，$h = \dfrac{l}{d}$．图 4.3.2 给出了 $\dfrac{Q_1}{Q_2} \sim h$ 的曲线．

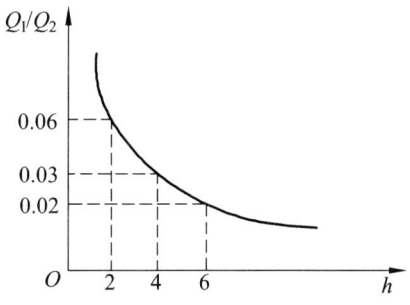

图 4.3.2 热损失比 Q_1/Q_2 与 h 的关系

结论 2 双层玻璃之间的空气层的宽度不必过大．

评注：机理分析法是最常用的建模方法，本例成功地用明确的物理学定律解释生活实际，而且给出了具有指导意义的结论与建议．

习题

1. 模仿第四章第一节商人过河问题中的状态转移模型，做下面这个众所周知的智力游戏：人带着狗、鸡、米过河，除需要人划船之外，船至多能载狗、鸡、米三者之一，而当人不在场时狗要吃鸡、鸡要吃米．试设计一个安全过河方案，并使渡河次数尽量的少．

2. 在超市购物时你注意到大包装商品比小包装商品便宜这种现象了吗？比如洁银牙膏 50 g 装的每支 1.50 元，120 g 装的每支 3.00 元，两者单位重量的价格比是 1.2∶1．试用比例方法构造模型解释这个现象．

（1）分析商品价格 C 与商品重量 w 的关系．价格由生产成本、包装成本和其他成本等决定，这些成本中有的与重量 w 成正比，有的与表面积成正比，还有与 w 无关的因素．

（2）给出单位重量价格 c 与 w 的关系，画出它的简图，说明 w 越大 c 越小，但是随着 w 的增加 c 减小的程度变小．解释实际意义是什么．

第五章 线性规划模型

人们在生产实践中,经常会遇到如何利用现有资源来安排生产,以取得最大经济效益的问题.此类问题构成了运筹学的一个重要分支——数学规划,而线性规划(Linear Programming 简记 LP)则是数学规划的一个重要分支.自从 1947 年 G. B. Dantzig 提出求解线性规划的单纯形方法以来,线性规划在理论上趋向成熟,在实用中日益广泛与深入.特别是在计算机能处理成千上万个约束条件和决策变量的线性规划问题之后,线性规划的适用范围更为广泛了,已成为现代管理中经常采用的基本方法之一.

建立优化模型需要确定优化的目标和寻求的决策.用 x 表示**决策变量**,$f(x)$ 表示**目标函数**.实际问题中一般对决策变量 x 的取值范围有限制,不妨记作 $x \in \Omega$,Ω 称为可行域.优化问题的数学模型可表示为:

$$\min(\text{或 } \max) f(x), \quad x \in \Omega.$$

实际中的优化问题通常有多个决策变量,用 n 维向量 $\boldsymbol{x} = (x_1, x_2, \cdots, x_n)^\mathrm{T}$ 表示,目标函数 $f(\boldsymbol{x})$ 是多元函数,可行域 Ω 比较复杂,常用一组不等式(也可以有等式)$g_i(\boldsymbol{x}) \leqslant 0 (i=1, 2, \cdots, m)$ 来界定,称为**约束条件**.一般地,这类模型可表为如下形式:

$$\min_{x} z = f(\boldsymbol{x}),$$
$$\text{s.t. } g_i(\boldsymbol{x}) \leqslant 0, i = 1, 2, \cdots, m,$$

这里的 s.t.(subject to)是"受约束于"的意思.决策变量、目标函数和约束条件是优化模型的三要素.目标函数和约束条件均为线性的数学规划就是线性规划.

显然,上述模型属于多元函数的条件极值问题的范畴,然而由许多实际问题归结出的这种形式的优化模型,其决策变量个数 n 和约束条件个数 m 一般较大,并且最优解往往在可行域的边界上取得,这样就不能简单地用微分法求解,但可用现成的数学软件求解.

第一节 奶制品的生产与销售

本节选择几个生产计划的优化实例,说明如何建立这类问题的线性规划模型,利用软件求解并对输出结果做一些分析.

一、奶制品加工的生产计划

一奶制品加工厂用牛奶生产 A_1,A_2 两种奶制品,1 桶牛奶可以在甲类设备上用 12 h 加工成 3 kg A_1 奶制品,或者在乙类设备上用 8 h 加工成 4 kg A_2 奶制品.根据市场需求,生产的 A_1,A_2 两种奶制品全部能售出,且每千克 A_1 获利 24 元,每千克 A_2 获利 16 元.现在加工厂每天能得到 50 桶牛奶的供应,每天正式工人总的劳动时间为 480 h,并且甲类设备每天至多能加工 100 kg A_1 奶制品;乙类设备的加工能力没有限制.试为该厂制订一个生产计划,使每天获利最大,并进一步讨论以下三个附加问题:

（1）若用35元可以买到1桶牛奶,应否作这项投资?若投资,每天最多购买多少桶牛奶?
（2）若可以聘用临时工人以增加劳动时间,付给临时工人的工资最多是每小时几元?
（3）由于市场需求变化,每千克 A_1 的获利增加到 30 元,应否改变生产计划[1]?

【问题分析】

这个优化问题的目标是使每天的获利最大,要做的决策是生产计划,即每天用多少桶牛奶生产 A_1,用多少桶牛奶生产 A_2（也可以是每天生产多少千克 A_1,生产多少千克 A_2）,决策受到三个条件的限制:原料（牛奶）供应、劳动时间、甲类设备的加工能力.依题意,将决策变量、目标函数和约束条件用数学符号及式子表示出来,就可得到下面的模型.

【基本模型】

决策变量: 设每天用 x_1 桶牛奶生产 A_1,用 x_2 桶牛奶生产 A_2.

目标函数: 设每天获利为 z 元. x_1 桶牛奶可生产 $3x_1$ kg A_1,获利 $24 \times 3x_1$ 元,x_2 桶牛奶可生产 $4x_2$ kg A_2,获利 $16 \times 4x_2$ 元,故 $z = 72x_1 + 64x_2$.

约束条件:

原料供应: 生产 A_1,A_2 的原料（牛奶）总量不得超过每天的供应,即 $x_1 + x_2 \leq 50$;

劳动时间: 生产 A_1,A_2 的总加工时间不得超过每天正式工人总的劳动时间,即 $12x_1 + 8x_2 \leq 480$;

设备能力: A_1 的产量不得超过甲类设备每天的加工能力,即 $3x_1 \leq 100$;

非负约束: x_1,x_2 均不能为负值,即 $x_1 \geq 0$,$x_2 \geq 0$.

综上可得

$$\max z = 72x_1 + 64x_2, \qquad (5.1.1)$$

$$\text{s.t.} \begin{cases} x_1 + x_2 \leq 50, & (5.1.2) \\ 12x_1 + 8x_2 \leq 480, & (5.1.3) \\ 3x_1 \leq 100, & (5.1.4) \\ x_1 \geq 0, \ x_2 \geq 0. & (5.1.5) \end{cases}$$

这就是该问题的基本模型.由于目标函数和约束条件对于决策变量而言都是线性的,所以称为线性规划（Linear Programming,简记作 LP）.

【模型假设】

对于本例,能建立上面的线性规划模型,实际上是事先做了如下的假设:

（1）A_1,A_2 两种奶制品每千克的获利是与它们各自产量无关的常数,每桶牛奶加工出 A_1,A_2 的数量和所需的时间是与它们各自的产量无关的常数;

（2）A_1,A_2 每千克的获利是与它们相互间产量无关的常数,每桶牛奶加工出 A_1,A_2 的数量和所需的时间是与它们相互间产量无关的常数;

（3）加工 A_1,A_2 的牛奶的桶数可以是任意实数.

当然,在现实生活中这些假设只是近似成立的,比如,A_1,A_2 的产量很大时,自然会使它们每千克的获利有所减少.

由于这些假设对于书中给出的、经过简化的实际问题是如此明显地成立,本章下面的例题就不再一一列出类似的假设了.

【模型求解】

图解法 这个线性规划模型的决策变量为 2 维,用图解法既简单,又便于直观地把握线性规划的基本性质. 但图解法很难在决策变量超过 3 维或者约束条件过多时应用, 具有很大的局限性. 这里不再赘述.

【软件实现】

求解线性规划有不少现成的数学软件, 比如用 LINDO、LINGO 软件就可以很方便地实现. 其中 LINDO 可以很方便地求解小规模 (指决策变量维数不高、约束条件不多) 的线性规划, 具有语法简单易学的优点; LINGO 则可以解决更加复杂的线性规划和非线性规划问题以及解方程组和不等式组问题, 详见软件篇第一章 LINGO 编程入门.

在 LINGO 下新建一个模型文件 (即 LINGO 程序, 一般以 "LG4" 为后缀名), 像书写模型 (5.1.1) ~ (5.1.5) 一样, 直接输入:

model:
max=72*x1+64*x2;
x1+x2<50;
12*x1+8*x2<480;
3*x1<100;
end

注: LINGO 程序总是以 "model:" 开始, 最后以 "end" 结束 (也可以省略不写); 字母不区分大小写; 每个语句都必须以分号 ";" 结束 (注意必须是英文的分号). LINGO 中已规定所有决策变量均为非负, 故 (5.1.5) 式不必输入; 模型中符号 ≤、≥ 用 "<="、">=" 形式输入, 它们与 "<"、">" 等效. 输入模型中第 1 行为目标函数, 2 ~ 4 行是约束条件 (LINGO 会自动用数字按顺序对约束条件命名).

将文件存储并命名后, 选择菜单 "LINGO | Solve" 执行或点击工具栏图标, 即可得到如下输出:

Global optimal solution found.
Objective value:　　　　　　　　　　　　　　　3360.000
Infeasibilities:　　　　　　　　　　　　　　　0.000000
Total solver iterations:　　　　　　　　　　　2

Variable	Value	Reduced Cost
X1	20.00000	0.000000
X2	30.00000	0.000000

Row	Slack or Surplus	Dual Price
1	3360.000	1.000000
2	0.000000	48.00000
3	0.000000	2.000000
4	40.00000	0.000000

上面结果的前 4 行告诉我们, LINGO 求出了模型的全局最优解 (Global optimal solution), 最优值为 3360 (即最大利润为 3360 元), 矛盾约束的数目 (Infeasibilities) 为 0, 迭代次数为 2 次. 接下来的 3 行告诉我们, 这个线性规划的最优解为 $x_1=20$, $x_2=30$ (用 20 桶牛奶生产 A_1, 用 30 桶牛奶生产 A_2). 对其中 "Reduced Cost" 含义的解释, 将在 "二. 奶制品的生产销售计划" 中结合问题 (3) 的讨论进行说明.

【结果分析】

上面的输出中除了告诉我们问题的最优解和最优值以外，还有许多对分析结果有用的信息，下面结合题目中提出的三个附加问题给予说明．

（1）三个约束条件的右端不妨看作三种"资源"：原料、劳动时间、甲类设备的加工能力．输出的第 9～12 行 Slack or Surplus 给出了三种"资源"是否有剩余：原料、劳动时间的剩余均为 0，甲类设备尚余 40 kg 加工能力．这表明原料、劳动时间已耗尽，而甲类设备的能力有余．一般称"资源"剩余为 0 的约束为**紧约束（有效约束）**．

（2）目标函数可以看作"效益"，成为紧约束的"资源"一旦增加，"效益"必然跟着增长．输出第 9～12 行 Dual Price 给出这三种资源在最优解下"资源"增加 1 个单位时"效益"的增量：原料增加 1 个单位（1 桶牛奶）时利润增长 48 元，劳动时间增加 1 个单位（1 h）时利润增长 2 元，而增加非紧约束甲类设备的能力显然不会使利润增长．这里，"效益"的增量可以看作"资源"的潜在价值，经济学上称为**影子价格（对偶价格）**，即 1 桶牛奶的影子价格为 48 元，1 h 劳动的影子价格为 2 元，甲类设备的影子价格为 0．

读者可以用直接求解的办法验证上面的结论，即将输入文件中原料约束右端的 50 改为 51，看看得到的最优值（利润）是否恰好增长 48 元．

用影子价格的概念很容易回答附加问题（1）：用 35 元可以买到 1 桶牛奶，低于 1 桶牛奶的影子价格，当然应该做这项投资．类似地，可以回答附加问题（2）：聘用临时工人以增加劳动时间，付给的工资低于劳动时间的影子价格才可以增加利润，所以工资最多是每小时 2 元．

（3）目标函数的系数发生变化时（假定约束条件不变），最优解和最优值会改变吗？这种对目标函数系数变化的影响的讨论，通常称为**对目标函数系数的敏感性分析**．LINGO 在缺省设置中不会给出这种敏感性分析结果，但可以通过修改 LINGO 选项得到．具体做法是：选择"LINGO | Options"菜单，在弹出的选项卡中选择"General Solver"，然后找到选项"Dual Computations"，在下拉框中选中"Prices & Ranges"，应用或保存设置．重新运行"LINGO | Solve"，然后选择"LINGO | Ranges"菜单，则得到如下输出：

Ranges in which the basis is unchanged:

	Objective Coefficient Ranges		
Variable	Current Coefficient	Allowable Increase	Allowable Decrease
X1	72.00000	24.00000	8.000000
X2	64.00000	8.000000	16.00000

	Righthand Side Ranges		
Row	Current RHS	Allowable Increase	Allowable Decrease
2	50.00000	10.00000	6.666667
3	480.0000	53.33333	80.00000
4	100.0000	INFINITY	40.00000

上面输出的第 2～6 行"Current Coefficient"（当前系数）对应的"Allowable Increase"和"Allowable Decrease"给出了最优解不变条件下目标函数系数的允许变化范围：x_1 的系数为(72-8, 72+24)，即(64, 96)；x_2 的系数为(64-16, 64+8)，即(48, 72)．**注意**：x_1 系数的允许

范围需要 x_2 系数 64 不变，反之亦然.

用这个结果很容易回答附加问题（3）：若每千克 A_1 的获利增加到 30 元，则 x_1 系数变为 30×3 = 90，在允许范围内，所以不应改变生产计划.

（4）对"资源"的影子价格做进一步的分析. 影子价格的作用（即在最优解下"资源"增加 1 个单位时"效益"的增量）是有限制的，资源增加到一定程度将无法引起"效益"的增加. 这种对影子价格在什么条件下才有意义的讨论，通常称为对**资源约束右端项的敏感性分析**. 上面输出的第 7 ~ 12 行"Current RHS"（当前右端项）对应的"Allowable Increase"和"Allowable Decrease"给出了影子价格有意义条件下约束右端项的限制范围：原料最多增加 10 桶牛奶，劳动时间最多增加 53.3 h.

现在可以回答附加问题（1）的第 2 问：虽然应该批准用 35 元买 1 桶牛奶的投资，但每天最多购买 10 桶牛奶. 类似地，可以用低于 2 元/h 的工资聘用临时工人以增加劳动时间，但最多增加 53.3 h.

需要注意的是：一般情况下 LINGO 给出的敏感性分析结果只是充分条件，如上述"最多增加 10 桶牛奶"应理解为"增加 10 桶牛奶"一定是有利可图的，但并不意味着"增加 10 桶以上的牛奶"一定不是有利可图的（对最大可增加的劳动时间也应该类似地理解），只是此时无法通过敏感性分析直接得出结论，而需要重新求解新的模型进行判断. 以后我们对此不再进行特别说明（同样，对目标函数系数给出的敏感性分析结果也只是充分条件）.

评注：本例在产品利润、加工时间等参数均可设为常数的情况下，建立了线性规划模型. 线性规划模型可以方便地用 LINGO 软件求解，得到内容丰富的输出，而且利用其中的影子价格和敏感性分析，可对模型结果做进一步的研究，它们对实际问题常常是十分有益的.

二、奶制品的生产销售计划

上例给出的 A_1, A_2 两种奶制品的生产条件、利润及工厂的"资源"限制全都不变，为增加工厂的获利，开发了奶制品的深加工技术：用 2 h 和 3 元加工费，可将 1 kg A_1 加工成 0.8 kg 高级奶制品 B_1，也可将 1 kg A_2 加工成 0.75 kg 高级奶制品 B_2，每千克 B_1 能获利 44 元，每千克 B_2 能获利 32 元. 试为该厂制订一个生产销售计划，使每天的净利润最大，并讨论以下问题：

（1）若投资 30 元可以增加供应 1 桶牛奶，投资 3 元可以增加 1 h 劳动时间，应否作这些投资？若每天投资 150 元，可赚回多少？

（2）每千克高级奶制品 B_1, B_2 的获利经常有 10% 的波动，对制订的生产销售计划有无影响？若每千克 B_1 的获利下降 10%，计划应该变化吗？

（3）若公司已经签订了每天销售 10 kg A_1 的合同并且必须满足，该合同对公司的利润有什么影响？

【问题分析】

要求制订生产销售计划，决策变量可以像第五章第一节一中那样，取作每天用多少桶牛奶生产 A_1, A_2，再添上用多少千克 A_1 加工 B_1，用多少千克 A_2 加工 B_2.

但是由于问题要分析 B_1, B_2 的获利对生产销售计划的影响，所以决策变量取作 A_1, A_2, B_1, B_2 每天的销售量更方便. 目标函数是工厂每天的净利润——A_1, A_2, B_1, B_2 的获利之和扣除深加工费用. 约束条件基本不变，只是要添上 A_1, A_2 深加工时间的约束. 在与"一. 奶制品加工的生产计划"类似的假定下用线性规划模型解决这个问题.

【基本模型】

决策变量：设每天销售 x_1 kg A_1, x_2 kg A_2, x_3 kg B_1, x_4 kg B_2, 用 x_5 kg A_1 加工 B_1, x_6 kg A_2 加工 B_2（增设 x_5, x_6 可使下面的模型简单，这里要提倡这种变量设置上的"浪费"行为）．

目标函数：设每天净利润为 z，容易写出 $z = 24x_1+16x_2+44x_3+32x_4-3x_5-3x_6$.

约束条件：

原料供应：每天生产 A_1 (x_1+x_5) kg，用牛奶 $\dfrac{x_1+x_5}{3}$ 桶，每天生产 A_2 (x_2+x_6) kg，用牛奶 $\dfrac{x_2+x_6}{4}$ 桶，两者之和不得超过每天的供应量 50 桶；

劳动时间：每天生产 A_1, A_2 的时间分别为 $4(x_1+x_5)$ 和 $2(x_2+x_6)$，加工 B_1, B_2 的时间分别为 $2x_5$ 和 $2x_6$，两者之和不得超过总的劳动时间 480 h；

设备能力：A_1 的产量 x_1+x_5 不得超过甲类设备每天的加工能力 100 kg；

非负约束：$x_1, x_2, \cdots, x_6$ 均为非负．

附加约束：1 kg A_1 加工成 0.8 kg B_1, 故 $x_3 = 0.8x_5$; 类似地，$x_4 = 0.75x_6$.

由此得基本模型：

$$\max z = 24x_1+16x_2+44x_3+32x_4-3x_5-3x_6 \quad (5.1.6)$$

$$\text{s.t.} \begin{cases} \dfrac{x_1+x_5}{3}+\dfrac{x_2+x_6}{4} \leqslant 50, & (5.1.7) \\ 4(x_1+x_5)+2(x_2+x_6)+2x_5+2x_6 \leqslant 480, & (5.1.8) \\ x_1+x_5 \leqslant 100, & (5.1.9) \\ x_3 = 0.8x_5, & (5.1.10) \\ x_4 = 0.75x_6, & (5.1.11) \\ x_1, x_2, \cdots, x_6 \geqslant 0. & (5.1.12) \end{cases}$$

这仍然是一个线性规划模型．

模型求解用 LINGO 软件求解，输入文件时为方便起见将（5.1.7）式改写为

$$4x_1+3x_2+4x_5+3x_6 \leqslant 600; \quad (5.1.7')$$

（5.1.8）式改写为

$$4x_1+2x_2+6x_5+4x_6 \leqslant 480. \quad (5.1.8')$$

输入并求解，可得如下输出：

Global optimal solution found.
    Objective value: 3460.800
    Infeasibilities: 0.000000
    Total solver iterations: 2

Variable	Value	Reduced Cost
X1	0.000000	1.680000
X2	168.0000	0.000000
X3	19.20000	0.000000
X4	0.000000	0.000000

X5	24.00000	0.000000
X6	0.000000	1.520000
Row	Slack or Surplus	Dual Price
1	3460.800	1.000000
2	0.000000	3.160000
3	0.000000	3.260000
4	76.00000	0.000000
5	0.000000	44.00000
6	0.000000	32.00000

Ranges in which the basis is unchanged:

Objective Coefficient Ranges

Variable	Current Coefficient	Allowable Increase	Allowable Decrease
X1	24.00000	1.680000	INFINITY
X2	16.00000	8.150000	2.100000
X3	44.00000	19.75000	3.166667
X4	32.00000	2.026667	INFINITY
X5	-3.000000	15.80000	2.533333
X6	-3.000000	1.520000	INFINITY

Righthand Side Ranges

Row	Current RHS	Allowable Increase	Allowable Decrease
2	600.0000	120.0000	280.0000
3	480.0000	253.3333	80.00000
4	100.0000	INFINITY	76.00000
5	0.0	INFINITY	19.20000
6	0.0	INFINITY	0.0

最优解为 $x_1 = 0$,$x_2 = 168$,$x_3 = 19.2$,$x_4 = 0$,$x_5 = 24$,$x_6 = 0$,最优值为 $z = 3460.8$,即每天生产销售 168 kg A_2 和 19.2 kg B_1(不出售 A_1,B_2),可获净利润 3460.8 元. 为此,需用 8 桶牛奶加工成 A_1,42 桶加工成 A_2,并将得到的 24 kg A_1 全部加工成 B_1.

和问题一一样,原料(牛奶)、劳动时间为紧约束.

【结果分析】

利用输出中的影子价格和敏感性分析讨论以下问题:

(1)上述结果表明,原料约束、时间约束的影子价格分别为 3.16 和 3.26,注意到原料约束的影子价格为(5.1.7′)右端增加 1 个单位时目标函数的增量,由(5.1.7)式可知,增加 1 桶牛奶可使净利润增长 3.16×12 = 37.92 元;时间约束的影子价格则说明:增加 1 h 劳动时间可使净利润增长 3.26 元. 所以应该投资 30 元增加供应 1 桶牛奶,或投资 3 元增加 1 h 劳动时间. 若每天投资 150 元,增加供应 5 桶牛奶,可赚回 37.92×5 = 189.6 元. 但是通过投资增加牛奶的数量是有限制的,输出结果表明,原料约束右端的允许变化范围为(600-280,600+120),相当于(5.1.7)式右端的允许变化范围为(50-23.3,50+10),即最多增加供应 10

桶牛奶.

（2）上述结果表明，最优解不变条件下目标函数系数的允许变化范围：x_3 的系数为 $(44-3.17, 44+19.75)$；x_4 的系数为 $(32-\infty, 32+2.03)$. 所以当 B_1 的获利向下波动 10%，或者 B_2 的获利向上波动 10%时，上面得到的生产销售计划将不再一定是最优的，应该重新制订. 如若每千克 B_1 的获利下降 10%，应将原模型（5.1.6）式中 x_3 的系数改为 39.6，重新计算，得到的最优解为 $x_1 = 0, x_2 = 160, x_3 = 0, x_4 = 30, x_5 = 0, x_6 = 40$，最优值为 $z = 3400$，即 50 桶牛奶全部加工成 200 kg A_2，出售其中 160 kg，将其余 40kg 加工成 30 kg B_2 出售，获净利润 3400 元，可见计划变化很大，这就是说，（最优）生产计划对 B_1 或 B_2 获利的波动是很敏感的.

（3）上述结果表明，变量 x_1 对应的"Reduced Cost"严格大于 0（为 1.68），首先表明目前最优解中 x_1 的取值一定为 0；其次，如果限定 x_1 的取值大于等于某个正数，则 x_1 从 0 开始增加一个单位时，（最优的）目标函数值将减少 1.68. 因此，若公司已经签订了每天销售 10 kg A_1 的合同并且必须满足，该合同将会使公司利润减少 $1.68 \times 10 = 16.8$ 元，即最优利润为 3460.8-16.8 = 3444 元. 也可以反过来理解：如果将目标函数中 x_1 对应的费用系数增加不小于 1.68，则在最优解中 x_1 将可以取到严格大于 0 的值.

有两点需要注意：一是与敏感性分析结果类似，这只是一个充分条件，即如果一个变量对应的"Reduced Cost"大于 0，则当前最优解中该变量的取值一定为 0；反之不成立，如上面最优解中 x_4 的取值为 0，对应的"Reduced Cost"也等于 0 而不是大于 0（此时的"Reduced Cost"就不能按上面的解释来理解）. 二是"Reduced Cost"有意义也是有条件的，但条件不能通过上述结果直接得到，例如，如果将 x_1 限定为不小于 100，则问题的最优值为 3040，而不再是 3460.8-1.68×100 = 3292.8.

评注：与问题一相比，问题二多了两种产品 B_1, B_2，它们的销售量与 A_1, A_2 的加工量之间存在等式关系（5.1.10），（5.1.11），虽然可以据此消掉两个变量，但是会增加人工计算，并使模型变得复杂. 我们建模的原则是尽可能利用原始的数据信息，而把尽量多的计算留给计算机去做.

第二节 自来水输送与货机装运

钢铁、煤炭、水电等生产、生活物资从若干供应点运送到一些需求点，怎样安排输送方案使运费最小，或者利润最大？各种类型的货物装箱，由于受体积、质量等的限制，如何相互搭配装载，使获利最高，或者装箱数量最少？本节将通过两个例子讨论用数学规划模型解决这类问题的方法.

一、自来水输送问题

某市有甲、乙、丙、丁四个居民区，自来水由 A, B, C 三个水库供应. 四个区每天必须得到保证的基本生活用水量（单位：10^3 t）分别为 30, 70, 10, 10，但由于水源紧张，三个水库每天最多只能分别供应自来水 50, 60, 50. 由于地理位置的差别，自来水公司从各水库向各区送水所需付出的引水管理费不同（见表 5.2.1，其中 C 水库与丁区之间没有输水管道），其他管理费用（单位：元/10^3 t）都是 450. 根据公司规定，各区用户按照统一标准 900 收费. 此外，四个区都向公司申请了额外用水量，分别为每天 50, 70, 20, 40. 该公司应如何分配供水量，才能获利最多？

表 5.2.1　从水库向各区送水的引水管理费

引水管理费	甲	乙	丙	丁
A	160	130	220	170
B	140	130	190	150
C	190	200	230	/

为了增加供水量，自来水公司正在考虑进行水库改造，使三个水库每天的最大供水量都提高一倍，问那时供水方案应如何改变？公司利润可增加到多少[1]？

【问题分析】

分配供水量就是安排从三个水库向四个区送水的方案，目标是获利最多。而从题目给出的数据看，A，B，C 三个水库的供水量 160，不超过四个区的基本生活用水量与额外用水量之和 300，因而总能全部卖出并获利。于是自来水公司每天的总收入是 $900\times(50+60+50)=144000$ 元，与送水方案无关。同样，公司每天的其他管理费用 $450\times(50+60+50)=72000$ 元，也与送水方案无关。所以，要使利润最大，只需使引水管理费最小即可。另外，送水方案自然要受三个水库的供应量和四个区的需求量的限制。

【模型建立】

很明显，决策变量为 A，B，C 三个水库（$i=1,2,3$）分别向甲、乙、丙、丁四个区（$j=1,2,3,4$）的供水量。设水库 i 向 j 区的日供水量为 x_{ij}。由于 C 水库与丁区之间没有输水管道，即 $x_{34}=0$，因此只有 11 个决策变量。

由上分析，问题的目标可以从获利最多转化为引水管理费最少，于是有

$$\min z = 160x_{11}+130x_{12}+220x_{13}+170x_{14}+140x_{21}+130x_{22}+190x_{23}+150x_{24} \\ +190x_{31}+200x_{32}+230x_{33}. \quad (5.2.1)$$

约束条件有两类：一类是水库的供应量限制，另一类是各区的需求量限制。

由于水总能卖出并获利，水库的供应量限制可以表示为：

$$x_{11}+x_{12}+x_{13}+x_{14}=50, \quad (5.2.2)$$

$$x_{21}+x_{22}+x_{23}+x_{24}=60, \quad (5.2.3)$$

$$x_{31}+x_{32}+x_{33}=50. \quad (5.2.4)$$

考虑到各区的基本生活用水量与额外用水量，需求量限制可以表示为：

$$30 \leqslant x_{11}+x_{21}+x_{31} \leqslant 80, \quad (5.2.5)$$

$$70 \leqslant x_{12}+x_{22}+x_{32} \leqslant 140, \quad (5.2.6)$$

$$10 \leqslant x_{13}+x_{23}+x_{33} \leqslant 30, \quad (5.2.7)$$

$$10 \leqslant x_{14}+x_{24} \leqslant 50. \quad (5.2.8)$$

【模型求解】

（5.2.1）～（5.2.8）构成一个线性规划模型（当然加上 x_{ij} 的非负约束）。输入 LINGO：

min=160*x11+130*x12+220*x13+170*x14+140*x21+130*x22+190*x23+150*x24
+190*x31+200*x32+230*x33;

x11+x12+x13+x14=50; x21+x22+x23+x24=60; x31+x32+x33=50;
30<x11+x21+x31; 70<x12+x22+x32; 10<x13+x23+x33; 10<x14+x24;
x11+x21+x31<80; x12+x22+x32<140; x13+x23+x33<30; x14+x24<50;
end

求解得到送水方案为（输出结果略）：A 水库向乙区供水 50，B 水库向乙、丁区分别供水 50、10，C 水库向甲、丙分别供水 40、10. 引水管理费为 24400 元，利润为 144000-72000-24400=47600 元.

讨论：如果 A，B，C 三个水库每天的最大供水量都提高一倍，则公司总供水能力为 320，大于总需求量 300，水库供水不能全部卖出，因而不能像前面那样，将获利最多转化为引水管理费最少. 此时我们首先需要计算 A，B，C 三个水库分别向甲、乙、丙、丁四个区供应每 10^3 t 水的净利润，即从收入 900 元中减去其他管理费 450 元，再减去表 5.2.1 中的引水管理费，得表 5.2.2.

表 5.2.2　从水库向各区送水的净利润

净利润	甲	乙	丙	丁
A	290	320	230	280
B	310	320	260	300
C	260	250	220	/

于是决策目标为

$$\min z = 290x_{11}+320x_{12}+230x_{13}+280x_{14}+310x_{21}+320x_{22}+260x_{23}+300x_{24}+$$
$$260x_{31}+250x_{32}+220x_{33}. \qquad (5.2.9)$$

由于水库供水量不能全部卖出，所以上面约束（5.2.2）~（5.2.4）的右端增加一倍的同时，应将=改成≤，即

$$x_{11}+x_{12}+x_{13}+x_{14} \leq 100, \qquad (5.2.10)$$

$$x_{21}+x_{22}+x_{23}+x_{24} \leq 120, \qquad (5.2.11)$$

$$x_{31}+x_{32}+x_{33} \leq 100. \qquad (5.2.12)$$

约束（5.2.5）~（5.2.8）不变. 将（5.2.5）~（5.2.12）构成的线性规划模型输入 LINGO 求解得送水方案为（详细程序和输出结果略）：A 水库向乙区供水 100，B 水库向甲、乙、丁区分别供水 30、40、50，C 水库向甲、丙区分别供水 50、30，总利润为 88700 元.

其实，由于每个区的供水量都能完全满足，所以上面（5.2.5）~（5.2.8）每个式子左边的约束可以去掉，右边的≤可以改写成=. 做这样的简化后得到的解没有任何变化.

评注：本题考虑的是将某种物质从若干供应点运往一些需求点，在供需量约束条件下使总费用最小或总利润最大. 这类问题一般称为运输问题，是线性规划应用最广泛的领域之一. 在标准的运输问题中，供需量通常是平衡的，即供应点的总供应量等于需求点的总需求量. 本题中供需量不平衡，但这并不会引起本质的区别，同样可以方便地建立线性规划模型求解.

二、货机装运

某架货机有三个货舱：前舱、中舱、后舱．三个货舱所能装载的货物的最大质量和体积都有限制，如表 5.2.3 所示．并且为了保持飞机的平衡，三个货舱中实际装载货物的质量必须与其最大容许质量成比例．

表 5.2.3　三个货舱装载货物的最大容许质量和体积

装机限制	前舱	中舱	后舱
质量限制/t	10	16	8
体积限制/m³	6 800	8 700	5 300

现有四类货物供该货机本次飞行装运，其有关信息如表 5.2.4 所示，最后一列指装运后所获得的利润．

表 5.2.4　四类装运货物的信息

货物	质量/t	体积/(m³·t⁻¹)	利润/(元·t⁻¹)
货物 1	18	480	3 100
货物 2	15	650	3 800
货物 3	23	580	3 500
货物 4	12	390	2 850

应如何安排装运，才使该货机本次飞行获利最大？

【模型假设】

问题中没有对货物装运提出其他要求，我们可做如下假设：

（1）每种货物可以分割到任意小．
（2）每种货物可以在一个或多个货舱中任意分布．
（3）多种货物可以混装，并保证不留空隙．
（4）所给出的数据都是精确的，没有误差．

【模型建立】

决策变量：用 x_{ij} 表示第 i 种货物装入第 j 个货舱的质量（t），货舱 $j=1,2,3$ 分别表示前舱、中舱、后舱．

已知参数：货舱 j 的质量限制 WET_j，体积限制 VOL_j；第 i 种货物的质量 w_i．单位质量的体积 v_i，利润 p_i．用行向量表示，即

WET = (10, 16, 8), **VOL** = (6800, 8700, 5300)；**w** = (18, 15, 23, 12), **v** = (480, 650, 580, 390), **p** = (3100, 3800, 3500, 2850)．

目标是最大化总利润，即

$$\max z = \sum_{i=1}^{4} p_i \left(\sum_{j=1}^{3} x_{ij} \right). \tag{5.2.13}$$

约束条件包括以下四个方面（除对 x_{ij} 的非负约束外）：

（1）供装载的四种货物的总质量约束，即

$$\sum_{j=1}^{3} x_{ij} \leqslant w_i, i=1,2,3,4 ; \qquad (5.2.14)$$

(2)三个货舱的质量限制,即

$$\sum_{i=1}^{4} x_{ij} \leqslant WET_j, j=1,2,3 ; \qquad (5.2.15)$$

(3)三个货舱的空间限制,即

$$\sum_{i=1}^{4} v_i x_{ij} \leqslant VOL_j, j=1,2,3 ; \qquad (5.2.16)$$

(4)三个货舱装入质量的平衡约束,即

$$\frac{\sum_{i=1}^{4} x_{ij}}{WET_j} = \frac{\sum_{i=1}^{4} x_{ik}}{WET_k}, j,k=1,2,3, j \neq k . \qquad (5.2.17)$$

【模型求解】

将上述模型输入 LINGO(注意这里通过集合定义变量,程序简洁、清晰,而且很容易推广):

```
model:
!定义集合及变量;
sets:
cang/1..3/:WET,VOL;
wu/1..4/:w,v,p;
link(wu,cang):x;
endsets
!对已知变量赋值;
data:
WET=10,16,8;VOL=6800,8700,5300;
w=18,15,23,12;v=480,650,580,390;p=3100,3800,3500,2850;
enddata
max=@sum(wu(i):p(i)*@sum(cang(j):x(i,j)));
@for(wu(i):@sum(cang(j):x(i,j))<w(i));
@for(cang(j):@sum(wu(i):x(i,j))<WET(j));
@for(cang(j):@sum(wu(i):v(i)*x(i,j))<VOL(j));
@for(cang(j):
@for(cang(k) |k #gt#j:!#gt#是大于等于的含义;
@sum(wu(i):x(i,j)/WET(j))=@sum(wu(i):x(i, k) /WET(k))));
end
```

求解可以得到(以下只保留主要结果):

Global optimal solution found.
Objective value: 121515.8
Total solver iterations: 18

Variable	Value	Reduced Cost
X(1, 1)	0.000000	400.0000
X(1, 2)	0.000000	57.89474
X(1, 3)	0.000000	400.0000
X(2, 1)	7.000000	0.000000
X(2, 2)	0.000000	239.4737
X(2, 3)	8.000000	0.000000
X(3, 1)	3.000000	0.000000
X(3, 2)	12.94737	0.000000
X(3, 3)	0.000000	0.000000
X(4, 1)	0.000000	650.0000
X(4, 2)	3.052632	0.000000
X(4, 3)	0.000000	650.0000

实际上，不妨将所得最优解四舍五入，结果为货物 2 装入前仓 7 t，装入后仓 8 t；货物 3 装入前仓 3 t，装入中仓 13 t；货物 4 装入中仓 3 t．最大利润约 121516 元．（注意：这个问题的最优解并不唯一，但 LINGO 只能给出一个解）．

评注：初步看来，本例与运输问题类似，似乎可以把四种货物看成四个供应点，三个货舱看成三个需求点（或者反过来，把货舱看成供应点，货物看成需求点）．但是，这里对供需量的限制包括两个方面：质量限制和空间限制，且有装载平衡要求．因此，它只能看成运输问题的一种变形和扩展，这里学生需要体会模型的可移植性．

第三节 汽车生产与原油采购

在本章第一节和第二节的例题中研究的对象都是连续可分的，即决策变量是连续的，建立的模型是线性规划．然而，实际生活中还会遇到不同的情况，如下述所示．

一、汽车厂生产计划

一汽车厂生产小、中、大三种类型的汽车，已知各类型每辆车对钢材、劳动时间的需求、利润以及每月工厂钢材、劳动时间的现有量（见表 5.3.1）．试制订月生产计划，以使工厂的利润最大．

进一步讨论：由于各种条件限制，如果生产某一类型汽车，则至少要生产 80 辆，那么最优的生产计划应做何改变？

表 5.3.1 汽车厂的生产数据

	小型	中型	大型	现有量
钢材/t	1.5	3	5	600
劳动时间/h	280	250	400	60 000
利润/万元	2	3	4	

【模型建立与求解】

设每月生产小、中、大型汽车的数量分别为 x_1, x_2, x_3，工厂的月利润为 z，在题目所给参数均不随生产数量变化的假设下，立即可得线性规划模型：

$$\max z = 2x_1 + 3x_2 + 4x_3, \tag{5.3.1}$$

$$\text{s.t.} \begin{cases} 1.5x_1 + 3x_2 + 5x_3 \leqslant 600, & (5.3.2) \\ 280x_1 + 250x_2 + 400x_3 \leqslant 60000, & (5.3.3) \\ x_1, x_2, x_3 \in \mathbf{N}, & (5.3.4) \end{cases}$$

其中 $\mathbf{N}$ 为非负整数集（自然数集）. 这样的数学规划称为整数规划（Integer Programming，简记为 IP）. IP 可以用 LINGO 直接求解，输入文件：

max=2*x1+3*x2+4*x3;

1.5*x1+3*x2+5*x3<600;

280*x1+250*x2+400*x3<60000;

@gin(x1);@gin(x2);@gin(x3);

注：最后一行中的"@gin"是将变量限定为整数的函数. 求解得到输出（只列出需要的结果）：

```
Global optimal solution found.
Objective value:                    632.0000
Extended solver steps:              0
Total solver iterations:            3
     Variable        Value          Reduced Cost
     X1              64.00000       -2.000000
     X2              168.0000       -3.000000
     X3              0.000000       -4.000000
```

IP 的最优解 $x_1 = 64$，$x_2 = 168$，$x_3 = 0$，最优值 $z = 632$，即问题要求的月生产计划为生产小型车 64 辆、中型车 168 辆，不生产大型车.

讨论：对于问题中提出的"如果生产某一类型汽车，则至少要生产 80 辆"的限制，上面得到的 IP 的最优解不满足这个条件. 这种类型的要求是实际生产中经常提出的. 下面以本问题为例说明解决这类要求的办法.

对于原 LP 模型（5.3.1）~（5.3.4），需增加约束

$$x_1, x_2, x_3 = 0 \text{ 或} \geqslant 80. \tag{5.3.5}$$

下面是求解模型（5.3.1）~（5.3.5）的三种方法：

解法 1 分解为多个 LP 子模型.

（5.3.5）式可分解为八种情况：

$$x_1 = 0, x_2 = 0, x_3 \geqslant 80, \tag{1}$$
$$x_1 = 0, x_2 \geqslant 80, x_3 = 0, \tag{2}$$
$$x_1 = 0, x_2 \geqslant 80, x_3 \geqslant 80, \tag{3}$$
$$x_1 \geqslant 80, x_2 = 0, x_3 = 0, \tag{4}$$
$$x_1 \geqslant 80, x_2 \geqslant 80, x_3 = 0, \tag{5}$$
$$x_1 \geqslant 80, x_2 = 0, x_3 \geqslant 80, \tag{6}$$
$$x_1 \geqslant 80, x_2 \geqslant 80, x_3 \geqslant 80, \tag{7}$$

$$x_1, x_2, x_3 = 0. \tag{8}$$

这里可以应用**剪枝法**,(8)显然不可能是问题的解.可以检查,(3)和(7)不满足约束条件(5.3.2),也不可能是问题的解.对其他五个 LP 子模型逐一求解,比较目标函数值,可知最优解在(5)情形得到:$x_1 = 80$,$x_2 = 150$,$x_3 = 0$,最优值 $z = 610$.

注:可以不检查是否满足约束条件,解所有 LP 子模型,结果同上.

解法 2 引入 0-1 变量

设 y_1 只取 0, 1 两个值,则"$x_1 = 0$ 或 ≥ 80"等价于:

$$80y_1 \leq x_1 \leq My_1,\ y_1 \in \{0,1\}, \tag{1'}$$

其中 M 为相当大的正数,本例可取 1000(x_1 不可能超过 1000).类似地有:

$$80y_2 \leq x_2 \leq My_2,\ y_2 \in \{0,1\}, \tag{2'}$$

$$80y_3 \leq x_3 \leq My_3,\ y_3 \in \{0,1\}. \tag{3'}$$

于是(5.3.1)~(5.3.4),(1')~(3')构成一个特殊的整数规划模型(既有一般整数变量,又有 0-1 变量),用 LINGO 直接求解时,输入的最后要加上 0-1 变量的限定语句:

@bin(y1);@ bin(y2);@bin(y3);

求解可得到与第一种方法同样的结果.

解法 3 化为非线性规划.

条件(5.3.4),(5.3.5)可表示为:

$$x_1(x_1-80) \geq 0,\ x_1 \in \mathbf{N}, \tag{1''}$$

$$x_2(x_2-80) \geq 0,\ x_2 \in \mathbf{N}, \tag{2''}$$

$$x_3(x_3-80) \geq 0,\ x_3 \in \mathbf{N}. \tag{3''}$$

式子左端是决策变量的非线性函数,(5.3.1)~(5.3.3),(1'')~(3'')构成非线性规划(Non-Linear Programming,简记作 NP).该模型可如下输入 LINGO:

max=2*x1+3*x2+4*x3;
1.5*x1+3*x2+5*x3<600;
280*x1+250*x2+400*x3<60000;
x1*(x1-80)>0;x2*(x2-80)>0;x3*(x3-80)>0;
@gin(x1);@gin(x2);@gin(x3);

求解可得到与第二种方法同样的结果.

评注:像汽车这样的对象自然是整数变量,应该建立整数规划模型,但是求整数规划比线性规划要难得多(即使使用数学软件),所以当整数变量取值很大时,常作为连续变量用线性规划处理.

一般来说,非线性规划的求解比线性规划困难得多,特别是问题规模较大或者要求得到全局最优解时更是如此.为了考虑(5.3.5)式这样的条件,通常是引入 0-1 变量,而一般尽量不用非线性规划.

二、原油采购与加工

某公司用两种原油(A 和 B)混合加工成两种汽油(甲和乙).甲、乙两种汽油含原油

A 的最低比例分别为 50% 和 60%，售价分别为 4800 元/t 和 5600 元/t. 该公司现有原油 A 和 B 的库存量分别为 500 t 和 1000 t，还可以从市场上买到不超过 1500 t 的原油 A. 原油 A 的市场价为：购买量不超过 500 t 时的单价为 10000 元/t；购买量超过 500 t 但不超过 1000 t 时，超过 500 t 的部分 8000 元/t；购买量超过 1000 t 时，超过 1000 t 的部分 6000 元/t. 该公司应如何安排原油的采购和加工[7]？

【问题分析】

安排原油采购、加工的目标只能是利润最大，题目中给出的是两种汽油的售价和原油 A 的采购价，利润为销售汽油的收入与购买原油 A 的支出之差. 这里的难点在于原油 A 的采购价与购买量的关系比较复杂，是分段函数关系，能否及如何用线性规划、整数规划模型加以处理是关键所在.

【模型建立】

设原油 A 的购买量为 x，根据题目所给数据，采购的支出 $c(x)$ 可表为如下的分段线性函数（以下价格以千元/t 为单位）：

$$c(x) = \begin{cases} 10x, & (0 \leqslant x \leqslant 500), \\ 1000+8x, & (500 \leqslant x \leqslant 1000), \\ 3000+6x, & (1000 \leqslant x \leqslant 1500). \end{cases} \quad (5.3.6)$$

设原油 A 用于生产甲、乙两种汽油的数量分别为 x_{11} 和 x_{12}，原油 B 用于生产甲、乙两种汽油的数量分别为 x_{21} 和 x_{22}，则总的收入为 $4.8(x_{11}+x_{21})+5.6(x_{12}+x_{22})$. 于是本例的目标函数——利润为

$$\max z = 4.8(x_{11}+x_{21})+5.6(x_{12}+x_{22})-c(x). \quad (5.3.7)$$

约束条件包括加工两种汽油用的原油 A、原油 B 库存量的限制，和原油 A 购买量的限制，以及两种汽油含原油 A 的比例限制，分别表示为：

$$x_{11}+x_{12} \leqslant 500+x, \quad (5.3.8)$$

$$x_{21}+x_{22} \leqslant 1000, \quad (5.3.9)$$

$$x \leqslant 1500, \quad (5.3.10)$$

$$\frac{x_{11}}{x_{11}+x_{21}} \geqslant 0.5, \quad (5.3.11)$$

$$\frac{x_{12}}{x_{12}+x_{22}} \geqslant 0.6, \quad (5.3.12)$$

$$x_{11}, x_{12}, x_{21}, x_{22}, x \geqslant 0. \quad (5.3.13)$$

由（5.3.6）式中的 $c(x)$ 不是线性函数，（5.3.6）~（5.3.13）给出的是一个非线性规划，而且，对于这样用分段函数定义的 $c(x)$，一般的非线性规划软件也难以输入和求解，那么能不能想办法将该模型化简，从而用现成的软件求解呢？

【模型求解】

下面介绍三种解法.

解法 1 一个自然的想法是将原油 A 的采购量 x 分解为三个量，即用 x_1, x_2, x_3 分别表示

以价格 10 千元/t、8 千元/t、6 千元/t 采购的原油 A 的数量，总支出为 $c(x) = 10x_1 + 8x_2 + 6x_3$，且

$$x = x_1 + x_2 + x_3, \tag{5.3.14}$$

这时目标函数（5.3.7）变为线性函数：

$$\max z = 4.8(x_{11} + x_{21}) + 5.6(x_{12} + x_{22}) - (10x_1 + 8x_2 + 6x_3). \tag{5.3.15}$$

应该注意到，只有当以 10 千元/t 的价格购买 $x_1 = 500t$ 时，才能以 8 千元/t 的价格购买 x_2 ($x_2 > 0$)，这个条件可以表示为

$$(x_1 - 500)x_2 = 0. \tag{5.3.16}$$

同理，只有当以 8 千元/t 的价格购买 $x_2 = 500t$ 时，才能以 6 千元/t 的价格购买 x_3 ($x_3 > 0$)，于是

$$(x_2 - 500)x_3 = 0. \tag{5.3.17}$$

此外，x_1, x_2, x_3 的取值范围是

$$0 \leq x_1, x_2, x_3 \leq 500. \tag{5.3.18}$$

由于有非线性约束（5.3.16）和（5.3.17），（5.3.8）~（5.3.18）构成非线性规划模型．将该模型输入 LINGO 软件如下：

max=4.8*x11+4.8*x21+5.6*x12+5.6*x22-10*x1-8*x2-6*x3;
x11+x12<x+500;x21+x22<1000;
0.5*x11-0.5*x21>0;0.4*x12-0.6*x22>0;
x=x1+x2+x3;(x1-500)*x2=0;(x2-500)*x3=0;
x1<500;x2<500;x3<500;

注：因为（5.3.14）式和（5.3.18）式保证了（5.3.10）式，所以上面输入中不需要（5.3.10）式．将文件存储并命名后，选择菜单"LINGO | Solve"，运行该程序得到：

Local optimal solution found.
Objective value: 4800.000
Total solver iterations: 24

Variable	Value	Reduced Cost
X11	500.0000	0.000000
X21	500.0000	0.000000
X12	0.000000	0.2666667
X22	0.000000	0.000000
X1	0.000000	0.4000000
X2	0.000000	0.000000
X3	0.000000	0.000000
X	0.000000	0.000000

最优解是用库存的 500 t 原油 A、500 t 原油 B 生产 1000 t 汽油甲，不购买新的原油 A，利润为 4800000 元．

但是 LINGO 得到的结果只是一个局部最优解（local optimal solution），还能得到更好的解吗？除线性规划外，LINGO 在缺省设置下一般只给出局部最优解，但可以通过修改 LINGO 选项要求计算全局最优解．具体做法是：选择"LINGO | Options"菜单，在弹出的

选项卡中选择"General Solver",然后找到选项"Use Global Solver"将其选中,并应用或保存设置. 重新运行"LINGO | Solve",可得到如下输出:

```
Global optimal solution found.
Objective value:                      5000.001
Extended solver steps:                      12
Total solver iterations:                   533
          Variable         Value        Reduced Cost
          X11           0.000000          0.9000000
          X21           0.000000          0.000000
          X12           1500.000          0.000000
          X22           1000.000          0.000000
          X1            500.0000          0.000000
          X2            499.9996          0.000000
          X3            0.3500690E-03     0.000000
          X             1000.000          0.000000
```

全局最优解是购买 1000 t 原油 A,与库存的 500 t 原油 A 和 1000 t 原油 B 一起,共生产 2500 t 汽油乙,利润为 5000000 元,高于局部最优解对应的利润.

解法 2 引入 0-1 变量将(5.3.16)和(5.3.17)转化为线性约束.

令 $y_1=1$,$y_2=1$,$y_3=1$,分别表示以 10 千元/t、8 千元/t、6 千元/t 的价格采购原油 A,则约束(5.3.16)和(5.3.17)可以替换为:

$$500y_2 \leqslant x_1 \leqslant 500y_1, \tag{5.3.19}$$

$$500y_3 \leqslant x_2 \leqslant 500y_2, \tag{5.3.20}$$

$$x_3 \leqslant 500y_3, \tag{5.3.21}$$

$$y_1, y_2, y_3 = 0 \text{ 或 } 1. \tag{5.3.22}$$

(5.3.8)~(5.3.15),(5.3.18)~(5.3.22)构成整数(线性)规划模型,将它输入 LINGO 软件如下:

```
model:
max=4.8*x11+4.8*x21+5.6*x12+5.6*x22-10*x1-8*x2-6*x3;
x11+x12<x+500;x21+x22<1000;
0.5*x11-0.5*x21>0;0.4*x12-0.6*x22>0;
x=x1+x2+x3;
x1<500*y1;x2<500*y2;x3<500*y3;
x1>500*y2;x2>500*y3;
@bin(y1);@bin(y2);@bin(y3);
end
```

运行该程序得到的最优解与第一种解法得到的结果(全局最优解)相同.

解法 3 直接处理分段线性函数 $c(x)$.(5.3.6)式表示的 $c(x)$ 如图 5.3.1 所示.

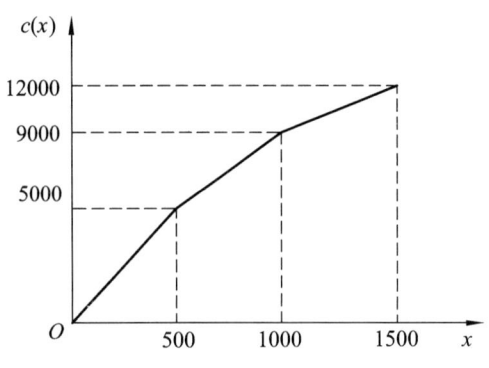

图 5.3.1 分段线性函数 $c(x)$ 图形

记 x 轴上的分点为 $b_1=0$，$b_2=500$，$b_3=1000$，$b_4=1500$. 当 x 在第一个小区间$[b_1, b_2]$时，记
$$x = z_1b_1 + z_2b_2,\ z_1+z_2=1,\ z_1, z_2 \geq 0,$$
因为 $c(x)$ 在$[b_1, b_2]$是线性的，所以 $c(x) = z_1c(b_1) + z_2c(b_2)$. 同样，当 x 在第二个小区间$[b_2, b_3]$时，
$$x = z_2b_2 + z_3b_3,\ z_2+z_3=1,\ z_2, z_3 \geq 0,\ c(x) = z_2c(b_2) + z_3c(b_3).$$
当 x 在第三个小区间$[b_3, b_4]$时，
$$x = z_3b_3 + z_4b_4,\ z_3+z_4=1,\ z_3, z_4 \geq 0,\ c(x) = z_3c(b_3) + z_4c(b_4).$$

为了表示 x 在哪个小区间，引入 0-1 变量 $y_k(k=1, 2, 3)$，当 x 在第 k 个小区间时，$y_k=1$，否则，$y_k=0$. 这样，$z_1, z_2, z_3, z_4, y_1, y_2, y_3$ 应满足：

$$z_1 \leq y_1, z_2 \leq y_1+y_2, z_3 \leq y_2+y_3, z_4 \leq y_3, \tag{5.3.23}$$

$$z_1+z_2+z_3+z_4=1, z_k \geq 0 (k=1, 2, 3, 4), \tag{5.3.24}$$

$$y_1+y_2+y_3=1, y_k=0\text{ 或 }1(k=1, 2, 3), \tag{5.3.25}$$

此时 x 和 $c(x)$ 可以统一地表示为

$$x = z_1b_1 + z_2b_2 + z_3b_3 + z_4b_4 = 500z_2 + 1000z_3 + 1500z_4, \tag{5.3.26}$$

$$c(x) = z_1c(b_1) + z_2c(b_2) + z_3c(b_3) + z_4c(b_4) = 5000z_2 + 9000z_3 + 12000z_4. \tag{5.3.27}$$

（5.3.7）～（5.3.13），（5.3.23）～（5.3.27）也构成一个整数规划模型，将它输入 LINGO 软件求解，得到的结果与第二种解法相同.

评注：这个问题的关键是处理分段线性函数，我们推荐化为整数规划模型的第二、第三种解法，第三种解法更具一般性，其做法如下：

设一个 n 段线性函数 $f(x)$ 的分点为 $b_1 \leq \cdots \leq b_n \leq b_{n+1}$，引入 z_k，将 x 和 $f(x)$ 表示为：

$$x = \sum_{k=1}^{n+1} z_k b_k, \tag{5.3.28}$$

$$f(x) = \sum_{k=1}^{n+1} z_k f(b_k), \tag{5.3.29}$$

z_k 和 0-1 变量 y_k 满足：

$$z_1 \leq y_1, z_2 \leq y_1+y_2, \cdots, z_n \leq y_{n-1}+y_n, z_{n+1} \leq y_n, \tag{5.3.30}$$

$$z_1+z_2+\cdots+z_{n+1}=1, \quad z_k \geq 0 (k=1,2,\cdots,n+1), \quad (5.3.31)$$

$$y_1+y_2+\cdots+y_n=1, \quad y_k=0 \text{ 或 } 1(k=1,2,\cdots,n). \quad (5.3.32)$$

第四节　接力队的选拔与选课策略

实际生活中可能遇到这样的分派问题：若干项任务分给一些候选人来完成，因为每个人的专长不同，他们完成每项任务取得的效益或需要的资源也不一样，如何分派这些任务使获得的总效益最大，或付出的总资源最少？也会遇到这样的选择问题：有若干种策略供你选择，不同的策略得到的收益或付出的成本不同，各种策略之间可以有相互制约关系，如何在满足一定条件下作出最佳抉择，使得收益最大或成本最小？本节将通过几个实例说明怎样用数学规划模型解决这类问题.

一、混合泳接力队的选拔

某班准备从 5 名游泳队员中选择 4 人组成接力队，参加学校的 4×100 m 混合泳接力比赛. 5 名队员 4 种泳姿的百米平均成绩如表 5.4.1 所示，问应如何选拔队员组成接力队？

表 5.4.1　5 名队员 4 种泳姿的百米平均成绩

泳姿	甲	乙	丙	丁	戊
蝶泳	1′06″8	57″2	1′8″	1′10″	1′07″4
仰泳	1′15″6	1′06″	1′07″8	1′14″2	1′11″
蛙泳	1′27″	1′06″4	1′24″6	1′09″6	1′23″8
自由泳	58″6	53″	59″4	57″2	1′02″4

如果近期队员丁的蛙泳成绩有较大退步，只有 1′15″2，而队员戊经过刻苦训练自由泳成绩有所进步，达到 57″5，组成接力队的方案是否应该调整？

【问题分析】

从 5 名队员中选出 4 人组成接力队，每人一种泳姿，且 4 人的泳姿各不相同，使接力队的成绩最好，容易想到的一个办法是穷举法，组成接力队的方案共有 5!=120 种，逐一计算并作比较，即可找出最优方案. 显然，这不是解决这类问题的好办法，随着问题规模的变大，穷举法的计算量将是无法接受的. 可以用 0-1 变量表示一个队员是否入选接力队，从而建立此问题的 0-1 规划模型，借助现成的数学软件求解.

【模型的建立与求解】

记甲、乙、丙、丁、戊分别为队员 $i=1,2,3,4,5$；记蝶泳、仰泳、蛙泳、自由泳分别为泳姿 $j=1,2,3,4$. 记队员 i 的第 j 种泳姿的百米最好成绩为 $t_{ij}(s)$，数据预处理结果如表 5.4.2 所示.

表 5.4.2　5 名队员 4 种泳姿的百米平均成绩预处理结果

t_{ij}	$i=1$	$i=2$	$i=3$	$i=4$	$i=5$
$j=1$	66.8	57.2	78	70	67.4
$j=2$	75.6	66	67.8	74.2	71
$j=3$	87	66.4	84.6	69.6	83.8
$j=4$	58.6	53	59.4	57.2	62.4

引入 0-1 变量 x_{ij}，若选择队员 i 参加泳姿 j 的比赛，记 $x_{ij}=1$，否则记 $x_{ij}=0$. 根据组成接力队的要求，x_{ij} 应该满足下面两个约束条件：

第一，每人最多只能入选 4 种泳姿之一，即对于 $i=1,2,3,4,5$，应有 $\sum_{j=1}^{4} x_{ij} \leq 1$；

第二，每种泳姿必须有且只有 1 人入选，即对于 $j=1,2,3,4$，应有 $\sum_{i=1}^{5} x_{ij}=1$；

当队员 i 入选泳姿 j 时，$t_{ij}x_{ij}$ 表示他（她）的成绩，否则 $t_{ij}x_{ij}=0$. 于是，接力队的成绩可表示为 $z=\sum_{j=1}^{4}\sum_{i=1}^{5} t_{ij}x_{ij}$，这就是该问题的目标函数.

综上，这个问题的 0-1 规划模型可写作：

$$\min z = \sum_{j=1}^{4}\sum_{i=1}^{5} t_{ij}x_{ij}, \quad (5.4.1)$$

$$\text{s.t.} \begin{cases} \sum_{j=1}^{4} x_{ij} \leq 1, i=1,2,3,4,5, & (5.4.2) \\ \sum_{i=1}^{5} x_{ij} = 1, j=1,2,3,4, & (5.4.3) \\ x_{ij} \in \{0,1\}. & (5.4.4) \end{cases}$$

利用题目所给数据，将这一模型输入 LINGO：

```
model:
sets:
person/1..5/;
position/1..4/;
link(person,position):t,x;
endsets
data:
t=66.8, 75.6, 87, 58.6
   57.2, 66, 66.4, 53
   78, 67.8, 84.6, 59.4
   70, 74.2, 69.6, 57.2
   67.4, 71, 83.8, 62.4;
enddata
min=@sum(link:t*x);
@for(person(i):@sum(position(j):x(i,j))<=1);
@for(position(j):@sum(person(i):x(i,j))=1);
@for(link:@bin(x));
end
```

求解得到结果为：$x_{14}=x_{21}=x_{32}=x_{43}=1$，其他变量为 0，成绩为 253.2 s = 4′13″2. 即应当选派甲、乙、丙、丁 4 人组成接力队，分别参加自由泳、蝶泳、仰泳、蛙泳的比赛.

【讨论】

考虑到丁、戊最近的状态，t_{43} 由原来的 69.6 s 变为 75.2 s，t_{54} 由原来的 62.4 s 变为 57.5 s，讨论对结果的影响。这类似于第五章第一节中的敏感性分析，但是对于整数规划模型，一般没有与线性规划相类似的理论，此时 LINGO 中所输出的敏感性分析结果通常是没有意义的。于是我们只好用 t_{43}，t_{54} 的新数据重新输入模型，用 LINGO 求解得到：$x_{21}= x_{32}= x_{43}= x_{54} =1$，其他变量为 0，成绩为 257.7 s = 4′17″7。即应当选派乙、丙、丁、戊 4 人组成接力队，分别参加蝶泳、仰泳、蛙泳、自由泳的比赛。

评注：本例属于这样一类分派问题：有若干项任务，每项任务必须有一人且只能有一人承担，每人也只能承担其中一项，不同人员承担不同任务的收益（或成本）不同，问题是怎样分派各项任务才能使总收益最大（或总成本最小）。它又称为**指派问题**（assignment）。建立 0-1 规划模型是解决这类问题的常用方法。典型的指派问题中，任务的数量与能够承担的人员数量相等，但是两者不相等的情况也常见，本例是人数多于任务数，如果任务数多于人数呢？（这时虽然不是上述意义上的分派问题，但也能建立类似的模型）

二、选课策略

某学校规定，运筹学专业的学生毕业时必须至少学习过两门数学课、三门运筹学课和两门计算机课。这些课程的编号、名称、学分、所属类别和先修课要求如表 5.4.3 所示。那么，毕业时学生最少可以学习这些课程中的哪些课程？

表 5.4.3 课程情况

课程编号	课程名称	学分	所属类别	先修课要求
1	微积分	5	数学	
2	线性代数	4	数学	
3	最优化方法	4	数学;运筹学	微积分;线性代数
4	数据结构	3	数学;计算机	计算机编程
5	应用统计	4	数学;运筹学	微积分;线性代数
6	计算机模拟	3	计算机;运筹学	计算机编程
7	计算机编程	2	计算机	
8	预测理论	2	运筹学	应用统计
9	数学实验	3	运筹学;计算机	微积分;线性代数

如果某个学生既希望选修课程的数量少，又希望所获得的学分多，他可以选哪些课程？

【模型的建立与求解】

用 $x_i=1$ 表示选修表 5.4.3 中按编号顺序的 9 门课程（$x_i = 0$ 表示不选；$i=1,2,\cdots,9$）。问题的目标为选修的课程总数最少，即

$$\min z = \sum_{i=1}^{9} x_i. \tag{5.4.5}$$

约束条件包括下述两个方面：

第一，每人最少要学习 2 门数学课、3 门运筹学课和 2 门计算机课。根据表 5.4.3 中对每门课程所属类别的划分，这一约束可以表示为：

$$x_1+x_2+x_3+x_4+x_5 \geq 2, \quad (5.4.6)$$

$$x_3+x_5+x_6+x_8+x_9 \geq 3, \quad (5.4.7)$$

$$x_4+x_6+x_7+x_9 \geq 2. \quad (5.4.8)$$

第二，某些课程有先修课程的要求．例如，"数据结构"的先修课是"计算机编程"，这意味着如果 $x_4=1$，必须 $x_7=1$，这个条件可以表示为 $x_4 \leq x_7$（注意：$x_4=0$ 时对 x_7 没有限制）．"最优化方法"的先修课是"微积分"和"线性代数"的条件可表为 $x_3 \leq x_1$，$x_3 \leq x_2$，而这两个不等式可以用一个约束表示为 $2x_3-x_1-x_2 \leq 0$．这样，所有课程的先修课要求可表为如下的约束：

$$2x_3-x_1-x_2 \leq 0, \quad (5.4.9)$$

$$x_4-x_7 \leq 0, \quad (5.4.10)$$

$$2x_5-x_1-x_2 \leq 0, \quad (5.4.11)$$

$$x_6-x_7 \leq 0, \quad (5.4.12)$$

$$x_8-x_5 \leq 0, \quad (5.4.13)$$

$$2x_9-x_1-x_2 \leq 0. \quad (5.4.14)$$

由上得到以（5.4.5）为目标函数、以（5.4.6）~（5.4.14）为约束条件的 0-1 规划模型．将这一模型输入 LINGO（注意加上 x_i 为 0-1 的约束），求解得到结果为 $x_1=x_2=x_3=x_6=x_7=x_9=1$，其他变量为 0 对照课程编号，它们是微积分、线性代数、最优化方法、计算机模拟、计算机编程、数学实验，共 6 门课程，总学分为 21.

下面将会看到，这个解并不唯一的，还可以找到与以上不完全相同的 6 门课程，也满足所给的约束．

【讨论】

如果一个学生既希望选修课程数少，又希望所获得的学分数尽可能多，则除了目标（5.4.5）之外，还应根据表 5.4.3 中的学分数写出另一个目标，即

$$\max w = 5x_1+4x_2+4x_3+3x_4+4x_5+3x_6+2x_7+2x_8+3x_9. \quad (5.4.15)$$

我们把只有一个优化目标的规划问题称为**单目标规划**，而将多于一个目标的规划问题称为**多目标规划**．多目标规划的目标函数相当于一个向量，如目标（5.4.5）和（5.4.15）可以表示为对一个向量进行优化：

$$\text{V-min}(z, -w). \quad (5.4.16)$$

上面符号"V-min"是"向量最小化"的意思，注意其中已经通过对 w 取负号而将（5.4.15）中的最大化变成了最小化问题．

要得到多目标规划问题的解，通常需要知道决策者对每个目标的重视程度，称为偏好程度．下面通过几个例子讨论处理这类问题的方法．

（1）同学甲只考虑获得尽可能多的学分，而不管所修课程的多少，那么他可以以（5.4.15）为目标，不用考虑（5.4.5），这就变成了一个单目标优化问题．显然，这个问题不必计算就知道最优解是选修所有 9 门课程．

（2）同学乙认为选修课程数最少是基本的前提，那么他可以只考虑目标（5.4.5）而不管（5.4.15），这就是前面得到的，最少为 6 门．如果这个解是唯一的，则他已别无选择，只

能选修上面的 6 门课,总学分为 21. 但是 LINGO 无法告诉我们一个优化问题的解是否唯一,所以他还可能在选修 6 门课的条件下,使总学分多于 21. 为探索这种可能,应在上面的规划问题中增加约束:

$$\sum_{i=1}^{9} x_i = 6 \tag{5.4.17}$$

得到以(5.4.15)为目标函数、以(5.4.6)~(5.4.14)和(5.4.17)为约束条件的另一个 0-1 规划模型. 求解后发现会得到不同于前面 6 门课程的最优解 $x_1=x_2=x_3=x_5=x_7=x_9=1$,其他变量为 0,即 3 学分的"计算机模拟"换成了 4 学分的"应用统计",总学分由 21 增至 22. 注意这个模型的解仍然不是唯一的,如 $x_1=x_2=x_3=x_5=x_6=x_7=1$,其他变量为 0,也是最优解.

(3)同学丙不像甲、乙那样,只考虑学分最多或以课程最少为前提,而是觉得学分数和课程数这两个目标大致上应该三七开. 这时可以将目标函数 z 和 $-w$ 分别乘以 0.7 和 0.3,组成一个新的目标函数 y,有

$$\min y = 0.7z - 0.3w = -0.8x_1 - 0.5x_2 - 0.5x_3 - 0.2x_4 - 0.5x_5 - 0.2x_6 + 0.1x_7 + 0.1x_8 - 0.2x_9, \tag{5.4.18}$$

得到以(5.4.18)为目标、以(5.4.6)~(5.4.14)为约束的 0-1 规划模型. 输入 LINGO 求解得到结果为:$x_1=x_2=x_3=x_4=x_5=x_6=x_7=x_9=1$,即只有"预测理论"不需要选修,共 28 学分.

实际上,0.7 和 0.3 是 z 和 $-w$ 的权重. 一般地,将权重记作 λ_1, λ_2,且 $\lambda_1+\lambda_2=1$,$0 \leqslant \lambda_1$, $\lambda_2 \leqslant 1$,则 0-1 规划模型的新目标为

$$\min y = \lambda_1 z - \lambda_2 w. \tag{5.4.19}$$

前面同学甲的考虑相当于 $\lambda_1=0$,$\lambda_2=1$,同学乙的考虑相当于 $\lambda_1=1$,$\lambda_2=0$,是两种极端情况. 通过选取许多不同的 λ_1, λ_2 进行计算,可以发现,当 $\lambda_1 < \frac{2}{3}$ 时,结果与同学甲相同;而当 $\lambda_1 > \frac{3}{4}$ 时,结果与同学乙相同. 这是偶然的吗?我们根据给出的数据分析一下.

当 $\lambda_1 < \frac{2}{3}$ 时,(5.4.19)式中 z 的所有系数都小于 0,因此为了使 y 取最小值,所有决策变量应尽可能取 1,这与 $\lambda_1=0$,$\lambda_2=1$ 的情况,即学分数最多是一样的.

当 $\lambda_1 > \frac{3}{4}$ 时,(5.4.19)式中 z 的系数中至少有 5 个大于 0,它们分别是 x_4, x_6, x_7, x_8, x_9 的系数,因此为了使 y 取最小值,x_4, x_6, x_7, x_8, x_9 应尽可能取 0,而根据前面的计算知道约束条件已经保证至少要选修 6 门课,所以 x_4, x_6, x_7, x_8, x_9 中最多只能有 3 个同时取 0,这与 $\lambda_1=1$,$\lambda_2=0$ 的情况,即选修的课程数最少是一样的.

评注:用 0-1 变量表示选择策略是常用的方法,而对于"要选甲必选乙"这样的约束,可以用类似于(5.4.10)式 $x_4 \leqslant x_7$ 来描述. 有些选择问题,如从众多球员中选拔上场队员时,由于相互配合或相互制约的关系,还会遇到诸如"甲乙二人至多选一人""甲乙二人至少选一人""要选甲必不能选乙"等约束.

本节还讨论了多目标规划问题的处理办法,其基本思想是通过加权组合形成一个新的目标,从而化为单目标规划. 优先考虑一个目标不过是这种办法的极端情况,而像前面同学乙那样,把一个目标作为约束条件(5.4.17),解另一个目标的规划模型,也是处理多目标规划的方法.

第五节 钢管截割问题

生产中常会遇到通过切割、剪裁、冲压等手段,将原材料加工成所需尺寸这种工艺过程,称为原料下料问题. 按照进一步的工艺要求,确定下料方案,使用料最省或利润最大,是典型的优化问题. 本节讨论用数学规划模型解决这类问题的方法.

钢管下料 某钢管零售商从钢管厂进货,将钢管按照顾客的要求切割后售出,从钢管厂进货时得到的原料钢管都是 19 m.

(1) 现有一客户需要 50 根 4 m、20 根 6 m 和 15 根 8 m 的钢管,应如何下料最节省?

(2) 零售商如果采用的不同切割模式太多,将会导致生产过程复杂化,从而增加生产和管理成本,所以该零售商规定采用的不同切割模式不能超过 3 种. 此外,该客户除需要(1)中的 3 种钢管外,还需要 10 根 5 m 的钢管. 应如何下料最节省[8]?

问题(1)的求解
【问题分析】

首先,应当确定哪些切割模式是可行的. 所谓一个切割模式,是指按照客户需要在原料钢管上安排切割的一种组合. 例如,我们可以将 19 m 的钢管切割成 3 根 4 m 的钢管,余料为 7 m;或者将 19 m 的钢管切割成 4 m、6 m 和 8 m 的钢管各 1 根,余料为 1 m. 显然,可行的切割模式是很多的.

其次,应当确定哪些切割模式是合理的. 通常假设一个合理的切割模式的余料不应该大于或等于客户需要的钢管的最小尺寸. 例如,将 19 m 的钢管切割成 3 根 4 m 的钢管是可行的,但余料为 7 m,可以进一步将 7 m 的余料切割成 4 m 钢管(余料为 3 m),或者将 7 m 的余料切割成 6 m 钢管(余料为 1 m).

求 1 根 19 m 的钢管切割为 4 m、6 m、8 m 的钢管的所有模式相当于求解不等式:

$$4k_1+6k_2+8k_3 \leqslant 19$$

的整数解. 但要求剩余材料 $r = 19-(4k_1+6k_2+8k_3)<4$. 使用穷举法编写 MATLAB 程序如下:

```
L=19;   %原管长度;
L1=4; L2=6; L3=8;   %长度规格;
number=0;   %模式序号;
for k1=0:floor(L/L1)   %穷举切割数目从 0 到该规格切割上限,floor 为向下取整;
    for k2=0:floor(L/L2)
        for k3=0:floor(L/L3)
            r=L-(L1*k1+L2*k2+L3*k3);
            if(r>=0)&(r<4)
                number=number+1;
                fprintf('%d %d %d %d %d\n',number,k1,k2,k3,r);
            end
        end
    end
end
```

运行程序求得切割模式一共有 7 种，如表 5.5.1 所示.

表 5.5.1　钢管下料的合理切割模式

切割模式	4 m 钢管根数	6 m 钢管根数	8 m 钢管根数	余料/m
模式 1	4	0	0	3
模式 2	3	1	0	1
模式 3	2	0	1	3
模式 4	1	2	0	3
模式 5	1	1	1	1
模式 6	0	3	0	1
模式 7	0	0	2	3

问题化为在满足客户需要的条件下，按照哪些合理的模式，切割多少根原料钢管，最为节省. 而所谓节省，可以有两种标准：一是切割后剩余的总余料量最小；二是切割原料钢管的总根数最少. 下面将对这两个目标分别讨论.

【模型建立】

决策变量：用 x_i 表示按照第 i 种模式（$i=1,2,\cdots,7$）切割的原料钢管的根数，显然它们应当是非负整数.

目标函数：以切割后剩余的总余料量最小为目标，则由表 5.5.1 可得

$$\min z_1 = 3x_1+x_2+3x_3+3x_4+x_5+x_6+3x_7; \tag{5.5.1}$$

以切割原料钢管的总根数最少为目标，则有

$$\min z_2 = x_1+x_2+x_3+x_4+x_5+x_6+x_7. \tag{5.5.2}$$

下面分别在这两种目标下求解.

约束条件：为满足客户的需求，按照表 5.5.1 应有：

$$4x_1+3x_2+2x_3+x_4+x_5 \geqslant 50, \tag{5.5.3}$$

$$x_2+2x_4+x_5+3x_6 \geqslant 20, \tag{5.5.4}$$

$$x_3+x_5+2x_7 \geqslant 15. \tag{5.5.5}$$

【模型求解】

（1）将（5.5.1），（5.5.3），（5.5.4），（5.5.5）构成的整数线性规划模型（加上整数约束）输入 LINGO 求解，可以得到最优解为：$x_2=12$，$x_5=15$（其余变量为 0）. 即按照模式 2 切割 12 根原料钢管，按照模式 5 切割 15 根原料钢管，共 27 根，总余料量为 27 m. 显然，在总余料量最小的目标下，最优解将是使用余料尽可能小的切割模式（模式 2 和 5 的余料为 1 m），这会导致切割原料钢管的总根数较多.

（2）将（5.5.2）~（5.5.5）构成的整数线性规划模型（加上整数约束）输入 LINGO 求解，可以得到最优解为：$x_2=15$，$x_5=x_7=5$（其余变量为 0）. 即按照模式 2 切割 15 根原料钢管、按照模式 5 切割 5 根、按照模式 7 切割 5 根，共 25 根，可算出总余料量为 35 m. 与上面得到的结果相比，总余料量增加了 8 m，但是所用的原料钢管的总根数减少了 2 根. 在余料没有什么用途的情况下，通常选择总根数最少为目标.

问题（2）的求解

【问题分析】

按照问题（1）的思路，可以通过穷举法首先确定哪些切割模式是可行的. 但由于需求的钢管规格增加到 4 种，所以用穷举法计算的工作量较大. 下面介绍的整数非线性规划模型，可以同时确定切割模式和切割计划，是带有普遍性的方法.

同问题（1）类似，一个合理的切割模式的余料不应该大于或等于客户需要的钢管的最小尺寸（本题中为 4 m），切割计划中只使用合理的切割模式，而由于本题中参数都是整数，所以合理的切割模式的余量不能大于 3 m. 此外，这里仅选择总根数最少为目标进行求解.

【模型建立】

决策变量：由于不同切割模式不能超过 3 种，可以用 x_i 表示按照第 i 种模式（$i = 1,2,3$）切割的原料钢管的根数，显然它们应当是非负整数. 设所使用的第 i 种切割模式下每根原料钢管生产 4 m、5 m、6 m 和 8 m 的钢管数量分别为 $r_{1i}, r_{2i}, r_{3i}, r_{4i}$（非负整数）.

目标函数：切割原料钢管的总根数最少，目标为

$$\min z = x_1+x_2+x_3. \quad (5.5.6)$$

约束条件：为满足客户的需求，应有

$$r_{11}x_1+ r_{12}x_2+ r_{13}x_3 \geq 50, \quad (5.5.7)$$

$$r_{21}x_1+ r_{22}x_2+ r_{23}x_3 \geq 10, \quad (5.5.8)$$

$$r_{31}x_1+ r_{32}x_2+ r_{33}x_3 \geq 20, \quad (5.5.9)$$

$$r_{41}x_1+ r_{42}x_2+ r_{43}x_3 \geq 15. \quad (5.5.10)$$

每一种切割模式必须可行、合理，所以每根原料钢管的成品量不能超过 19 m，也不能少于 16 m（余量不能大于 3 m），于是

$$16 \leq 4r_{11}+5r_{21}+6r_{31}+8r_{41} \leq 19, \quad (5.5.11)$$

$$16 \leq 4r_{12}+5r_{22}+6r_{32}+8r_{42} \leq 19, \quad (5.5.12)$$

$$16 \leq 4r_{13}+5r_{23}+6r_{33}+8r_{43} \leq 19. \quad (5.5.13)$$

【模型求解】

在（5.5.7）~（5.5.10）式中出现决策变量的乘积，是一个整数非线性规划模型，虽然用 LINGO 软件可以直接求解，但也可以增加一些显然的约束条件，从而缩小可行解的搜索范围，有可能减少运行时间.

例如，由于 3 种切割模式的排列顺序是无关紧要的，所以不妨增加以下约束：

$$x_1 \geq x_2 \geq x_3. \quad (5.5.14)$$

又例如，我们注意到所需原料钢管的总根数有着明显的上界和下界. 首先，无论如何，原料钢管的总根数不可能少于 $\left[\dfrac{4\times50+5\times10+6\times20+8\times15}{19}\right]+1 = 26$ 根. 其次，考虑一种非常特殊的生产计划：第一种切割模式下只生产 4 m 钢管，一根原料钢管切割成 4 根 4 m 钢管，为满足 50 根 4 m 钢管的需求，需要 13 根原料钢管；第二种切割模式下只生产 5 m、6 m 钢管，一根原料钢管切割成 1 根 5 m 钢管和 2 根 6 m 钢管，为满足 10 根 5 m 和 20 根 6 m 钢

管的需求，需要10根原料钢管；第三种切割模式下只生产8m钢管，一根原料钢管切割成2根8m钢管，为满足15根8m钢管的需求，需要8根原料钢管. 于是满足要求的这种生产计划共需13+10+8=31根原料钢管，这就得到了最优解的一个上界. 所以可增加以下约束：

$$26 \leqslant x_1+x_2+x_3 \leqslant 31. \tag{5.5.15}$$

将（5.5.6）~（5.5.15）构成的模型输入LINGO如下：

model:
sets:
needs/1..4/:length,num; !定义基本集合 needs 及其属性 length,num；
cuts/1..3/:x; !定义基本集合 cuts 及其属性 x；
patterns(needs,cuts):r; !定义派生集合 patterns（这是一个稠密集合）及其属性 r；
endsets
data:
length=4 5 6 8;num=50 10 20 15;capacity=19;
enddata
min=@sum(cuts(i):x(i));
@for(needs(i):@sum(cuts(j):x(j)*r(i,j))>num(i)); !满足需求的约束；
@for(cuts(j):@sum(needs(i):length(i)*r(i,j))<capacity); !合理切割模式的约束；
@for(cuts(j):@sum(needs(i):length(i)*r(i,j))>capacity-@min(needs:length));
@sum(cuts:x)>26;@sum(cuts:x)<31; !人为增加的约束；
@for(cuts(i)|i#lt#@size(cuts):x(i)>x(i+1));
@for(cuts:@gin(x));@for(patterns:@gin(r));
end

打开全局求解器求解可得到如下输出（只列出需要的结果）：

Global optimal solution found.
Objective value: 28.00000
Extended solver steps: 1
Total solver iterations: 139698
Model Title: cutting-stock problem

Variable	Value
X(1)	10.00000
X(2)	10.00000
X(3)	8.000000
R(1, 1)	3.000000
R(1, 2)	2.000000
R(1, 3)	0.000000
R(2, 1)	0.000000
R(2, 2)	1.000000
R(2, 3)	0.000000

R(3, 1)	1.000000
R(3, 2)	1.000000
R(3, 3)	0.000000
R(4, 1)	0.000000
R(4, 2)	0.000000
R(4, 3)	2.000000

即按照模式 1, 2, 3 分别切割 10, 10, 8 根原料钢管, 使用原料钢管总根数为 28 根. 第一种切割模式下一根原料钢管切割成 3 根 4 m 钢管和 1 根 6 m 钢管; 第二种切割模式下一根原料钢管切割成 2 根 4 m 钢管、1 根 5 m 钢管和 1 根 6 m 钢管; 第三种切割模式下一根原料钢管切割成 2 根 8 m 钢管. 但这个模型的解并不唯一, 你能找出一个与此不同的解吗?

习题

1. 炼油厂用 A, B, C 三种原油生产甲、乙、丙三种汽油, 一桶原油加工成一桶汽油的费用为 4 元, 每天至多能加工汽油 14000 桶. 原油的买入价、买入量、辛烷值、硫含量, 及汽油的卖出价、需求量、辛烷值、硫含量如表 5.1 所示. 如何安排生产计划, 使利润最大?

表 5.1

原油类别	买入价（元/桶）	买入量（桶/天）	辛烷值（%）	硫含量（%）
A	45	≤5 000	12	0.5
B	35	≤5 000	6	2.0
C	25	≤5 000	8	3.0
汽油类别	卖出价（元/桶）	需求量（桶/天）	辛烷值（%）	硫含量（%）
甲	70	3 000	≥10	≤1.0
乙	60	2 000	≥8	≤2.0
丙	50	1 000	≥6	≤1.0

一般来说, 做广告可以增加销售, 估计一天向一种汽油投入一元广告费, 可使该汽油日销量增加 10 桶, 且每天最多投入广告费 800 元. 问: 如何安排生产和广告计划使利润最大[9]?

2. 某银行经理计划用一笔资金进行有价证券的投资, 可供购进的证券以及其信用等级、到期年限、收益如表 5.2 所示. 按照规定, 市政证券的收益可以免税, 其他证券的收益需按 50% 的税率纳税. 此外还有以下限制:

（1）政府及代办机构的证券总共至少要购进 400 万元;

（2）所购证券的平均信用等级不超过 1.4（信用等级数字越小, 信用程度越高）;

（3）所购证券的平均到期年限不超过 5 年.

表 5.2 证券信息

证券名称	证券种类	信用等级	到期年限	到期税前收益/%
A	市政	2	9	4.3
B	代办机构	2	15	5.4
C	政府	1	4	5.0
D	政府	1	3	4.4
E	市政	5	2	4.5

问：（1）若该经理有 1000 万元资金，应如何投资？

（2）如果能够以 2.75% 的利率借到不超过 100 万元资金，该经理应如何操作？

（3）在 1000 万元资金情况下，若证券 A 的税前收益增加为 4.5%，投资应否改变？若证券税前收益减少为 4.8%，投资应否改变[10]？

3. 某储蓄所每天的营业时间是上午 9:00 到下午 5:00. 根据经验，每天不同时间段所需要的服务员数量如表 5.3 所示：

表 5.3 不同时间段所需要的服务员数量

时间段/时	9~10	10~11	11~12	12~1	1~2	2~3	3~4	4~5
服务员数量	4	3	4	6	5	6	8	8

储蓄所可以雇佣全时和半时两类服务员. 全时服务员每天报酬 100 元，从上午 9:00 到下午 5:00 工作，但中午 12:00 到下午 2:00 之间必须安排 1 h 的午餐时间. 储蓄所每天可以雇佣不超过 3 名的半时服务员，每个半时服务员必须连续工作 4 h，报酬 40 元. 问该储蓄所应如何雇全时和半时两类服务员？如果不能雇佣半时服务员，每天至少增加多少费用？如果雇佣半时服务员的数量没有限制，每天可以减少多少费用？

4. 某公司将 4 种不同含硫量的液体原料（分别记为甲、乙、丙、丁）混合生产两种产品（分别记为 A, B）. 按照生产工艺的要求，原料甲、乙、丁必须首先倒入混合池中混合，混合后的液体再分别与原料丙混合生产 A, B. 已知原料甲、乙、丙、丁的含硫量分别是 3%, 1%, 2%, 1%，进货价格分别为 6, 16, 10, 15（千元/t）；生产 A, B 的含硫量分别不超过 2.5%, 1.5%，售价分别为 9, 15（千元/t）. 根据市场信息，原料甲、乙、丙的供应没有限制，原料丁的供应量最多为 50 t；产品 A, B 的市场需求量分别为 100 t、200 t. 问应如何安排生产[8]？

5. 某钢管零售商从钢管厂进货，将钢管按照顾客的要求切割后售出. 从钢管厂进货时得到的原料钢管长度都是 1850 mm. 现有一客户需要 15 根 290 mm、28 根 315 mm、21 根 350 mm 和 30 根 455 mm 的钢管. 为了简化生产过程，规定所使用的切割模式的种类不能超过 4 种，使用频率最高的一种切割模式按照一根原料钢管价值的 $\frac{1}{10}$ 增加费用，使用频率次之的切割模式按照一根原料钢管价值的 $\frac{2}{10}$ 增加费用. 以此类推，且每种切割模式下的切割次数不能太多（一根原料钢管最多生产 5 根产品）. 此外，为了减少余料浪费，每种切割模式下的余料浪费不能超过 100 mm. 为了使总费用最小，应如何下料[8]？

第六章 非线性规划模型

本章介绍非线性规划模型及其解法. 非线性规划建模过程与线性规划建模一样, 也要依次确定决策变量、目标函数、约束条件. 运筹学软件 LINGO 仍然是求解非线性规划的"利器", 但求解难度要远远高于线性规划, 通常情况下仅能获得某一个局部最优解, 也可通过反复运行程序获得多个局部最优解, 并从中挑选更好的局部最优解, 或者使用全局求解器以获得全局最优解.

处理非线性问题时, 人们首先想到的是线性化方法, 所以, 非线性规划转化为线性规划问题, 仍是我们的首选方法.

第一节 非线性规划的数学模型

一、基本概念

目标函数或约束条件中至少有一个是非线性函数的最优化问题叫做**非线性规划问题**. 非线性规划问题的数学模型一般可写为:

$$\min f(\boldsymbol{x}), \\ \text{s.t.} \begin{cases} g_i(\boldsymbol{x}) \geqslant 0, i=1,2,\cdots,m, \\ h_j(\boldsymbol{x}) = 0, j=1,2,\cdots,k, \end{cases} \quad (6.1.1)$$

其中 $\boldsymbol{x}=(x_1, x_2, \cdots, x_n)^T \in \mathbf{R}^n$, 表示 $\boldsymbol{x}$ 是 n 维欧氏空间 $\mathbf{R}^n$ 中的向量或点, f, g_i, h_j 是定义在 $\mathbf{R}^n$ 上的实值函数, 简记为

$$f: \mathbf{R}^n \rightarrow \mathbf{R}, \quad g_i: \mathbf{R}^n \rightarrow \mathbf{R}, \quad h_j: \mathbf{R}^n \rightarrow \mathbf{R}.$$

如果采用向量表示法, 则模型 (6.1.1) 可以写成:

$$\min f(\boldsymbol{x}), \\ \text{s.t.} \begin{cases} \boldsymbol{g}(\boldsymbol{x}) \geqslant \boldsymbol{0}, \\ \boldsymbol{h}(\boldsymbol{x}) = \boldsymbol{0}, \end{cases} \quad (6.1.2)$$

其中

$$\boldsymbol{g}(\boldsymbol{x})=(g_1(\boldsymbol{x}), g_2(\boldsymbol{x}), \cdots, g_m(\boldsymbol{x}))^T,$$
$$\boldsymbol{h}(\boldsymbol{x})=(h_1(\boldsymbol{x}), h_2(\boldsymbol{x}), \cdots, h_k(\boldsymbol{x}))^T,$$

即 $\boldsymbol{g}, \boldsymbol{h}$ 分别是定义在 $\mathbf{R}^n$ 上而取值于 $\mathbf{R}^m, \mathbf{R}^k$ 的向量函数, 简记为

$$\boldsymbol{g}: \mathbf{R}^n \rightarrow \mathbf{R}^m, \quad \boldsymbol{h}: \mathbf{R}^n \rightarrow \mathbf{R}^k.$$

至于求目标函数的最大值或在约束条件小于等于零的情况, 均可通过转化, 取其相反数, 化为上述一般形式.

求解非线性规划问题要比求解线性规划问题困难得多。关于非线性规划问题，目前还没有适合于各种问题的一般算法，各种算法都有特定的适用范围，是需要人们进行更深入研究的领域。线性规划问题如果有最优解，其最优解必然能在可行域的顶点（或边界）上取得；而非线性规划问题的最优解却可能在可行域的任一点上取得。因此，线性规划中单纯形法求出的是全局最优解，而一般非线性规划方法求出的只是局部最优解。

绝大多数实际问题都是有约束的问题。对约束极小化问题来说，除了要使目标函数在每次迭代时有所下降外，还要时刻注意解的可行性问题，这就给寻优工作带来很大困难。求解带约束条件的非线性规划问题的常见方法是：将约束问题化为无约束问题，将非线性规划问题化为线性规划问题，将复杂问题化为简单问题。

满足模型（6.1.1）中条件的解 $x(\in \mathbf{R}^n)$ 称为**可行解**（或**可行点**），所有可行解的集合称为**可行集**（或**可行域**），记为 D。即

$$D = \{x \mid g(x) \geq 0, h(x) = 0, x \in \mathbf{R}^n\},$$

模型（6.1.1）可简记为 $\min_{x \in D} f(x)$。

与线性规划不同的是非线性规划的最优解可分为局部最优解和全局最优解两种：

定义 6.1 对于模型(6.1.1)，设 $x^* \in D$，若存在 $\delta > 0$，使得对一切 $x \in D$，且 $\|x - x^*\| < \delta$，都有 $f(x^*) \leq f(x)$，则称 x^* 是 $f(x)$ 在 D 上的**局部极小值点（局部最优解）**。特别地，当 $x \neq x^*$ 时，若 $f(x^*) < f(x)$，则称 x^* 是 $f(x)$ 在 D 上的**严格局部极小值点（严格局部最优解）**。

定义 6.2 对于模型(6.1.1)，设 $x^* \in D$，若对一切 $x \in D$，都有 $f(x^*) \leq f(x)$，则称 x^* 是 $f(x)$ 在 D 上的**全局极小值点（全局最优解）**。特别地，当 $x \neq x^*$ 时，若 $f(x^*) < f(x)$，则称 x^* 是 $f(x)$ 在 D 上的**严格全局极小值点（严格全局最优解）**。

从定义可以看出，x^* 是局部极小值点，是指以 x^* 为中心的一个邻域内，在点 x^* 处取得最小值；x^* 是全局极小值点，是指在可行域 D 内，$f(x)$ 在点 x^* 处取得最小值。全局极小值点可能在某个局部极小值点处取得，也可能在可行域 D 的边界取得。

下面通过实例介绍一下非线性规划建模过程。

二、生猪的出售时机问题

一个饲养场每天投入 4 元资金用于饲料、设备、人力的开支，估计可使一头 80 千克重的生猪每天增加 2 千克。目前，生猪出售的市场价格为每千克 8 元，不过预测每天会下降 0.1 元，问该厂什么时候出售这样的生猪为佳？如果上面的估计和预测有出入，对结果有多大影响[1]？

【问题分析】

投入资金的目的是使生猪体重随时间增加，然而售价（单价）却随时间下降，所以，应该存在一个最佳的出售时机，使获得利润最大。这是一个优化问题。决策变量为时间 t，目标函数为利润函数 Q。

【模型假设】

每天投入 4 元资金使生猪体重每天增加一个常数 r 千克（$r = 2$）；生猪出售的市场价格每天降低一个常数 g 元（$g = 0.1$）。

【模型建立】

设第 t 天生猪体重为 $w(t)$ 千克，t 天投入的资金为 $C(t)$ 元，纯利润为 $Q(t)$ 元，出售收入

为 $R(t)$，单价为 $p(t)$（元/千克），按假设

$$w(t) = 80 + rt, \quad p(t) = 8 - gt, \quad R = p(t)w(t), \quad C = 4t.$$

从而得到纯利润函数（模型）：

$$Q(t) = R - C - 8 \times 80 = (80 + rt)(8 - gt) - 4t - 8 \times 80,$$

其中，$r = 2$，$g = 0.1$，求 t，使 $\max Q(t)$.

【模型求解】

这是二次函数求最大值问题，用代数法或微分法得

$$t = \frac{4r - 40g - 2}{rg}.$$

当 $r = 2$，$g = 0.1$ 时，$t = 10$，即 10 天后出售，可得最大纯利润为 20 元.

【敏感性分析】

由于模型假设中的参数（生猪每天体重的增加量 r 和每天价格降低量 g）均为估计和预测的，所以必须研究它们变化时对结果的影响.

（1）设每天价格降低量 $g = 0.1$ 元不变，研究 r 变化时的影响.

$$t = \frac{40r - 60}{r}, \quad r \geq 1.5.$$

显然，t 是 r 的增函数.

$$S(t, r) = \frac{\Delta t/t}{\Delta r/r} \approx \frac{dt}{dr} \frac{r}{t} = \left.\frac{60}{40r - 60}\right|_{r=2} = 3,$$

即当每天生猪体重增加 1% 时，出售时间推迟 3%.

（2）设每天生猪体重的增加量 $r = 2$ 千克不变，研究 g 变化时的影响.

$$t = \frac{3 - 20g}{g}, \quad 0 \leq g \leq 0.15.$$

显然，t 是 g 的减函数.

$$S(t, g) = \frac{\Delta t/t}{\Delta g/g} \approx \frac{dt}{dg} \frac{g}{t} = \left.-\frac{3}{3 - 20g}\right|_{g=0.1} = -3,$$

即当生猪价格每天降低量 g 增加 1% 时，出售时间提前 3%.

因此，当 r, g 有微小变化时对模型结果影响不太大.

【强健性分析】

建模过程中假设生猪体重的增加和价格的降低都是常数，由此得到的 w 和 p 都是线性函数，这是对现实情况的简化. 而更实际的模型应考虑非线性和不确定性，如

$$w = w(t), \quad p = p(t), \quad Q(t) = p(t)w(t) - 4t - 8 \times 80.$$

由微分法，最优解应满足 $p'(t)w(t) + p(t)w'(t) = 4$，出售的最佳时机是保留生猪直到利润的增值等于每天投入的资金为止. 本例中 $p' = -0.1$，$w' = 2$ 是估计的，只要它们变化不大，上述结论就可用.

另外，由敏感性分析 $S(t, r) = 3$ 可知，若 $1.8 \leq w' \leq 2.2$(10% 以内)，结果应为 $7 \leq t \leq 13$(30% 以内).

评注：这个模型本身非常简单，着重在于介绍它的敏感性分析和强健性分析。对优化模型而言，进行敏感性和强健性分析是很有必要的，能体现模型是否真得有用。

第二节 供应与选址

某公司有 6 个建筑工地要开工，每个工地的位置（用平面坐标系 (a,b) 表示，距离单位：km）及水泥日用量 d（单位：t）如表 6.2.1 所示。目前有两个临时料场位于 $A(5,1)$，$B(2,7)$，日储量各有 20 t。假设从料场到工地之间均有直线道路相连。

（1）试制订每天的供应计划，即从 A，B 两料场分别向各工地运送多少吨水泥，才使总的吨千米数最小？

（2）为了进一步减少吨千米数，打算舍弃这两个临时料场，改建两个新的，日储量各为 20 t，问应建在何处？节省的吨千米数为多大？[9]

表 6.2.1　工地位置 (a,b) 及水泥日用量 d

	1	2	3	4	5	6
a	1.25	8.75	0.5	5.75	3	7.25
b	1.25	0.75	4.75	5	6.5	7.75
d	3	5	4	7	6	11

【模型建立】

记工地的位置为 (a_i, b_i)，水泥日用量为 d_i，$i = 1, 2, \cdots, 6$；料场位置为 (x_j, y_j)。日储量为 e_j，$j = 1, 2$；从料场 j 向工地 i 的运送量为 x_{ij}。

目标函数为：

$$\min f = \sum_{j=1}^{2} \sum_{i=1}^{6} x_{ij} \sqrt{(x_j - a_i)^2 + (y_j - b_i)^2},$$

约束条件为：

$$\sum_{j=1}^{2} x_{ij} = d_i, i = 1, 2, \cdots, 6,$$

$$\sum_{i=1}^{6} x_{ij} \leq e_j, j = 1, 2.$$

使用临时料场时决策变量为 x_{ij}，不使用临时料场时决策变量为：x_{ij}, x_j, y_j。

【模型求解】

（1）使用临时料场的情形。

使用两个临时料场 $A(5,1)$，$B(2,7)$，求从料场 j 向工地 i 的运送量 x_{ij}，在各工地用量必须满足和各料场运送量不超过日储量的条件下，使总的吨千米数最小。这是线性规划问题。线性规划模型为：

$$\min f = \sum_{j=1}^{2} \sum_{i=1}^{6} d_{ij} x_{ij},$$

$$\text{s.t.} \begin{cases} \sum_{j=1}^{2} x_{ij} = d_i, i = 1, 2, \cdots, 6, \\ \sum_{i=1}^{6} x_{ij} \leq e_j, j = 1, 2, \end{cases}$$

其中 $d_{ij} = \sqrt{(x_j - a_i)^2 + (y_j - b_i)^2}$，$i = 1, 2, \cdots, 6$；$j = 1, 2$.

首先，计算 d_{ij}，编写 MATLAB 程序 dist.m 如下：

```
clear
a=[1.25  8.75  0.5  5.75  3  7.25];b=[1.25  0.75  4.75  5  6.5  7.75];
x=[5  2];y=[1  7];
for i=1:6
    for j=1:2
        d(i,j)=sqrt((x(j)-a(i))^2+(y(j)-b(i))^2);
    end
end
d    %d 矩阵为距离矩阵；
```

然后，根据输出结果编写 LINGO 程序 question1.lg4 如下：

```
model:
sets:
s/1..6/:d;
t/1..2/:e;
st(s,t):x,dd;
endsets
data:
d=3  5  4  7  6  11;e=20;
dd= 3.7583    5.7987
    3.7583    9.1992
    5.8577    2.7042
    4.0697    4.2500
    5.8523    1.1180
    7.1151    5.3033;
enddata
min=@sum(st:dd*x);
@for(s(i):@sum(t(j):x(i,j))=d(i));
@for(t(j):@sum(s(i):x(i,j))<e(j));
end
```

运行结果（只列出需要的部分）如下：

Global optimal solution found.
Objective value: 136.2272

Variable	Value	Reduced Cost
X(1, 1)	3.000000	0.000000
X(1, 2)	0.000000	3.852200
X(2, 1)	5.000000	0.000000
X(2, 2)	0.000000	7.252700

X(3, 1)	0.000000	1.341700
X(3, 2)	4.000000	0.000000
X(4, 1)	7.000000	0.000000
X(4, 2)	0.000000	1.992100
X(5, 1)	0.000000	2.922500
X(5, 2)	6.000000	0.000000
X(6, 1)	1.000000	0.000000
X(6, 2)	10.00000	0.000000

由料场 A,B 向 6 个工地的运料方案见表 6.2.2，总的吨千米数为 136.2272.

表 6.2.2 运料方案

料场	1	2	3	4	5	6
A	3	5	0	7	0	1
B	0	0	4	0	6	10

（2）改建两个新料场的情形.

改建两个新料场，要同时确定料场的位置(x_j, y_j)和运送量 x_{ij}，在同样条件下使总吨千米数最小. 这是非线性规划问题. 非线性规划模型为：

$$\min f = \sum_{j=1}^{2}\sum_{i=1}^{6} x_{ij}\sqrt{(x_j-a_i)^2+(y_j-b_i)^2},$$

$$\text{s.t.} \begin{cases} \sum_{j=1}^{2} x_{ij} = d_i, i=1,2,\cdots,6, \\ \sum_{i=1}^{6} x_{ij} \leq e_j, j=1,2. \end{cases}$$

编写 LINGO 程序 question2.lg4 如下：

```
model:
sets:
s/1..6/:d,a,b;
t/1..2/:e,xx,yy;
st(s,t):x,dd;
endsets
data:
a=1.25  8.75  0.5  5.75  3  7.25;b=1.25  0.75  4.75  5  6.5  7.75;
d=3  5  4  7  6  11;e=20;
enddata
min=@sum(st(i,j):x(i,j)*((xx(j)-a(i))^2+(yy(j)-b(i))^2)^0.5);
@for(s(i):@sum(t(j):x(i,j))=d(i));
@for(t(j):@sum(s(i):x(i,j))<e(j));
end
```

计算结果（只列出需要的部分）为：

Local optimal solution found.
Objective value: 85.26604

Variable	Value	Reduced Cost
XX(1)	3.254883	0.000000
XX(2)	7.250000	-0.2682522E-05
YY(1)	5.652332	0.000000
YY(2)	7.750000	0.5438639E-06
X(1,1)	3.000000	0.000000
X(1,2)	0.000000	4.008540
X(2,1)	0.000000	0.2051358
X(2,2)	5.000000	0.000000
X(3,1)	4.000000	0.000000
X(3,2)	0.000000	4.487750
X(4,1)	7.000000	0.000000
X(4,2)	0.000000	0.5535090
X(5,1)	6.000000	0.000000
X(5,2)	0.000000	3.544853
X(6,1)	0.000000	4.512336
X(6,2)	11.00000	0.000000

即两个新料场的坐标分别为(3.254883, 5.652332)，(7.250000, 7.750000)（此点即为工地 6 的位置），将结果替换 dist.m 中的 A，B 坐标位置，再添加如下程序段：

plot(a,b,'k+',x,y,'ko')

text(a+0.1,b,num2cell(1:6))

text(x(1),y(1)-0.3,'A')

text(x(2),y(2)-0.3,'B')

运行得到新料场位置，如图 6.2.1 所示.

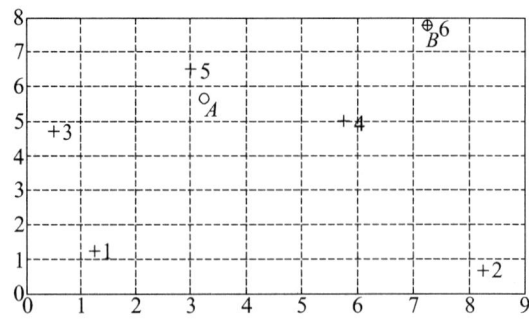

图 6.2.1 新料场的位置

由料场 A，B 向 6 个工地的运料方案如表 6.2.3 所示，总的吨千米数为 85.26604，比用临时料场节省约 50.9612 吨千米.

表 6.2.3 运料方案

料场	1	2	3	4	5	6
A	3	0	4	7	6	0
B	0	5	0	0	0	11

评注：本例综合运用了 MATLAB 和 LINGO 软件联合编程解决问题，MATLAB 擅长针对矩阵及其元素的编程与作图，LINGO 擅长解决优化问题，两者可以配合完成，结果互为输入，以达到解决问题的最佳效果.

第三节 飞机投弹问题

某战略轰炸机群奉命摧毁敌人的军事目标，该目标有四个要害部位，摧毁其中一个即可达到目的. 为完成此项任务，汽油消耗量限制为 48000 升、重型炸弹 48 枚、轻型炸弹 32 枚. 飞机携带重型炸弹时每升汽油可飞行 2 千米，携带轻型炸弹时每升汽油可飞行 3 千米. 每架飞机每次只能装载一枚炸弹，每出动轰炸机一次除来回路程汽油消耗（空载时每升汽油可飞行 4 千米）外，起飞和降落时每次各消耗 100 升. 有关数据如表 6.3.1 所示.

表 6.3.1 轰炸部位、距离、摧毁概率

要害部位	离机场距离（千米）	摧毁可能性	
		每枚重型弹	每枚轻型弹
1	450	0.10	0.08
2	480	0.20	0.16
3	540	0.15	0.12
4	600	0.25	0.20

为了使摧毁敌人的军事目标的可能性最大，应如何制订飞机的轰炸方案[11]？

【问题分析】

由于汽油消耗量和轻重炸弹数量是两个主要约束条件，所以需要计算飞机打击每个要害部位往返飞行所需要的耗油量，包括满载和空载飞行油耗以及起降油耗. 例如，重型炸弹打击要害部位 1 需要耗油：

$$\left(\frac{450}{2}+\frac{450}{4}+200\right)=537.5=537.5（升）.$$

通过计算得到飞机打击每个要害部位往返飞行所需要的耗油量，如表 6.3.2 所示.

表 6.3.2 耗油量

要害部位	搭载重型弹油耗（升）	搭载轻型弹油耗（升）
1	537.5	462.5
2	560	480
3	605	515
4	650	550

【模型假设】

（1）每架飞机每次只能携带一枚炸弹；

（2）假设飞机在轰炸过程中都能安全返航；

（3）假设飞机按直线飞行，不考虑飞机在投炸弹过程中的转弯路程；

（4）假设有足够的飞机执行任务.

【模型建立】

设 x_{ij} 表示第 i 种炸弹攻击第 j 要害的次数（$i=1,2$ 分别表示重型炸弹和轻型炸弹；$j=1,2,3,4$）；p_{ij} 表示第 i 种炸弹攻击第 j 要害的概率；c_{ij} 表示第 i 种炸弹攻击第 j 要害一次的油耗（升），c 为油耗限制（这里为 48000 升）；b_i 为第 i 种炸弹的数量限制.

最大化地攻击目标的概率、每枚炸弹击中目标的概率相互独立，所有炸弹均未击中目标的概率为

$$P(\overline{A}) = \prod_{i=1}^{2}\prod_{j=1}^{4}(1-p_{ij})^{x_{ij}}.$$

所以目标函数为

$$\max P(A) = 1 - \prod_{i=1}^{2}\prod_{j=1}^{4}(1-p_{ij})^{x_{ij}}.$$

（1）油耗限制：

$$\sum_{i=1}^{2}\sum_{j=1}^{4}c_{ij}x_{ij} \leq c;$$

（2）轻、重炸弹数量限制：

$$\sum_{j=1}^{4}x_{ij} \leq b_i, i=1,2.$$

【模型求解】

这里我们要考虑线性化方法，考虑到目标函数可等价地转化为

$$\min P(\overline{A}) = \prod_{i=1}^{2}\prod_{j=1}^{4}(1-p_{ij})^{x_{ij}}.$$

这是指数函数连乘的形式，可以考虑对其取对数（底数大于 1）. 令 $q_{ij}=1-p_{ij}$，则原问题目标函数等价于：

$$\min \ln P(\overline{A}) = \sum_{i=1}^{2}\sum_{j=1}^{4}x_{ij}\ln q_{ij}.$$

对数函数既保持了原函数的单调性，同时也成功地将问题线性化为：

$$\min \ln P(\overline{A}) = \sum_{i=1}^{2}\sum_{j=1}^{4}x_{ij}\ln q_{ij},$$

$$\text{s.t.}\begin{cases}\sum_{i=1}^{2}\sum_{j=1}^{4}c_{ij}x_{ij} \leq c,\\ \sum_{j=1}^{4}x_{ij} \leq b_i, i=1,2,\\ x_{ij}\text{为非负整数}, i=1,2; j=1,2,3,4.\end{cases}$$

编制 LINGO 求解程序 Fight1.lg4:
model:
sets:
s/1..2/:b;
t/1..4/;
st(s,t):x,p,c;
endsets
data:
b=48,32;
p=0.1   0.2   0.15   0.25
   0.08 0.16 0.12   0.2;
c=537.5 560   605   650
   462.5 480   515   550;
enddata
min=@sum(st:x*@log(1-p));
@sum(st:c*x)<48000;
@for(s(i):@sum(t(j):x(i,j))<b(i));
@for(st:@gin(x));
end

运行结果如下:

Global optimal solution found.
Objective value: −20.54832
Extended solver steps: 25

Variable	Value	Reduced Cost
X(1, 1)	0.000000	−0.1053605
X(1, 2)	2.000000	−0.2231436
X(1, 3)	0.000000	−0.1625189
X(1, 4)	46.00000	−0.2876821
X(2, 1)	0.000000	−0.8338161E-01
X(2, 2)	1.000000	−0.1743534
X(2, 3)	0.000000	−0.1278334
X(2, 4)	30.00000	−0.2231436

即向 4 号目标部位投掷重型炸弹 46 枚、轻型炸弹 30 枚，向 2 号目标投掷重型炸弹 2 枚、轻型炸弹 1 枚，剩余 1 枚轻型炸弹. 简单计算可得此时的最大摧毁概率为 0.999999998808821，油耗量为 48000，即无剩余.

如果考虑在最大可能击中目标的前提下，尽量省油，则可考虑如下模型：

$$\min \quad z = \sum_{i=1}^{2}\sum_{j=1}^{4} c_{ij} x_{ij},$$

$$\text{s.t.} \begin{cases} \sum_{i=1}^{2}\sum_{j=1}^{4} x_{ij} \ln q_{ij} \leqslant m, \\ z \leqslant c, \\ \sum_{j=1}^{4} x_{ij} \leqslant b_i, i=1,2, \\ x_{ij} \text{为非负整数}, \quad i=1,2; j=1,2,3,4, \end{cases}$$

其中 m 为前面 Fight1.lg4 优化出来的目标结果 -20.54832. 编制如下 LINGO 程序 Fight2.lg4：

```
model:
sets:
s/1..2/:b;
t/1..4/;
st(s,t):x,p,c;
endsets
data:
b=48,32;
p=0.1   0.2   0.15   0.25
  0.08  0.16  0.12   0.2;
c=537.5  560  605  650
  462.5  480  515  550;
enddata
min=z;
@sum(st:x*@log(1-p))<-20.54832;
z=@sum(st:c*x);z<48000;
@for(s(i):@sum(t(j):x(i,j))<b(i));
@for(st:@gin(x));
end
```

结果如下：

Global optimal solution found.
Objective value: 47990.00

Variable	Value	Reduced Cost
X(1, 1)	0.000000	537.5000
X(1, 2)	1.000000	560.0000
X(1, 3)	0.000000	605.0000
X(1, 4)	46.00000	650.0000
X(2, 1)	0.000000	462.5000
X(2, 2)	1.000000	480.0000

| X(2, 3) | 0.000000 | 515.0000 |
| X(2, 4) | 31.00000 | 550.0000 |

即向 4 号目标投掷重型炸弹 46 枚、轻型炸弹 31 枚，向 2 号目标投掷轻、重型炸弹各一枚，剩余 1 枚重型炸弹. 此时的最大摧毁概率仍为 0.999999998808821，但油耗量为 47990，较上一解成本稍低.

评注：关于本题建立的最大摧毁目标概率的非线性规划模型，采用取对数的线性化手段将原模型化成了与之等价的线性规划模型，很容易地求解出其全局最优解，同时对结果进行了分析和进一步优化，这是同学们需要认真领会的技巧.

第四节 投资的收益和风险

市场上有 n 种资产（如股票、债券等）$S_i(i = 1, 2, \cdots, n)$ 供投资者选择，某公司有数额为 M 的一笔相当大的资金可用作一个时期的投资. 公司财务人员对这 n 种资产进行了评估，估算出这一时期内购买 S_i 的平均收益率为 r_i，并预测出购买 S_i 的风险损失率为 q_i. 考虑到投资越分散，总的风险越小，公司决定，当用这笔资金购买若干种资产时，总体风险可用所投资的 S_i 中最大的一个风险来度量.

购买 S_i 要付交易费，费率为 p_i，且当购买额不超过给定值 u_i 时，交易费按购买 u_i 计算. 另外，假设同期银行利率是 $r_0(r_0 = 5\%)$，且无交易费也无风险.

已知 $n = 4$ 时的相关数据（原题还有一组 $n = 15$ 的数据，现略去）如表 6.4.1 所示：

表 6.4.1 投资项目表

S_i	r_i（%）	q_i（%）	p_i（%）	u_i（元）
S_1	28	2.5	1	103
S_2	21	1.5	2	198
S_3	23	5.5	4.5	52
S_4	25	2.6	6.5	40

试给该公司设计一种投资组合方案，即用给定的资金 M，有选择性地购买若干种资产或存银行生息，使净收益尽可能大，总体风险尽可能小.

【问题分析】

这是一个优化问题，决策就是每种资产的投资额（即投资组合），要达到的目标包括两方面要求：净收益最大和总体风险最小，即本题是一个双目标规划问题. 一般地，这两个目标是矛盾的，净收益愈大，风险也就随之增加；反过来也一样. 因此，不可能提供这两个目标同时达到最优的决策方案. 我们能做到的是：在风险一定的前提下，取得收益最大的决策；或在收益一定的前提下，使得风险最小的决策；或是在收益和风险在确定偏好比例前提下的最优决策. 这样，我们得到的不再是一个方案，而是一组方案（如在一系列风险下的收益最大的决策）供投资者选择，冒险型投资者从中选择高风险下收益最大的决策，保守型投资者则可从低风险下的决策中选择.

【基本假设】

（1）投资数额 M 相当大，为了便于计算，假设 $M = 1$；

（2）投资越分散，总的风险越小；
（3）总体风险用投资项目 S_i 中最大的一个风险来度量；
（4）n 种资产 S_i 之间是相互独立的；
（5）在投资的这一时期内，r_i, p_i, q_i, r_0 为定值，不受意外因素影响；
（6）净收益和总体风险只受 r_i, p_i, q_i 影响，不受其他因素干扰．

【模型建立】

S_i——第 i 种投资项目，如股票、债券，$i = 0, 1, 2, \cdots, n$（S_0 表示存入银行）；

r_i, p_i, q_i ——分别为 S_i 的平均收益率、交易费率、风险损失率，$i = 0, 1, 2, \cdots, n$（r_0 为同期银行利率）；

u_i ——S_i 的交易定额，$i = 1, 2, \cdots, n$；

x_i ——投资项目 S_i（$i = 0, 1, 2, \cdots, n$）的资金，S_0 表示存入银行；

总收益——投资 S_i 的净收益减去交易费，对 i 求和；

总体风险——用所投资 S_i 的风险中最大的一个风险来衡量，即对 i 求最大值；

对 S_i 的投资加交易费，对 i 求和不超过给定资金 M；

总体风险为 $\max\{q_i x_i | i = 1, 2, \cdots, n\}$．

（1）投资 S_i 的交易费、净收益、风险、资金表达式．

交易费是一个分段函数，即

$$c_i(x_i) = \begin{cases} 0, & x_i = 0, \\ p_i u_i, & 0 < x_i < u_i, \\ p_i x_i, & x_i \geq u_i, \end{cases} \quad i = 1, 2, \cdots, n; \, c_0(x_0) = 0,$$

其图形如图 6.4.1 所示：

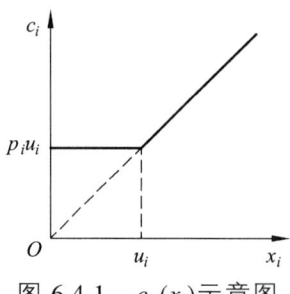

图 6.4.1 $c_i(x_i)$ 示意图

对 S_i 投资的净收益为 $R_i(x_i) = r_i x_i - c_i(x_i)$ $(i = 0, 1, \cdots, n)$；

对 S_i 投资的风险为 $Q_i(x_i) = q_i x_i$ $(i = 0, 1, \cdots, n), q_0 = 0$；

对 S_i 投资所需资金（即购买金额 x_i 与所需的手续费 $c_i(x_i)$ 之和）为 $f_i(x_i) = x_i + c_i(x_i)$ $(i = 0, 1, \cdots, n)$．

（2）投资方案、总体风险、资金表达式．

投资方案用 $\boldsymbol{x} = (x_0, x_1, \cdots, x_n)$ 表示，则净收益总额为 $R(\boldsymbol{x}) = \sum_{i=0}^{n} R_i(x_i)$；

总体风险为 $Q(\boldsymbol{x}) = \max_{0 \leq i \leq n} Q_i(x_i)$；

所需资金为 $F(\boldsymbol{x}) = \sum_{i=0}^{n} f_i(x_i)$．

(3) 双目标（总收益、总体风险）优化模型.

总收益最大、总体风险最小的双目标优化模型可以表示为：

$$\min_{x} \left\{ \begin{pmatrix} Q(\boldsymbol{x}) \\ -R(\boldsymbol{x}) \end{pmatrix} \middle| F(\boldsymbol{x}) = M, \boldsymbol{x} \geq \boldsymbol{0} \right\}.$$

(4) 转化为单目标优化模型.

上述双目标优化模型在一般情况下是难于直接求解的，根据我们前面的分析，通常把它转化为以下三种单目标优化问题：

模型 a. 假设投资的风险水平是 q_U，记 $k = q_U M$，要求总体风险 $Q(\boldsymbol{x})$ 限制在风险 k 以内：$Q(\boldsymbol{x}) \leq k$，则模型可转化为：

$$\max R(\boldsymbol{x}),$$
$$\text{s.t. } Q(\boldsymbol{x}) \leq k, F(\boldsymbol{x}) = M, \boldsymbol{x} \geq \boldsymbol{0};$$

模型 b. 假设投资的盈利水平是 r_L，记 $h = r_L M$，即要求净收益总额 $R(\boldsymbol{x})$ 不少于 h：$R(\boldsymbol{x}) \geq h$，则模型可转化为：

$$\min Q(\boldsymbol{x}),$$
$$\text{s.t. } R(\boldsymbol{x}) \geq h, F(\boldsymbol{x}) = M, \boldsymbol{x} \geq \boldsymbol{0};$$

模型 c. 线性加权法，在多目标规划问题中，人们总希望对那些相对重要的目标给予较大的权重，因此，假定投资者对风险-收益的相对偏好参数为 $\rho(\geq 0)$，则模型可转化为：

$$\min \rho Q(\boldsymbol{x}) - (1-\rho) R(\boldsymbol{x}),$$
$$\text{s.t. } F(\boldsymbol{x}) = M, \boldsymbol{x} \geq \boldsymbol{0}.$$

【模型的化简与求解】

由于交易费 $c_i(x_i)$ 是分段函数，使得上述模型中的目标函数或约束条件相对比较复杂，这是一个非线性规划问题，难于求解. 但注意到总投资额 M 相当大，一旦投资资产 S_i，其投资额 x_i 一般都会超过 u_i，于是，交易费 $c_i(x_i)$ 可简化为线性函数：

$$c_i(x_i) = p_i x_i.$$

从而，资金约束可简化为

$$F(\boldsymbol{x}) = \sum_{i=0}^{n} f_i(x_i) = \sum_{i=0}^{n} (1+p_i) x_i = M,$$

净收益总额可简化为

$$R(\boldsymbol{x}) = \sum_{i=0}^{n} R_i(x_i) = \sum_{i=0}^{n} [r_i x_i - c_i(x_i)] = \sum_{i=0}^{n} (r_i - p_i) x_i.$$

在实际进行计算时，可设 $M = 1$，此时

$$y_i = (1+p_i) x_i, (i = 0, 1, \cdots, n),$$

可视为投资 S_i 的比例.

下面的模型求解都是在上述两个简化条件下进行讨论的.

(1) **模型 a 的求解**.

模型 a 的约束条件为 $Q(x) \leqslant k$，即

$$Q(x) = \max_{0 \leqslant i \leqslant n} Q_i(x_i) = \max_{0 \leqslant i \leqslant n}(q_i x_i) \leqslant k,$$

所以，该约束条件可转化为

$$q_i x_i \leqslant k, (i = 0, 1, \cdots, n).$$

这时模型 a 可化简为如下的线性规划问题：

$$\max R = \sum_{i=0}^{n}(r_i - p_i)x_i,$$

$$\text{s.t.} \begin{cases} q_i x_i \leqslant k, i = 1, 2, \cdots, n, \\ \sum_{i=0}^{n}(1+p_i)x_i = 1, \\ x_i \geqslant 0, i = 1, 2, \cdots, n. \end{cases}$$

具体到 $n = 4$ 的情形，按投资的收益和风险问题中表 6.4.1 给定的数据，编辑 LINGO 程序 touzi_a.lg4（以 $k = 0.002$ 为例）：

model:
sets:
s/1..5/:r,p,q,x;
endsets
data:
r=0.05　0.28　0.21　0.23　0.25;q=0　0.025　0.015　0.055　0.026;
p=0　0.01　0.02　0.045　0.065;k=0.002;
enddata
max=@sum(s:(r-p)*x);
@for(s:q*x<k);
@sum(s:(1+p)*x)=1;
end

输出结果为：

Global optimal solution found.
Objective value: 0.1010552

Variable	Value	Reduced Cost
K	0.2000000E-02	0.000000
X(1)	0.6632769	0.000000
X(2)	0.8000000E-01	0.000000
X(3)	0.1333333	0.000000
X(4)	0.3636364E-01	0.000000
X(5)	0.7692308E-01	0.000000

即当总体风险不超过 $k = 0.002$ 时，最佳投资组合（比例）为 $x_0 = 0.6632769$，$x_1 = 0.08$，$x_2 = 0.1333333$，$x_3 = 0.03636364$，$x_4 = 0.07692308$，最大净收益为 $0.1010552M$。

修改 k 取不同值，反复运行上述程序，计算出当 k 取不同值$(0 \sim 0.03)$时的最大收益，输

出结果列于表 6.4.2 中:

表 6.4.2 模型 a 的计算结果

风险 k(%)	净收益 R(%)	x_0	x_1	x_2	x_3	x_4
0	5	1	0	0	0	0
0.2	10.1055	0.6632769	0.08	0.1333333	0.03636364	0.07692308
0.4	15.211	0.3265538	0.16	0.2666667	0.07272727	0.1538462
0.6	20.1908	0	0.24	0.4	0.1090909	0.2212207
0.8	21.1243	0	0.32	0.5333333	0.1270813	0
1	21.902	0	0.4	0.5843137	0	0
1.2	22.5569	0	0.4800000	0.5050980	0	0
1.4	23.2118	0	0.5600000	0.4258824	0	0
1.6	23.8667	0	0.6400000	0.3466667	0	0
1.8	24.5216	0	0.7200000	0.2674510	0	0
2	25.1765	0	0.8000000	0.1882353	0	0
2.2	25.8314	0	0.8800000	0.1090196	0	0
2.4	26.4836	0	0.9600000	0.02980392	0	0
2.5	26.7327	0	0.9900990	0	0	0
2.6	26.7327	0	0.9900990	0	0	0
2.8	26.7327	0	0.9900990	0	0	0
3	26.7327	0	0.9900990	0	0	0

根据以上结果,在 MATLAB 中运行如下程序,绘制图 6.4.2.

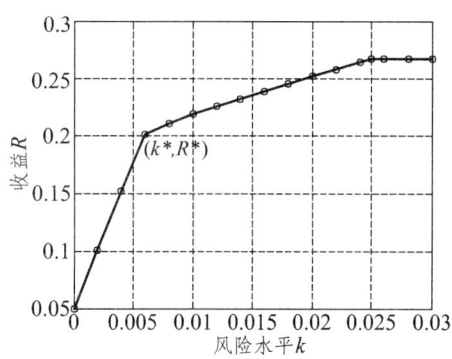

图 6.4.2 模型 a 收益-风险关系图

```
k=[0   0.002   0.004   0.006   0.008   0.01   0.012   0.014   0.016   0.018   0.02   0.022
   0.024   0.025   0.026   0.028   0.03];
r=[0.05   0.101055   0.15211   0.201908   0.211243   0.21902   0.225569   0.232118
   0.238667   0.245216   0.251765   0.258314   0.264836   0.267327   0.267327
   0.267327   0.267327];
```

```
plot(k,r,'ko-')
xlabel('风险水平 k')
ylabel('收益 R')
text(0.006,0.201908-0.01,'(k*,R*)')
grid on
```

结果分析：

① 风险大，收益也大. 从表 6.4.2 的计算结果可以看出，对低风险水平，除了存入银行外，投资首选是风险率最低的 S_2，然后是 S_1 和 S_4，总收益较低；对高风险水平，总收益较高，投资方向是选择净收益率 $r_i - p_i$ 较大的 S_1 和 S_2. 这与人们的经验是一致的.

② 当投资越分散时，投资者承担的风险越小，这与题意一致. 即冒险的投资者会出现集中投资的情况，保守的投资者则尽量分散投资.

③ 曲线上的任一点都表示该风险水平的最大可能收益和该收益要求的最小风险. 对于不同风险的承受能力，应选择该风险水平下的最优投资组合.

④ 从图 6.4.2 可看出，收益 R 随着风险上限 k 的增加而增加，在 0～0.06 阶段增长速度最快，之后增长速度变缓慢，达到 0.25 以上不再增长，也就是说，不可能无限制地增长，到达一定风险水平后，投资也趋于稳定了. 对于风险和收益没有特殊偏好的投资者来说，应该选择图中曲线的拐点 $(k^*, R^*) \approx (0.6\%, 20\%)$ 所对应的最佳投资组合.

（2）**模型 b 的求解**.

模型 b 为极小极大规划模型：

$$\min_{x} \max_{0 \leq i \leq n}(q_i x_i),$$

$$\text{s.t.} \begin{cases} \sum_{i=0}^{n}(r_i - p_i)x_i \geq h, \\ x_i \geq 0, i = 1, 2, \cdots, n, \\ \sum_{i=0}^{n}(1 + p_i)x_i = 1. \end{cases}$$

但是，可以引进变量 $k = \max\limits_{0 \leq i \leq n}(q_i x_i)$，将它改写为如下的线性规划：

$$\min_{x} k,$$

$$\text{s.t.} \begin{cases} q_i x_i \leq k, i = 1, 2, \cdots, n, \\ \sum_{i=0}^{n}(r_i - p_i)x_i \geq h, \\ \sum_{i=0}^{n}(1 + p_i)x_i = 1, \\ x_i \geq 0, i = 1, 2, \cdots, n. \end{cases}$$

具体到 $n = 4$ 的情形，按投资的收益和风险问题中表 6.4.1 给定的数据，编辑 LINGO 程序 touzi_b.lg4（以 $h=0.06$ 为例）：

model:
sets:

```
s/1..5/:r,p,q,x;
endsets
data:
r=0.05   0.28   0.21   0.23   0.25;q=0   0.025   0.015   0.055   0.026;
p=0   0.01   0.02   0.045   0.065;h=0.06;
enddata
min=k;
@for(s:q*x<k);
@sum(s:(r-p)*x)>h;
@sum(s:(1+p)*x)=1;
end
```

输出结果为：

Global optimal solution found.
Objective value: 0.3917327E-03

Variable	Value	Reduced Cost
H	0.6000000E-01	0.000000
X(1)	0.9340473	0.000000
X(2)	0.1566931E-01	0.000000
X(3)	0.2611551E-01	0.000000
X(4)	0.7122413E-02	0.000000
X(5)	0.1506664E-01	0.000000

即当总体收益不低于 $h=0.06$ 时，最佳投资组合（比例）为 $x_0=0.9340473$，$x_1=0.01566931$，$x_2=0.02611551$，$x_3=0.007122413$，$x_4=0.01506664$，最小风险为 0.0003917327.

修改 h 取不同值，反复运行上述程序，计算出当 h 取不同值(0.05～0.03)时的最大收益，输出结果列于表 6.4.3 中：

表 6.4.3 模型 b 的计算结果

净收益水平 h（%）	风险 Q（%）	x_0	x_1	x_2	x_3	x_4
5	0	1	0	0	0	0
6	0.03917327	0.9340473	0.01566931	0.02611551	0.007122413	0.01506664
7	0.07834654	0.8680946	0.03133862	0.05223103	0.01424483	0.03013328
8	0.1175198	0.8021418	0.04700792	0.07834654	0.02136724	0.04519993
9	0.1566931	0.7361891	0.06267723	0.1044621	0.02848965	0.06026657
10	0.1958664	0.6702364	0.07834654	0.1305776	0.03561206	0.07533321
11	0.2350396	0.6042837	0.09401585	0.1566931	0.04273448	0.09039985
12	0.2742129	0.5383310	0.1096852	0.1828086	0.04985689	0.1054665
13	0.3133862	0.4723782	0.1253545	0.2089241	0.05697930	0.1205331
14	0.3525594	0.4064255	0.1410238	0.2350396	0.06410172	0.1355998
15	0.3917327	0.3404728	0.1566931	0.2611551	0.07122413	0.1506664

续表

净收益水平 h（%）风险 Q（%）		x_0	x_1	x_2	x_3	x_4
16	0.4309060	0.2745201	0.1723624	0.2872707	0.07834654	0.1657331
17	0.4700792	0.2085673	0.1880317	0.3133862	0.08546895	0.1807997
18	0.5092525	0.1426146	0.2037010	0.3395017	0.09259137	0.1958664
19	0.5484258	0.07666191	0.2193703	0.3656172	0.09971378	0.2109330
20	0.5875991	0.01070919	0.2350396	0.3917327	0.1068362	0.2259996
21	0.7721857	0	0.3088743	0.5147905	0.1403974	0.01524453
22	1.029940	0	0.4119760	0.5724551	0	0
23	1.335329	0	0.5341317	0.4514970	0	0
24	1.640719	0	0.6562874	0.3305389	0	0
25	1.946108	0	0.7784431	0.2095808	0	0
26	2.251497	0	0.9005988	0.08862275	0	0

根据以上结果，在 MATLAB 中运行如下程序，绘制图 6.4.3.

```
h=[5  6  7  8  9  10  11  12  13  14  15  16  17  18  19  20  21  22  23
   24  25  26];
q=[0  0.03917327  0.07834654  0.1175198  0.1566931  0.1958664  0.2350396
   0.2742129  0.3133862  0.3525594  0.3917327  0.430906  0.4700792  0.5092525
   0.5484258  0.5875991  0.7721857  1.02994  1.335329  1.640719  1.946108
   2.251497];
plot(h,q,'ko-')
xlabel('收益水平 h(%)')
ylabel('风险 Q(%)')
text(20+0.6,0.588,'(h*,Q*)')
grid on
```

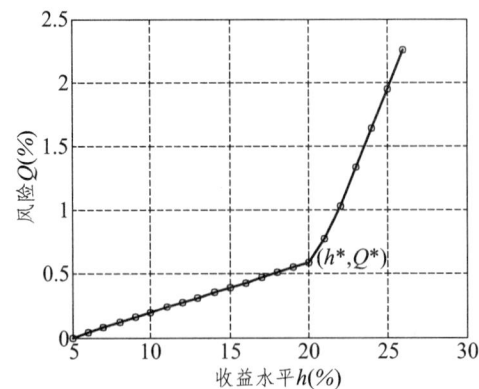

图 6.4.3 模型 b 风险-收益关系图

从表 6.4.3 和图 6.4.3 可以推出，模型 b 具有与模型 a 类似的结果.

（3）模型 c 的求解.

类似于模型 b 的求解，我们同样引进变量 $k = \max\limits_{0 \leq i \leq n}(q_i x_i)$，将它改写为如下的线性规划：

$$\min \rho k - (1-\rho)R,$$

$$\text{s.t.} \begin{cases} R = \sum_{i=0}^{n}(r_i - p_i)x_i, \\ q_i x_i \leq k, i = 0,1,2,\cdots,n, \\ \sum_{i=0}^{n}(1+p_i)x_i = 1, \\ x_i \geq 0, i = 1,2,\cdots,n. \end{cases}$$

具体到 $n = 4$ 的情形，按投资的收益和风险问题表中给定的数据，编辑 LINGO 程序 touzi_c.lg4（以 $\rho = 0.76$ 为例）：

model:
sets:
s/1..5/:r,p,q,x;
endsets
data:
r=0.05 0.28 0.21 0.23 0.25;q=0 0.025 0.015 0.055 0.026;
p=0 0.01 0.02 0.045 0.065;m=0.76;
enddata
min=m*k-(1-m)*h;
h=@sum(s:(r-p)*x);
@for(s:q*x<k);
@sum(s:(1+p)*x)=1;
end

输出结果为：
Global optimal solution found.
Objective value: -0.4534653E-01

Variable	Value	Reduced Cost
M	0.7600000	0.000000
K	0.2475248E-01	0.000000
H	0.2673267	0.000000
X(1)	0.000000	0.3334653E-01
X(2)	0.9900990	0.000000
X(3)	0.000000	0.6534653E-03
X(4)	0.000000	0.2987129E-02
X(5)	0.000000	0.3894059E-02

即偏好系数 $\rho = 0.76$ 时，最佳投资组合（比例）为 $x_0 = 0, x_1 = 0.9900990, x_2 = 0, x_3 = 0, x_4 = 0$，最小风险为 0.02475248，最大收益率为 0.2673267.

修改 m（即 ρ）取不同值，反复运行上述程序，计算出当 m 取不同值（0.76～0.97）时的最大收益,输出结果列于表 6.4.4 中.

表 6.4.4 模型 c 的计算结果

偏好系数 ρ	净收益 R（%）	风险 Q（%）	x_0	x_1	x_2	x_3	x_4
0.76	26.73267	2.475248	0	0.9900990	0	0	0
0.77	21.64822	0.9225092	0	0.3690037	0.6150062	0	0
0.81	21.64822	0.9225092	0	0.3690037	0.6150062	0	0
0.82	21.05989	0.7849294	0	0.3139717	0.5232862	0.1427144	0
0.83	20.16238	0.5939599	0	0.2375840	0.3959733	0.1079927	0.2284461
0.96	20.16238	0.5939599	0	0.2375840	0.3959733	0.1079927	0.2284461
0.97	5	0	1	0	0	0	0

根据以上结果,在 MATLAB 软件中运行如下程序:

m=[0.75 0.76 0.77 0.81 0.82 0.83 0.96 0.97 1];
r=[26.73267 26.73267 21.64822 21.64822 21.05989 20.16238 20.16238 5 5];
q=[2.475248 2.475248 0.9225092 0.9225092 0.7849294 0.5939599 0.5939599 0 0];
plot(m,r,'ko-')
xlabel('r','FontName','symbol')
ylabel('R(%)','FontName','times new roman')
figure(2)
plot(m,q,'k*-')
xlabel('r','FontName','symbol')
ylabel('Q(%)','FontName','times new roman')
figure(3)
plot(q,r,'ko-')
xlabel('Q(%)','FontName','times new roman')
ylabel('R(%)','FontName','times new roman')

结果如图 6.4.4 ~ 图 6.4.6 所示.

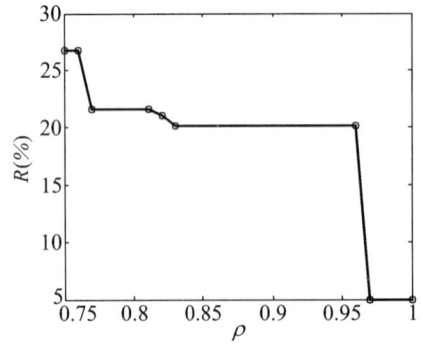 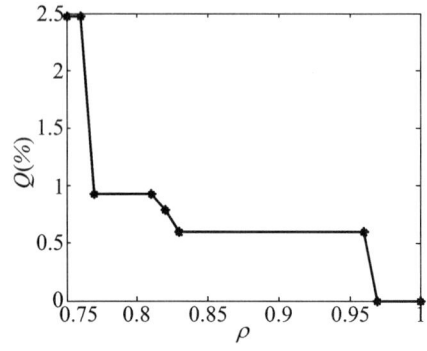

图 6.4.4 模型 c 收益-偏好系数的关系图　　图 6.4.5 模型 c 风险-偏好系数的关系图

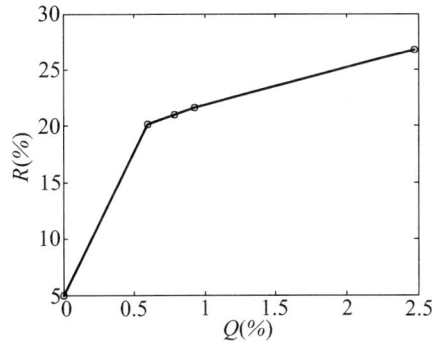

图 6.4.6 模型 c 收益-风险关系图

从表 6.4.4 的结果可以看出，随着偏好系数 ρ 的增加，也就是对风险的日益重视，投资方案的总体风险会大大降低，资金会从净收益率 r_i-p_i 较大的项目 S_1, S_2, S_4 转向无风险的项目银行存款. 这和模型 a 的结果是一致的，也符合人们日常的经验.

评注：本节例子建立了非线性多目标优化模型，运用了三种常见的化多目标为单目标的手法，以及将最小最大目标线性化的常见手段，请同学们好好领会. 分析实际情况，给出多组不同风险水平下的最优解，供不同投资者选择，也是本例的亮点. 通过分析发现了两目标在函数关系上存在转折点，此转折点往往具有明显的实际意义，这一处理技巧值得借鉴.

习题

1. 要设计和发射一个带有 X 射线望远镜和其他科学仪器的气球. 关于性能，一个粗糙的度量方法是以气球所能到达的高度和所携仪器的重量来表达，很清楚，高度本身是气球体积的一个函数. 根据过去经验做出的结论，是求极大满意性能函数

$$P = f(V, W) = 100V - 0.3V^2 + 80W - 0.2W^2,$$

此处 V 是体积，W 是仪器重量. 承包项目的预算限额为 1040 美元，与体积 V 有关的费用是 $2V$，和设备有关的费用是 $4W$. 为了保证在高度方面的性能与科学设备方面的性能之间达到合理平衡，设计者要满足约束条件 $80W \geqslant 100V$，以找出由体积和设备重量来表达的最优设计，并用线性化方法求解.

2. 某厂向用户提供发动机，合同规定，第一、二、三季度末分别交货 40 台、60 台、80 台. 每季度的生产费用为

$$f(x) = ax + bx^2 \text{（元）}，其中 x 是该季生产的发动机台数.$$

若交货后有剩余，可用于下季度交货，但需支付存储费，每台每季度 c 元. 已知工厂每季度最大生产能力为 100 台，第一季度开始时无存货，设 $a=50$，$b=0.2$，$c=4$，问工厂应如何安排生产计划，才能既满足合同又使总费用最低？讨论 a, b, c 变化对计划的影响，并做出合理的解释.

第七章 初等离散模型

一般来说，离散模型包括的内容很广，比如差分方程模型、整数规划模型、图论模型等. 本章选择了在实际中应用较广、涉及的数学知识又不太深的模型，其中"公平的席位分配"是典型的评价模型，评价指标的设计很独到，方法简单明了；"效益分配"也是经济活动中经常遇到的. 这些模型只用到基本的代数、集合知识.

第一节 公平的席位分配

某学校有 3 个系共 200 名学生，其中甲系 100 名，乙系 60 名，丙系 40 名. 若学生代表会议设 20 个席位，公平而又简单的席位分配办法是按学生人数的比例分配，显然，甲、乙、丙三系分别应占有 10, 6, 4 个席位.

现在丙系有 6 名学生转入甲、乙两系，各系人数如表 7.1.1 第 2 列所示，仍按比例（表 7.1.1 第 3 列）分配席位时出现了小数（表 7.1.1 第 4 列）. 在将取得整数的 19 席分配完毕后，三系同意参照所谓惯例分给比例分配中小数部分最大的丙系，于是三系仍分别占有 10, 6, 4 席（表 7.1.1 第 5 列）.

因为有 20 个席位的代表会议在表决提案时可能出现 10∶10 的局面，会议决定下一届增加 1 席. 他们按照上述办法重新分配席位，计算结果见表 7.1.1 第 6、7 列. 显然，这个结果对丙系太不公平了，因为总席位增加 1 席，而丙系却由 4 席减为 3 席.

表 7.1.1 按照比例+惯例的席位分配

系别	学生人数	学生人数比例/%	20 个席位分配		21 个席位分配	
			按比例分配的席位	参照惯例的结果	按比例分配的席位	参照惯例的结果
甲	103	51.5	10.3	10	10.815	11
乙	63	31.5	6.3	6	6.615	7
丙	34	17.0	3.4	4	3.570	3
总和	200	100	20	20	21	21

看来问题出在所谓按照惯例分配上. 实际上，由 A. Hamilton 提出的这种办法在美国国会 1850—1900 年的众议员席位分配（按照人口比例每个州应分得几个席位）中就多次被采用，同时也被质疑[3,12]，称之为**最大剩余法**（GR：Greatest Remainders）或**最大分数法**（LF：Largest Fractions），也称为 Hamilton 法或 Vinton 法. 它被质疑的一个理由就是上例出现的所谓**席位悖论**——总席位增加反而可能导致某州席位的减少. 1880 年，美国众议员席位分配时在亚拉巴马（Alabama）州就曾遇到这种情况，所以这个悖论又称亚拉巴马悖论.

最大剩余法的另一个重大缺陷就是所谓的**人口悖论**——某州人口增加较多反而可能导致该州席位的减少. 如上例，若三系学生变为 114, 64, 34 名，按照最大剩余法 21 席的分配结果将是 11,6,4 席,然而乙系学生人数增加了席位反而比原来少了 1 席,而丙系学生数量未变席位反而多了 1 席.

为了寻求新的、公平的席位分配方法,下面先讨论衡量公平的数量指标[13, 14].

不公平度指标 为简单起见,考虑 A,B 两方分配席位的情况. 设两方人数分别为 p_1,p_2, 占有席位分别为 n_1,n_2, 则比值 $\frac{p_1}{n_1}, \frac{p_2}{n_2}$ 为两方每个席位所代表的人数. 显然,仅当 $\frac{p_1}{n_1}=\frac{p_2}{n_2}$ 时分配才是完全公平的,但是因为人数和席位都是整数,所以通常 $\frac{p_1}{n_1} \neq \frac{p_2}{n_2}$, 即分配不公平,并且是对比值较大的一方不公平.

不妨设 $\frac{p_1}{n_1} > \frac{p_2}{n_2}$, 不公平程度可用数值 $\frac{p_1}{n_1} - \frac{p_2}{n_2}$ 衡量. 如设 $p_1=120$, $p_2=100$, $n_1=n_2=10$, 则 $\frac{p_1}{n_1} - \frac{p_2}{n_2}=12-10=2$. 它衡量不公平的绝对程度,但常常无法区分不公平程度明显不同的情况. 如当双方人数增至 $p_1=1\,020$, $p_2=1\,000$, 而 n_1,n_2 不变时, $\frac{p_1}{n_1} - \frac{p_2}{n_2}=102-100=2$, 即不公平的绝对程度不变,但是常识告诉我们,后面这种情况的不公平程度比起前面来已经大为改善了.

为了改进上述的绝对标准,自然会想到用相对标准. 仍设 $\frac{p_1}{n_1} > \frac{p_2}{n_2}$, 定义

$$r_A(n_1,n_2) = \frac{\frac{p_1}{n_1} - \frac{p_2}{n_2}}{\frac{p_2}{n_2}} \tag{7.1.1}$$

为对 A 的相对不公平度; 若 $\frac{p_2}{n_2} > \frac{p_1}{n_1}$, 定义

$$r_B(n_1,n_2) = \frac{\frac{p_2}{n_2} - \frac{p_1}{n_1}}{\frac{p_1}{n_1}} \tag{7.1.2}$$

为对 B 的相对不公平度.

建立了衡量不公平程度的指标 r_A, r_B 后,制订席位分配的原则是使它们尽可能地小.

新的分配方法 假设 A,B 两方已分别占有席位 n_1,n_2, 利用相对不公平度 r_A, r_B 讨论当总席位增加 1 席时,应该分配给 A 还是分配给 B 呢?

不失一般性,可设 $\frac{p_1}{n_1} \geqslant \frac{p_2}{n_2}$, 大于号成立时对 A 不公平. 若增加的 1 席分配给 A, n_1 就变为 n_1+1, 若分配给 B 就有 n_2+1, 原不等式可能出现以下三种情况 (只需讨论不等号的情况, 一旦等号出现, 按等式状况分配即可):

(1) $\frac{p_1}{n_1+1} > \frac{p_2}{n_2}$, 说明即使 A 增加 1 席仍对 A 不公平. 这一席显然应分配给 A.

(2) $\frac{p_1}{n_1+1} < \frac{p_2}{n_2}$, 说明 A 增加 1 席将对 B 不公平, 参照 (7.1.2) 式计算出对 B 的相对不

公平度为

$$r_B(n_1+1, n_2) = \frac{p_2(n_1+1)}{p_1 n_2} - 1. \tag{7.1.3}$$

（3）$\frac{p_1}{n_1} > \frac{p_2}{n_2+1}$，说明 B 增加 1 席将对 A 不公平，参照（7.1.1）式计算出对 A 的相对不公平度为

$$r_A(n_1, n_2+1) = \frac{p_1(n_2+1)}{p_2 n_1} - 1. \tag{7.1.4}$$

（不可能出现 $\frac{p_1}{n_1} < \frac{p_2}{n_2+1}$ 的情况）．

在使相对不公平度尽量小的分配原则下，如果

$$r_B(n_1+1, n_2) < r_A(n_1, n_2+1), \tag{7.1.5}$$

则增加的 1 席应分配给 A，反之，则增加的 1 席应分配给 B（为等号时可分给任一方）．根据（7.1.3），（7.1.4）两式，（7.1.5）式等价于：

$$\frac{p_2^2}{n_2(n_2+1)} < \frac{p_1^2}{n_1(n_1+1)}. \tag{7.1.6}$$

不难证明，上述第一种情况 $\frac{p_1}{n_1+1} > \frac{p_2}{n_2}$ 也会导致（7.1.6）式出现．于是我们的结论是：当（7.1.6）式成立时增加的 1 席应分配给 A，反之应分配给 B.

这种方法可推广到有 m 方分配席位的情况．设第 i 方人数为 p_i，已占有 n_i 个席位，$i=1, 2, \cdots, m$，当总席位增加 1 席时，计算

$$Q_i = \frac{p_i^2}{n_i(n_i+1)}, \quad i=1, 2, \cdots, m, \tag{7.1.7}$$

增加的 1 席应分配给 Q 值最大的一方，此方法暂称为 Q 值法．

下面用 Q 值法重新讨论本节开头提出的甲、乙、丙三系分配 21 个席位的问题．

对本例，用 Q 值法可以从 $n_1 = n_2 = n_3 = 1$ 开始按总席位每增 1 席计算，直到 19 席的分配结果是 $n_1 = 10, n_2 = 6, n_3 = 3$，这与用最大剩余法得到的整数部分相同．再计算每次增加 1 席时的席位．

第 20 席：$Q_1 = \frac{103^2}{10 \times 11} = 96.45$，$Q_2 = \frac{63^2}{6 \times 7} = 94.50$，$Q_3 = \frac{34^2}{3 \times 4} = 96.33$，$Q_1$ 最大，增加的 1 席应分配给甲系．

第 21 席：$Q_1 = \frac{103^2}{11 \times 12} = 80.37$，$Q_2, Q_3$ 同上，Q_3 最大，增加的 1 席应分配给丙系．

这样，21 个席位的分配结果是三系分别占有 11, 6, 4 席，看来丙系保住了按照最大剩余法分配将会失掉的 1 席，可是，如果你注意一下上面的计算过程就会发现，当总席位是 20 席时，结果为 11, 6, 3 席，与最大剩余法的 10, 6, 4 席不同，所以很难说这个方法对丙系有利还是不利．

虽然从对这个具体问题的不同分配结果看，难以对 Q 值法与最大剩余法进行评判，但是 Q 值法不仅有明确的不公平度指标，而且由于它是在每次增加 1 席的情况下计算 Q 值的，所以不会出现席位悖论（也可证明不会出现人口悖论）. 实际上，这个方法是 20 世纪 20 年代由哈佛大学数学家 E. V. Huntington 提出和推荐的一系列席位分配方法中的一个[3, 13].

存在公平的席位分配方法吗 约两个世纪以来，出于美国和欧洲诸如议会席位分配等社会政治活动的需要，一些人包括数学家们先后提出了许多分配方法，这些方法对同一个问题常常给出不同的结果，还会出现违反人们意愿甚至违背常识的现象，这更引起数学家们深入研究的兴趣. 所谓**公理化方法**就是先提出公平的席位分配应该具有的若干性质，再找出满足这些性质的分配方法. 如果不存在这样的方法，那就讨论现有的方法分别满足其中的哪些，再做改进，使之满足更多的性质；或者改变、减少原来提出的性质，再做探寻.

设第 i 方人数为 p_i，记 $\boldsymbol{p} = (p_1, p_2, \cdots, p_m)$，$n_i = f_i(\boldsymbol{p}, s)$ 表示人数为 $\boldsymbol{p}$、总席位为 s 时分给第 i 方的席位，$i = 1, 2, \cdots, m$. 作为初步的、简明的介绍，这里只给出公平的席位分配明显应该具备的三条主要性质：

（1）$\lfloor q_i \rfloor \leq n_i \leq \lceil q_i \rceil$，其中 $q_i = s \dfrac{p_i}{p}$，$p = \sum_{i=1}^{m} p_i$，即 n_i 必是精确的席位份额 q_i 向下或向上取整得到的，称为**份额性**.

（2）$f_i(\boldsymbol{p}, s) \leq f_i(\boldsymbol{p}, s+1)$，即总席位增加时各方的席位都不会减少，称为**席位单调性**.

（3）若对于任意的 $i, j = 1, 2, \cdots, m$，$j \neq i$，$\dfrac{p'_i}{p'_j} = \dfrac{p_i}{p_j}$，则

$$f_i(\boldsymbol{p}', s) \geq f_i(\boldsymbol{p}, s) \text{ 或 } f_j(\boldsymbol{p}', s) \leq f_j(\boldsymbol{p}, s),$$

即当 i 方相对于 j 方人数增加时（总席位不变），不会导致 i 方席位减少而 j 方席位增加（不排除 i，j 两方席位都增加或都减少），称为**人口单调性**.

我们已经看到，最大剩余法满足性质（1），但会出现席位悖论和人口悖论，从而不满足性质（2），（3）. 而对于 Q 值法，从递推计算过程可知，它们自然满足性质（2），（3），那么是否能满足性质（1）呢？可以给出例子说明它不满足性质（1）（如，$\boldsymbol{p}$ =(91490, 1660, 1460, 1450, 1440, 1400, 1100)，s=100）.

是否存在满足所有三条性质的分配方法呢？事实上已经证明[13]. 对于 $m \geq 4$，$N \geq m+3$ 时，不存在满足上述三条性质的分配方法.

评注：起初，对于出现在社会政治领域中的席位分配，人们认为这是一个简单的数学问题，用初等的方法处理即可，但是在应用过程中发现，这样的分配方案会得出许多难以接受的结果，同时人们也发现所有的方法都有不合理之处. 直到 20 世纪 70 年代，Balinski 和 Young 采用公理化方法进行研究，才使解决这一问题的基本原理得以明晰. 当然，这个问题还远未解决.

第二节 效益的合理分配

在经济或社会活动中若干实体（如个人、公司、党派、国家等）相互合作结成联盟或集团，常能比他们单独行动获得更多的经济或社会效益. 确定合理地分配这些效益的方案是促成合作的前提. 先看一个简单例子.

引例 甲乙丙三人经商, 若单干, 每人仅能获利 1 元; 甲乙合作可获利 7 元; 甲丙合作可获利 5 元; 乙丙合作可获利 4 元; 三人合作则可获利 11 元. 问三人合作时怎样合理地分配 11 元的收入.

人们自然会想到的一种分配方法是: 设甲、乙、丙三人各得 x_1, x_2, x_3 元, 满足:

$$x_1+x_2+x_3=11, \tag{7.2.1}$$

$$x_1, x_2, x_3 \geq 1, \quad x_1+x_2 \geq 7, \quad x_1+x_3 \geq 5, \quad x_2+x_3 \geq 4. \tag{7.2.2}$$

(7.2.2) 式表示这种分配必须不小于单干或两人合作时的收入. 但是容易看出, (7.2.1) 式、(7.2.2) 式有许多组解, 如 $(x_1, x_2, x_3)=(5, 3, 3), (4, 4, 3), (4, 3.5, 3.5)$ 等, 于是应该寻求一种圆满的分配方法.

引例提出的这类问题称为 n **人合作对策**(Cooperative n-person Game). 1953 年, L. S. Shapley 给出了解决该问题的一种方法, 称 **Shapley 值**[15, 16].

一、n 人合作对策和 Shapley 值

n 个人从事某项经济活动, 对于他们之中若干人组合的每一种合作(特别, 单人也视为一种合作), 都会得到一定的效益, 当人们之间的利益是非对抗性时, 合作中人数的增加不会引起效益的减少, 这样, 全体 n 个人的合作将带来最大效益. n 个人的集合及各种合作的效益就构成 n 人合作对策, Shapley 值是分配这个最大效益的一种方案. 其定义如下:

设集合 $I=\{1, 2, \cdots, n\}$, 如果对于 I 的任一子集 s 都对应着一个实值函数 $v(s)$, 满足:

$$v(\varnothing)=0, \tag{7.2.3}$$

$$v(s_1 \cup s_2) \geq v(s_1)+v(s_2), \quad s_1 \cap s_2 = \varnothing, \tag{7.2.4}$$

称 $[I, v]$ 为 n **人合作对策**, v 为对策的**特征函数**.

在上面所述的经济活动中, I 定义为 n 人集合, s 为 n 人集合中的任一种合作, $v(s)$ 为合作 s 的效益.

用 x_i 表示 I 的成员 i 从合作的最大效益 $v(I)$ 中应得到的一份收入, $x=(x_1, x_2, \cdots, x_n)$ 叫做合作对策的分配 (imputation), 满足:

$$\sum_{i=1}^{n} x_i = v(I), \tag{7.2.5}$$

$$x_i \geq v(i), \quad i=1, 2, \cdots, n, \tag{7.2.6}$$

显然, 由 (7.2.3), (7.2.4) 式定义的 n 人合作对策 $[I, v]$ 通常有无穷多种分配方法.

Shapley 值由特征函数 v 确定, 记作 $\boldsymbol{\Phi}(v) = (\varphi_1(v), \varphi_2(v), \cdots, \varphi_n(v))$. 对于任意的子集 s, 记 $x(s) = \sum_{i \in s} x_i$, 即 s 中各成员的分配. 对一切 $s \subset I$ 满足 $x(s) \geq v(s)$ 的 x 组成的集合称为 $[I, v]$ 的**核心** (Core). 当核心存在时, 即所有 s 的分配都不小于 s 的效益, 可以将 Shapley 值作为一种特定的分配, 即 $\varphi_i(v) = x_i$.

Shapley 首先提出看来毫无疑义的几条公理, 然后用逻辑推理的方法证明, 存在唯一的满足这些公理的分配 $\boldsymbol{\Phi}(v)$, 并把它构造出来. 这里只给出 $\boldsymbol{\Phi}(v)$ 的结果, Shapley 公理可参看[17, 18].

Shapley 值 $\boldsymbol{\Phi}(v) = (\varphi_1(v), \varphi_2(v), \cdots, \varphi_n(v))$ 为:

$$\varphi_i(v) = \sum_{s \in S_i} w(|s|)[v(s) - v(s \setminus i)], \quad i = 1, 2, \cdots, n, \tag{7.2.7}$$

$$w(|s|) = \frac{(n-|s|)!(|s|-1)!}{n!}, \tag{7.2.8}$$

其中 S_i 是 I 中包含 i 的所有子集，$|s|$ 是子集 s 中的元素数目（人数），$w(|s|)$ 是加权因子，$s \setminus i$ 表示 s 去掉 i 后的集合.

我们用这组公式计算本节开始给出的三人经商问题的分配，以解释公式的用法.

甲、乙、丙三人记为 $I = \{1, 2, 3\}$，经商获利定义为 I 上的特征函数，即

$$v(\varnothing) = 0, \ v(1) = v(2) = v(3) = 1, \ v(1,2) = 7, \ v(1,3) = 5, \ v(2,3) = 4, \ v(I) = 11.$$

容易验证，v 满足（7.2.3），（7.2.4）式. 为计算 $\varphi_1(v)$，首先找出 I 中包含 1 的所有子集 $S_1: \{1\}$，$\{1, 2\}$，$\{1, 3\}$，I，然后令 s 跑遍 S_1，将计算结果记入表 7.2.1 中. 最后将表中末行相加得 $\varphi_1(v) = \frac{13}{3}$.

同法可计算出 $\varphi_2(v) = \frac{23}{6}$，$\varphi_3(v) = \frac{17}{6}$. 它们可作为按照 Shapley 值方法计算的甲、乙、丙三人应得的分配.

让我们通过此例对（7.2.7）式做些解释. 对表 7.2.1 中的 s，比如 $\{1, 2\}$，$v(s)$ 是甲（即 $\{1\}$）参加时合作 s 的获利，$v(s \setminus 1)$ 是无甲参加时合作 s（只剩下乙）的获利，所以 $v(s) - v(s \setminus 1)$ 可视为甲对这一合作的"贡献". 用 Shapley 值计算的甲的分配 $\varphi_1(v)$，是甲对他所参加的所有合作（S_1）的贡献的加权平均值，加权因子 $w(|s|)$ 取决于这个合作 s 的人数. 通俗地说就是按照贡献取得报酬.

表 7.2.1 三人经商中甲的分配 $\varphi_1(v)$ 的计算

s	1	$\{1, 2\}$	$\{1, 3\}$	I
$v(s)$	1	7	5	11
$v(s \setminus 1)$	0	1	1	4
$v(s) - v(s \setminus 1)$	1	6	4	7
$|s|$	1	2	2	3
$w(|s|)$	1/3	1/6	1/6	1/3
$w(|s|)[v(s) - v(s \setminus 1)]$	1/3	1	2/3	7/3

Shapley 值方法可以有效处理经济和社会合作活动中的利益分配问题. 请看下面的例子.

例 1（污水处理费用的合理分担） 沿河有三城镇 1，2 和 3，地理位置如图 7.2.1 所示. 污水需处理后才能排入河中. 三城镇既可以单独建立污水处理厂，也可以联合建厂，用管道将污水集中处理（污水应由河流的上游城镇向下游城镇输送）. 用 Q 表示污水量（单位：t/s），L 表示管道长度（单位：km），按照经验公式，建立处理厂的费用为 $P_1 = 73Q^{0.712}$ 千元，铺设管道费用 $P_2 = 0.66Q^{0.51}L$ 千元. 已知三城镇污水量为 $Q_1 = 5$，$Q_2 = 3$，$Q_3 = 5$，L 的数值如图 7.2.1 所示，试从节约总投资的角度为三城镇制订污水处理方案. 如果联合建厂，各城镇如何分担费用[3]?

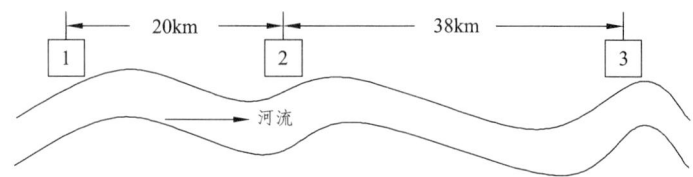

图 7.2.1　三城镇地理位置示意图

三城镇污水处理共有以下五种方案，计算出投资费用以做比较．

（1）分别建厂．

投资分别为 $C(1) = 73\times 5^{0.712} = 230$，$C(2) = 160$，$C(3) = 230$，总投资 $D_1 = C(1)+C(2)+C(3) = 620$．

（2）1, 2 合作，在城 2 建厂．

投资为 $C(1, 2) = 73\times(5+3)^{0.712}+0.66\times 5^{0.51}\times 20 = 350$，总投资 $D_2 = C(1, 2)+C(3) = 580$．

（3）2, 3 合作，在城 3 建厂．

投资为 $C(2, 3) = 73\times(3+5)^{0.712}+0.66\times 3^{0.51}\times 38 = 365$，总投资 $D_3 = C(1)+C(2, 3) = 595$．

（4）1, 3 合作，在城 3 建厂．

投资为 $C(1, 3) = 73\times(5+5)^{0.712}+0.66\times 5^{0.51}\times 58 = 463$，这个费用超过了 1, 3 分别建厂的费用 $C(1)+C(3) = 460$．合作没有效益，不可能实现．

（5）三城合作，在城 3 建厂．

总投资为 $D_5 = C(1, 2, 3) = 73\times(5+3+5)^{0.712}+0.66\times 5^{0.51}\times 20+0.66\times(5+3)^{0.51}\times 38 = 556$．

比较结果以 $D_5 = 556$ 千元最小，所以应选择联合建厂方案．下面的问题是如何分担费用 D_5．

总费用 D_5 有三部分：

联合建厂费 $d_1 = 73\times(5+3+5)^{0.712} = 453$；

城 1 至 2 的管道费 $d_2 = 0.66\times 5^{0.51}\times 20 = 30$；

城 2 至 3 的管道费 $d_3 = 0.66\times(5+3)^{0.51}\times 38 = 73$．

城 3 提出，d_1 由三城按污水量比例 5：3：5 分担，d_2，d_3 是为城 1, 2 铺设的管道费，应由他们担负；城 2 同意，并提出 d_3 由城 1, 2 按污水量之比 5：3 分担，d_2 则应由城 1 自己担负；城 1 提不出反对意见，但他们计算了一下按上述办法各城应分担的费用：

城 3 分担费用为 $d_1\times\dfrac{5}{13} = 174$；

城 2 分担费用为 $d_1\times\dfrac{3}{13}+d_3\times\dfrac{3}{8} = 132$；

城 1 分担费用为 $d_1\times\dfrac{5}{13}+d_3\times\dfrac{5}{8}+d_2 = 250$．

结果表明，城 2, 3 分担的费用均比他们单独建厂费用 $C(2)$，$C(3)$ 小，而城 1 分担的费用却比 $C(1)$ 大．显然，城 1 不能同意这种分担总费用的办法．

为了促成三城联合建厂以节约总投资，应该寻求合理分担总费用的方案．三城的合作节约了投资，产生了效益，是一个 n 人合作对策问题，可以用 Shapley 值方法圆满地分配这个效益．

把分担费用转化为分配效益，就不会出现城 1 联合建厂分担的费用反而比单独建厂费用高的情况。将三城镇记为 $I=\{1,2,3\}$，联合建厂比单独建厂节约的投资定义为特征函数。于是有：

$v(\emptyset)=0$，$v(1)=v(2)=v(3)=0$，
$v(1,2)=C(1)+C(2)-C(1,2)=230+160-350=40$，
$v(2,3)=C(2)+C(3)-C(2,3)=160+230-365=25$，
$v(1,3)=0$，
$v(I)=C(1)+C(2)+C(3)-C(1,2,3)=230+160+230-556=64$。

三城联合建厂的效益为 64 千元。用 Shapley 值作为这个效益的分配，城 1 应分得的份额 $\varphi_1(v)$ 的计算结果列入表 7.2.2 中，得到 $\varphi_1(v)=19.7$。类似地算出 $\varphi_2(v)=32.1$，$\varphi_3(v)=12.2$。可以验证 $\varphi_1(v)+\varphi_2(v)+\varphi_3(v)=64=v(I)$。看来，城 2 从总效益 64 千元中分配的份额最大，你能从城 2 的地理位置与合作对策的角度解释这个结果吗？

表 7.2.2　污水处理问题中 $\varphi_1(v)$ 的计算

s	1	$\{1,2\}$	$\{1,3\}$	I
$v(s)$	0	40	0	64
$v(s\backslash 1)$	0	0	0	25
$v(s)-v(s\backslash 1)$	0	40	0	39
$\|s\|$	1	2	2	3
$w(\|s\|)$	1/3	1/6	1/6	1/3
$w(\|s\|)[v(s)-v(s\backslash 1)]$	0	6.7	0	13

最后，在联合建厂方案总投资额 556 千元中各城的分担费用为：

城 1：$C(1)-\varphi_1(v)=230-19.7=210.3$；
城 2：$C(2)-\varphi_2(v)=127.9$；
城 3：$C(3)-\varphi_3(v)=217.8$。

二、Shapley 值方法的缺点及其他解决办法

Shapley 值方法以严格的公理为基础，在处理合作对策的分配问题时具有公正、合理等优点，但是它需要知道所有合作的获利，即要定义 $I=\{1,2,\cdots,n\}$ 的所有子集（共 2^n 个）的特征函数，这在实际上常常做不到。如 n 个单位合作治理污染，第 i 方单独治理的投资 y_i 和 n 方合作治理的投资 Y，通常是已知的，为了度量第 i 方在合作中的"贡献"，还要设法知道第 i 方不参加合作时其余 $n-1$ 方所需的投资 z_i。特征函数应定义为合作的获利，即节约的投资，有

$$v(i)=0(i=1,2,\cdots,n),\quad v(I)=\sum_{i=1}^{n}y_i-Y,\quad v(I\backslash i)=\sum_{j\neq i}y_j-z_i,$$

显然，除此之外还有许多 $v(s)$ 不知道，无法用 Shapley 值方法求解。

下面仍以本节开始提出的三人经商问题为例，介绍几种其他解决办法。

我们只知道全体合作的获利，记作 $v(I)=B$，及无 i 参加时其余 $n-1$ 方合作的获利，记作 $v(I\backslash i)=b_i(i=1,2,\cdots,n)$，记 $\boldsymbol{b}=(b_1,b_2,\cdots,b_n)$。确定各方对全体合作获利的分配，记作

$x = (x_1, x_2, \cdots, x_n)$. 三人经商问题中 $B = 11$，$b = (4, 5, 7)$，求 $x = (x_1, x_2, x_3)$.

（1）**协商解**.

分配按以下两步进行. 先从 n 个 $n-1$ 方合作的获利得出各方分配的下限 $\underline{x} = (\underline{x}_1, \underline{x}_2, \cdots, \underline{x}_n)$，即求解：

$$\begin{cases} \sum_{i=1}^{n} \underline{x}_i - \underline{x}_1 = b_1, \\ \cdots\cdots \\ \sum_{i=1}^{n} \underline{x}_i - \underline{x}_n = b_n, \end{cases} \quad (7.2.9)$$

得到：

$$\underline{x}_i = \frac{1}{n-1}\sum_{i=1}^{n} b_i - b_i, \quad i = 1, 2, \cdots, n. \quad (7.2.10)$$

再计算按下限 $\underline{x}$ 分配后全体合作获利的剩余为 $B - \sum_{i=1}^{n}\underline{x}_i$，它通常是较小的部分，经协商将其平均分配. 于是最终的分配结果为

$$x_i = \underline{x}_i + \frac{1}{n}\left(B - \sum_{i=1}^{n}\underline{x}_i\right) = \frac{B}{n} + \frac{1}{n}\sum_{i=1}^{n} b_i - b_i. \quad (7.2.11)$$

剩余 $B - \sum_{i=1}^{n}\underline{x}_i \geq 0$，它等价于 $B \geq \frac{1}{n-1}\sum_{i=1}^{n} b_i$，请读者考察这个假定的含义.

对三人经商问题，$\underline{x} = (4, 3, 1)$，$x = (5, 4, 2)$.

（2）**均衡解**.

设各方能够接受的现状点为 $d = (d_1, d_2, \cdots, d_n)$，可看作谈判时的威慑点，在此基础上均衡地分配全体合作的获利 B. 根据 n 个数的和一定，当它们相等时乘积最大的原理，该模型为：

$$\max \prod_{i=1}^{n}(x_i - d_i),$$

$$\text{s.t.} \sum_{i=1}^{n} x_i = B, \quad x_i \geq d_i, \ (i = 1, 2, \cdots, n). \quad (7.2.12)$$

得到：

$$x_i = d_i + \frac{1}{n}\left(B - \sum_{i=1}^{n} d_i\right). \quad (7.2.13)$$

$d = \mathbf{0}$ 时，相当于各方平均分配 B；$d = \underline{x}$ 时，均衡解等价于协商解.

（3）**最小距离解**.

设存在一个各方理想的分配上限，记作 $\bar{x} = (\bar{x}_1, \bar{x}_2, \cdots, \bar{x}_n)$，追求分配结果与这个上限的距离最小，模型为

$$\min \sum_{i=1}^{n}(x_i - \bar{x}_i)^2,$$

$$\text{s.t.} \sum_{i=1}^{n} x_i = B, \quad x_i \leq \bar{x}_i, \ (i = 1, 2, \cdots, n). \quad (7.2.14)$$

得到:

$$x_i = \bar{x}_i - \frac{1}{n}\left(\sum_{i=1}^n \bar{x}_i - B\right). \tag{7.2.15}$$

i 方的理想上限若取为 $\bar{x}_i = B - b_i$, 看作 i 方对全体合作的"贡献"或 i 方的边际效益, 将其代入 (7.2.15) 式可得 $x_i = \frac{B}{n} + \frac{1}{n}\sum_{i=1}^n b_i - b_i$, 与 (7.2.11) 式相同, 即最小距离解等价于协商解. 对三人经商问题, $\bar{x} = (7, 6, 4)$, $\boldsymbol{x} = (5, 4, 2)$.

(4) **满意解**.

i 方分配的满意度定义为 $u_i = \frac{x_i - d_i}{e_i - d_i}$, 其中 d_i 是现状点, e_i 是理想点. 为追求各方的满意度最高, 用最小最大模型:

$$\begin{aligned}&\max(\min_i u_i),\\&\text{s.t.}\sum_{i=1}^n x_i = B.\end{aligned} \tag{7.2.16}$$

得到:

$$x_i = d_i + u^*(e_i - d_i), \text{ 即 } u^* = \frac{B - \sum_{i=1}^n d_i}{\sum_{i=1}^n e_i - \sum_{i=1}^n d_i}. \tag{7.2.17}$$

可以验证, 当 $d_i = \underline{x}_i$, $e_i = \bar{x}_i$ 时, 满意解等价于协商解. 当 $d_i = 0$, $e_i = \bar{x}_i$ 时, $x_i = \frac{\bar{x}_i}{\sum_{i=1}^n \bar{x}_i} B$, 即按照各方理想上限的比例进行分配.

(5) **Raiffa 解**.

Howard Raiffa 提出的解决办法按以下步骤进行:

① 按照 n 个 n-1 方合作的获利得到各方分配的下限, 即协商解中的 $\underline{\boldsymbol{x}}$ (见 (7.2.10) 式) 作为分配的基础;

② 当 j 方加入 (原来无 j 的) n-1 方合作时计算获利的增加, 即 j 方的边际效益, 是最小距离解中的上限 $\bar{x}_j = B - b_j$.

③ 按两步分配 $\bar{x}_j$: 先由 j 方和无 j 的 n-1 方平分, 然后 n-1 方再等分, 即

$$x_j = \frac{\bar{x}_j}{2}, \; x_i = \underline{x}_i + \frac{\bar{x}_j}{2(n-1)}, i = 1, 2, \cdots, n, i \neq j, \tag{7.2.18}$$

其中 n-1 方是在 $\underline{\boldsymbol{x}}$ 的基础上分配;

④ j 取 $1, 2, \cdots, n$, 重复第③步, 然后求和、平均, 得到最终分配结果:

$$x_i = \frac{n-1}{n}\underline{x}_i + \frac{1}{n}\left[\frac{\bar{x}_i}{2} + \frac{1}{2(n-1)}\sum_{j \neq i}\bar{x}_j\right], \; i = 1, 2, \cdots, n. \tag{7.2.19}$$

将 $\underline{\boldsymbol{x}}, \bar{\boldsymbol{x}}$ 代入, (7.2.19) 式又可表为

$$x_i = \frac{B}{n} + \frac{2n-3}{2(n-1)}\left[\frac{1}{n}\sum_{i=1}^{n}b_i - b_i\right], \quad i = 1, 2, \cdots, n. \tag{7.2.20}$$

对三人经商问题，$\underline{x} = (4,3,1)$，$\overline{x} = (7,6,4)$，$x = \left(4\frac{2}{3}, 3\frac{11}{12}, 2\frac{5}{12}\right)$.

（6）几种方法的比较.

上面介绍的方法中，协商解、均衡解、最小距离解和满意解比较简单，容易理解，并且在许多情况下是等价的，不妨并为一类. 这样，连同 Shapley 值方法我们共讨论了三类方法：Shapley 值方法；协商解等；Raiffa 解. 下面结合一个较为极端的例子说明它们的特点.

例 有一资方（甲）和两劳方（乙、丙），当且仅当资方与至少一劳方合作时才获利 10 元，应如何分配该获利？

解 甲、乙、丙三方记作 1, 2, 3.

① Shapley 值方法：特征函数定义为获利，则子集 {1,2}, {1,3}, {1,2,3} 的特征函数为 10，其余均为 0，容易算出 Shapley 值，将其作为一种分配，即得 $x = \left(\frac{20}{3}, \frac{5}{3}, \frac{5}{3}\right)$.

② 协商解等：由 $B = 10$，$b = (0, 10, 10)$ 得到 $\underline{x} = \overline{x} = (10, 0, 0)$，于是 $x = (10, 0, 0)$.

③ Raiffa 解：将 $\underline{x} = \overline{x} = (10, 0, 0)$ 代入（7.2.19）式，即得 $x = \left(\frac{25}{3}, \frac{5}{6}, \frac{5}{6}\right)$.

三种方法得到的结果不同，协商解等显然对劳方不公平，Raiffa 解在一定程度上照顾了劳方的利益.

一般地，这三类方法有以下特点：Shapley 值方法公正、合理，但是需要的信息太多，n 较大时难以提供. 协商解等计算简单，便于理解，但通常偏袒强者，可用于各方实力相差不大的情况. Raiffa 解考虑了分配的上、下限，又吸取了 Shapley 的思想，在一定程度上保护了弱者.

习题

1. 学校共有 1000 名学生，235 人住在 A 宿舍楼，333 人住在 B 宿舍楼，432 人住在 C 宿舍楼. 学生们组成一个 10 人的宿舍管理委员会，试用下列办法分配宿舍楼的委员数：

（1）按比例分配取整数的名额后，剩下的按惯例分给小数部分较大者.

（2）第七章第一节中的 Q 值法.

（3）d'Hondt 方法：将 A, B, C 各宿舍楼的人数与正整数 $n = 1, 2, 3, \cdots$ 相除，其商数如表 7.1 所示：

表 7.1 按照 d'Hondt 方法的席位分配

	1	2	3	4	5	…
A	<u>235</u>	<u>117.5</u>	78.3	58.75	…	
B	<u>333</u>	<u>166.5</u>	<u>111</u>	83.25	…	
C	<u>432</u>	216	144	108	86.4	

将所得商数从大到小取前 10 个（10 为席位数），在数字下标以横线，表中 A,B,C 有横线的数分别为 2,3,5，这就是 3 个宿舍楼分配的席位. 你能解释这种方法的道理吗？

如果委员会从 10 人增至 15 人，用以上三种方法再分配名额. 将三种方法两次分配的结果列表比较.

（4）你能提出其他方法吗？用你的方法分配上面的名额.

2. 某甲（农民）有一块土地，若从事农业生产可收入 1 万元；若将土地租给某乙（企业家）用于工业生产，可收入 2 万元；若租给某丙（旅店老板）开发旅游业，可收入 3 万元；当旅店老板请企业家参与经营时，收入达 4 万元. 为促成最高收入的实现，试用 Shapley 值方法分配各人的所得.

第八章 图论模型

图论是一门应用广泛且内容丰富的学科,随着计算机和数学软件的发展,图论越来越多地被人们应用到实际生活和生产中,成为解决众多实际问题的重要工具.

图论起源于 18 世纪. 第一篇图论论文是瑞士数学家欧拉于 1736 年发表的"哥尼斯堡的七座桥". 1847 年,克希霍夫为了给出电网络方程而引进了"树"的概念. 哈密尔顿于 1859 年提出"周游世界"游戏,用图论术语来说,就是如何找出一个连通图中的生成圈. 近几十年来,由于计算机技术和科学的飞速发展,大大地促进了图论的研究和应用,图论已经渗透到物理学、化学、通讯、建筑学、经济学、社会学等学科中.

图论中所谓的"图"是指某类具体事物和这些事物之间的联系. 如果我们用点表示这些事物,用连接两点的线段(直的或曲的)表示两个事物的特定联系,就得到了描述这个"图"的几何形象. 图论为任何一个包含了一种二元关系的离散系统提供了一个数学模型,借助于图论的概念、理论和方法,可以对该模型求解.

第一节 图论基本概念

一、无向图

定义 8.1 一个**无向图**(undirected graph)G 是由一个非空有限集合 $V(G)$ 和 $V(G)$ 中某些元素的无序对集合 $E(G)$ 构成的二元组,记为 $G=(V(G),E(G))$. 其中 $V(G)=\{v_1,v_2,\cdots,v_n\}$ 称为图 G 的**顶点集**(vertex set)或**节点集**(node set),$V(G)$ 中的每一个元素 $v_i(i=1,2,\cdots,n)$ 称为该图的一个**顶点**(vertex)或**节点**(node);$E(G)=\{e_1,e_2,\cdots,e_m\}$ 称为图 G 的**边集**(edge set),$E(G)$ 中的每一个元素 e_k(即 $V(G)$ 中某两个元素 v_i,v_j 的无序对)记为 $e_k=(v_i,v_j)$ 或 $e_k=v_iv_j=v_jv_i$ ($k=1,2,\cdots,m$),称为该图的一条从 v_i 到 v_j 的**边**(edge). 如果 $V(H)\subset V(G),E(H)\subset E(G)$,则称图 H 为图 G 的**子图**,记作 $H\subset G$.

当边 $e_k=v_iv_j$ 时,称 v_i,v_j 为边 e_k 的端点,并称 v_j 与 v_i **相邻**(adjacent);边 e_k 称为与顶点 v_i,v_j **关联**(incident). G 中与顶点 v 关联的边数称为 v 的度,记作 $d(v)$. 如果某两条边至少有一个公共端点,则称这两条边**相邻**.

如果图的顶点集和边集都有限,则称为**有限图**. 图 G 的顶点数用符号 $|V|$ 或 $\nu(G)$ 表示,边数用 $|E|$ 或 $\varepsilon(G)$ 表示.

当讨论的图只有一个时,总是用 G 来表示这个图,从而在图论符号中常略去字母 G,例如,分别用 V,E,ν 和 ε 代替 $V(G),E(G),\nu(G)$ 和 $\varepsilon(G)$.

端点重合为一点的边称为**环**(loop). 如果图既没有环也没有两条边连接同一对顶点,则称为**简单图**(simple graph).

二、有向图

定义 8.2 一个**有向图**(directed graph 或 digraph)G 是由一个非空有限集合 V 和 V 中

某些元素的有序对集合 A 构成的二元组，记为 $G=(V,A)$. 其中 $V=\{v_1,v_2,\cdots,v_n\}$ 称为图 G 的顶点集或节点集，V 中的每一个元素 $v_i(i=1,2,\cdots,n)$ 称为该图的一个顶点或节点；$A=\{a_1,a_2,\cdots,a_m\}$ 称为图 G 的**弧集**（arc set），A 中的每一个元素 a_k（即 V 中某两个元素 v_i,v_j 的有序对）记为 $a_k=(v_i,v_j)$ 或 $a_k=v_iv_j(k=1,2,\cdots,n)$，称为该图的一条从 v_i 到 v_j 的**弧**（arc）.

对应于每个有向图 D，可以在相同顶点集上作一个图 G，使得对于 D 的每条弧，G 有一条有相同端点的边与之相对应，这个图称为 D 的**基础图**. 反之，给定任意图 G，对于它的每条边，给其端点指定一个顺序，从而确定一条弧，由此得到一个有向图，这样的有向图称为 G 的一个**定向图**. 若将图 G 的每一条边 e 都对应一个实数 $w(e)$，则称 $w(e)$ 为边的**权**，并称图 G 为**赋权图**.

以下若未指明"有向图"三字，皆指无向图.

三、图的数据结构

为了在计算机上实现图论优化的算法，首先必须有一种在计算机上来描述图的方法（即数据结构）. 一般来说，算法的好坏与图的具体表示方法，以及中间结果的操作方案是有关系的. 这里介绍两种常用的在计算机上描述图的表示方法：邻接矩阵表示法、关联矩阵表示法. 在下面的讨论中，首先假设 $G=(V,A)$ 是一个简单图，$|V|=n$，$|A|=m$.

1. 邻接矩阵表示法

定义 8.3 对无向图 $G=(V,A)$，其**邻接矩阵**（adjacency matrix）定义为 $A=(a_{ij})_{n\times n}$，其中

$$a_{ij}=\begin{cases}1,\text{若}v_i\text{与}v_j\text{相邻},\\ 0,\text{若}v_i\text{与}v_j\text{不相邻};\end{cases}$$

对有向图 G，其邻接矩阵定义为 $A=(a_{ij})_{n\times n}$，其中

$$a_{ij}=\begin{cases}1,\text{若}(v_i,v_j)\in E,\\ 0,\text{若}(v_i,v_j)\notin E;\end{cases}$$

对赋权图 G，其邻接矩阵定义为 $A=(a_{ij})_{n\times n}$，其中

$$a_{ij}=\begin{cases}w_{ij},\text{若}(v_i,v_j)\in E,\text{且}w_{ij}\text{为其权},\\ 0,\quad\text{若}i=j,\\ \infty,\text{若}(v_i,v_j)\notin E.\end{cases}$$

例 1 对于图 8.1.1 所示的图，可以用邻接矩阵表示为

$$\begin{bmatrix}0&1&1&0&0\\0&0&0&1&0\\0&1&0&0&0\\0&0&1&0&1\\0&0&1&1&0\end{bmatrix}.$$

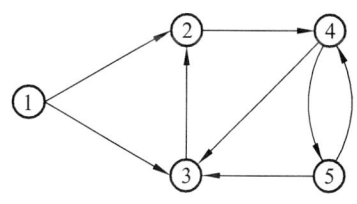

图 8.1.1

2. 关联矩阵表示法

定义 8.4 无向图 $G=(V,A)$ 的**关联矩阵**（incidence matrix）B 定义为 $B=(b_{ij})_{n\times m}$，其中

$$b_{ij} = \begin{cases} 1, & \text{若}v_i\text{与}e_j\text{相关联}, \\ 0, & \text{若}v_i\text{与}e_j\text{不关联}; \end{cases}$$

对有向图 G，其关联矩阵定义为 $\boldsymbol{B} = (b_{ij})_{n \times n}$，其中

$$b_{ij} = \begin{cases} 1, & \text{若}v_i\text{是}e_j\text{的起点}, \\ -1, & \text{若}v_i\text{是}e_j\text{的终点}, \\ 0, & \text{若}v_i\text{是}e_j\text{不关联}. \end{cases}$$

例 2 对于图 8.1.1，如果关联矩阵中每列对应弧的顺序为(1, 2)，(1, 3)，(2, 4)，(3, 2)，(4, 3)，(4, 5)，(5, 3)和(5, 4)，则关联矩阵表示为

$$\begin{bmatrix} 1 & 1 & 0 & 0 & 0 & 0 & 0 & 0 \\ -1 & 0 & 1 & -1 & 0 & 0 & 0 & 0 \\ 0 & -1 & 0 & 1 & -1 & 0 & -1 & 0 \\ 0 & 0 & -1 & 0 & 1 & 1 & 0 & -1 \\ 0 & 0 & 0 & 0 & 0 & -1 & 1 & 1 \end{bmatrix}.$$

对于图中的权，也可以通过扩展关联矩阵来表示．例如，如果图中每条弧有一个权，可以把关联矩阵增加一行，把每一条弧所对应的权存储在增加的行中．如果图中每条弧赋有多个权，可以把关联矩阵增加相应的行数，把每一条弧所对应的权存储在增加的行中．

四、轨与连通

定义 8.5 $W = v_0 e_1 v_1 e_2 \cdots e_k v_k$，其中 $e_i \in E(G)$，$1 \leqslant i \leqslant k$，$v_j \in V(G)$，$0 \leqslant j \leqslant k$，$e_i$ 与 v_{i-1}, v_i 关联，称 W 是图 G 的一条**道路**，k 为路长，顶点 v_0 和 v_k 分别称为 W 的起点和终点，而 $v_1, v_2, \cdots, v_{k-1}$ 称为它的内部顶点．

若道路 W 的边互不相同，则 W 称为**迹**（trail）．若道路 W 的顶点互不相同，则 W 称为**轨**（path）．

如果一条道路长为正数且起点和终点相同，则称这条道路是**闭的**．起点和终点重合的轨叫做**圈**（cycle）．

若图 G 的两个顶点 u, v 间存在道路，则称 u 和 v **连通**（connected）．u, v 间的最短轨的长叫做 u, v 间的**距离**．记作 $d(u, v)$．若图 G 的任意两顶点均连通，则称 G 是**连通图**．

显然有：

（1）图 P 是一条轨的充要条件是 P 是连通的，且有两个 1 度顶点，其余顶点为 2 度；

（2）图 C 是一个圈的充要条件是 C 是各顶点的度均为 2 的连通图．

第二节 最短路问题

一、固定起点的最短路

若给出了一个连接若干个城镇的铁路网络，在这个网络的两个指定城镇间，找一条最短铁路线．

以各城镇为图 G 的顶点,两城镇间的直通铁路为图 G 相应两顶点间的边,得图 G. 对 G 的每一边 e,赋以一个实数 $w(e)$,即直通铁路的长度,称为 e 的权,得到赋权图 G. G 的子图的权是指子图的各边的权和. 问题就是求赋权图 G 中指定的两个顶点 u_0, v_0 间的具最小权的轨,这条轨叫做 u_0, v_0 间的**最短路**,它的权叫做 u_0, v_0 间的距离,亦记作 $d(u_0, v_0)$. 求固定起点的最短路已有成熟的算法——迪克斯特拉(Dijkstra)算法.

(1) Dijkstra 算法的基本思想.

按距 u_0 从近到远,依次求得 u_0 到 G 的各顶点的最短路和距离,直至 v_0(或直至 G 的所有顶点),算法结束. 为避免重复并保留每一步的计算信息,采用了标号算法.

(2) Dijkstra 算法的步骤.

① 令 $l(u_0) = 0$,对 $v \neq u_0$,令 $l(v) = \infty$,$S_0 = \{u_0\}$,$i = 0$.

② 对每个 $v \in \overline{S_i}$($\overline{S_i} = V \setminus S_i$),用
$$\min_{u \in S_i} \{l(v), l(u) + w(uv)\}$$
代替 $l(v)$. 计算 $\min_{v \in \overline{S_i}} \{l(v)\}$,把达到这个最小值的一个顶点记为 u_{i+1},令 $S_{i+1} = S_i \cup \{u_{i+1}\}$.

③ 若 $i = |V| - 1$,停止;若 $i < |V| - 1$,用 $i+1$ 代替 i,转②.

算法结束时,从 u_0 到各顶点 v 的距离由 v 的最后一次的标号 $l(v)$ 给出. 在 v 进入 S_i 之前的标号 $l(v)$ 叫 T 标号,v 进入 S_i 时的标号 $l(v)$ 叫 P 标号. 算法就是不断修改各顶点的 T 标号,直至获得 P 标号. 若在算法运行过程中,将每一顶点获得 P 标号所由来的边在图上标明,则算法结束时,u_0 至各顶点的最短路也在图上标示出来了.

例 1 某公司在 6 个城市 $c_1, c_2, \cdots, c_6$ 中有分公司,从 c_i 到 c_j 的直接航程票价记在下述矩阵 A 的 (i, j) 位置上(∞ 表示无直接航线),请帮助该公司设计一张由城市 c_1 到其他城市间的票价最便宜的路线图.

$$A = \begin{pmatrix} 0 & 50 & \infty & 40 & 25 & 10 \\ 50 & 0 & 15 & 20 & \infty & 25 \\ \infty & 15 & 0 & 10 & 20 & \infty \\ 40 & 20 & 10 & 0 & 10 & 25 \\ 25 & \infty & 20 & 10 & 0 & 55 \\ 10 & 25 & \infty & 25 & 55 & 0 \end{pmatrix}.$$

用矩阵 $A_{n \times n}$(n 为顶点个数)存放各边权的邻接矩阵,行向量 $d(i)$,$index_2(i)$ 分别存放始点到第 i 点最短通路的值和始点到第 i 点最短通路中第 i 顶点前一顶点的序号.

求第一个城市到其他城市的最短路径的 MATLAB 程序如下:

```
M=10000;
a=[0,50,M,40,25,10;50,0,15,20,M,25;M,15,0,10,20,M;40,20,10,0,10,25;25,M,20,10,0,55;
   10,25,M,25,55,0];
pb(1:length(a))=0;pb(1)=1;index1=1;index2=ones(1,length(a));
d(1:length(a))=M;d(1)=0;temp=1;
while sum(pb)<length(a)
    tb=find(pb==0);
    d(tb)=min(d(tb),d(temp)+a(temp,tb));
    tmpb=find(d(tb)==min(d(tb)));
```

```
            temp=tb(tmpb(1));pb(temp)=1;
            index1=[index1,temp];
            index=index1(find(d(index1)==d(temp)-a(temp,index1)));
            if length(index)>=2
                index=index(1);
            end
            index2(temp)=index;
        end
    d,index2
```
运行结果为：

```
d =         0    35    45    35    25    10
index2 =    1     6     5     6     1     1
```

由结果知 c_1 到 c_4 最便宜的路线是 1→6→4（票价 35），而不是直接从 c_1 到 c_4（票价 40）；c_1 到 c_3 最便宜的路线是 1→5→3（票价 45）；c_1 到 c_2 最便宜的路线是 1→6→2（票价 35）.

例 2（安全渡河问题的最短路解法） 第四章第一节安全渡河问题可先建立图的模型，再移植 Dijkstra 算法加以解决.

如图 8.2.1 所示，将两岸安全状态设为点，分别称为计划过河状态和计划返回状态，这两种状态通过决策向量来实现相互转化. 把能够相互转化的状态间连线表示，得到此状态转移关系图，此时问题转化为求起点（计划过河状态(3,3)）到终点（计划返回状态(0,0)）间的最短路，通过 Dijkstra 算法即可求得[4].

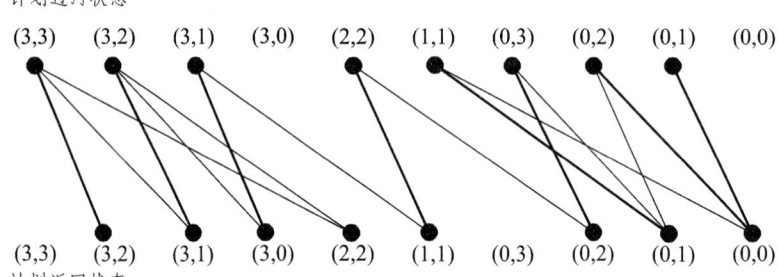

图 8.2.1　状态转移关系图

求解程序如下：

```
function process=cross_river(n1,n2,n3)
% 生成决策矩阵；
jc=1;
for i=0:n3
    for j=0:n3
        if (i+j<=n3)&(i+j>0)
            d(jc,1:3)=[i,j,1];
            d(jc+1,1:3)=-[i,j,1];
            jc=jc+2;
```

```
            end
        end
end
% 生成安全状态矩阵;
kx=1;
for i=n1:-1:0
    for j=n2:-1:0
        if ((i>=j)&((n1-i)>=(n2-j)))|((i==0)|(i==n1))
            A(kx,1:3)=[i,j,1];
            A(kx+1,1:3)=[i,j,0];
            kx=kx+2;
        end
    end
end
% 生成邻接矩阵;
p=size(A,1);
v=size(d,1);
w=(ones(p)-eye(p))*inf;
for i=1:p
    for j=1:v
        c=A(i,:)+d(j,:);
        x=find((A(:,1)==c(1))&(A(:,2)==c(2))&(A(:,3)==c(3)));
        w(i,x)=1;
    end
end
% dijkstra 算法;
    n=size(w,1);
    w1=w(1,:);
    for i=1:n
        l(i)=w1(i);
        z(i)=1;
    end
    s=[];
    s(1)=1;
    u=s(1);
    k=1;
while k<n
    for i=1:n
        for j=1:k
            if i ~=s(j)
```

```
                if l(i)>l(u)+w(u,i)
                    l(i)=l(u)+w(u,i);
                    z(i)=u;
                end
            end
        end
    end
    ll=l;
    for i=1:n
        for j=1:k
            if i ~=s(j)
                ll(i)=ll(i);
            else
                ll(i)=inf;
            end
        end
    end
    lv=inf;
    for i=1:n
        if ll(i)<lv
            lv=ll(i);
            v=i;
        end
    end
    s(k+1)=v;
    k=k+1;
    u=s(k);
end
% 生成最优状态转移矩阵;
if l(p)==inf
        process='can not reach';
        return;
end
process(1)=p;
g=2;h=p;
while h ~=1
    process(g)=z(h);
    h=z(h);g=g+1;
end
process=process(length(process):-1:1);
```

```
process=A(process,:);
process(:,3)=[];
```

二、每对顶点之间的最短路

计算赋权图中每对顶点之间的最短路径，显然可以调用 Dijkstra 算法，这种方法的时间复杂度为 $O(n^3)$. 解决这一问题的恰当方法是**佛洛伊德（Floyd）算法**.

（1）**Floyd 算法的基本思想**.

直接在图的赋权邻接矩阵中用插入顶点的方法依次构造出 n 个矩阵 $\boldsymbol{D}^{(1)}, \boldsymbol{D}^{(2)}, \cdots, \boldsymbol{D}^{(n)}$，最后得到的矩阵 $\boldsymbol{D}^{(n)}$ 成为图的距离矩阵，同时也求出插入点矩阵以便得到两点间的最短路径.

（2）**Floyd 算法原理**.

① 求距离矩阵的方法.

步骤 1：把赋权邻接矩阵 $\boldsymbol{A}$ 作为距离矩阵的初值，即 $\boldsymbol{D}^{(0)}=(d_{ij}^{(0)})_{n\times n}=\boldsymbol{A}$.

步骤 2：$\boldsymbol{D}^{(1)}=(d_{ij}^{(1)})_{n\times n}$，其中 $d_{ij}^{(1)}=\min\{d_{ij}^{(0)}, d_{i1}^{(0)}+d_{1j}^{(0)}\}$，$d_{ij}^{(1)}$ 是从 v_i 到 v_j 的只允许以 v_1 作为中间点的路径中最短路的长度.

步骤 3：$\boldsymbol{D}^{(2)}=(d_{ij}^{(2)})_{n\times n}$，其中 $d_{ij}^{(2)}=\min\{d_{ij}^{(1)}, d_{i2}^{(1)}+d_{2j}^{(1)}\}$，$d_{ij}^{(2)}$ 是从 v_i 到 v_j 的只允许以 v_1, v_2 作为中间点的路径中最短路的长度.

……

步骤 $n+1$：$\boldsymbol{D}^{(n)}=(d_{ij}^{(n)})_{n\times n}$，其中 $d_{ij}^{(n)}=\min\{d_{ij}^{(n-1)}, d_{i2}^{(n-1)}+d_{2j}^{(n-1)}\}$，$d_{ij}^{(n)}$ 是从 v_i 到 v_j 的只允许以 $v_1, v_2, \cdots, v_n$ 作为中间点的路径中最短路的长度，即从 v_i 到 v_j 中间可插入任何顶点的路径中最短路的长度，因此 $\boldsymbol{D}^{(n)}$ 为距离矩阵.

② 求路径矩阵的方法.

在建立距离矩阵的同时可建立路径矩阵 $\boldsymbol{R}$，$\boldsymbol{R}=(r_{ij})_{n\times n}$，$r_{ij}$ 的含义是从 v_i 到 v_j 的最短路要经过点号为 r_{ij} 的点.

$$\boldsymbol{R}^{(0)}=(r_{ij}^{(0)})_{n\times n}, \quad r_{ij}^{(0)}=j.$$

每求得一个 $\boldsymbol{D}^{(k)}$ 时，按下列方式产生相应的新的 $\boldsymbol{R}^{(k)}$：

$$r_{ij}^{(k)}=\begin{cases} k, & 若 d_{ij}^{(k-1)} > d_{ik}^{(k-1)}+d_{kj}^{(k-1)}, \\ r_{ij}^{(k-1)}, & 否则. \end{cases}$$

即当 v_k 被插入任何两点间的最短路径时，被记录在 $\boldsymbol{R}^{(k)}$ 中，依次求 $\boldsymbol{D}^{(n)}$ 时求得 $\boldsymbol{R}^{(n)}$，可由 $\boldsymbol{R}^{(n)}$ 来查找任何点对之间最短路的路径.

③ 查找最短路路径的方法.

若 $r_{ij}^{(n)}=p_1$，则点 p_1 是点 i 到点 j 的最短路的中间点，然后用同样的方法再分头查找. 若：

a. 向点 i 追溯得：$r_{ip_1}^{(n)}=p_2, r_{ip_2}^{(n)}=p_3, \cdots, r_{ip_k}^{(n)}=p_k$；

b. 向点 j 追溯得：$r_{p_1 j}^{(n)}=q_1, r_{q_2 j}^{(n)}=q_2, \cdots, r_{q_m j}^{(n)}=j$，

则由点 i 到 j 的最短路的路径为：$i, p_k, \cdots, p_2, p_1, q_1, q_2, \cdots, q_m, j$.

（3）Floyd 算法步骤.

d_{ij}：i 到 j 的距离.

r_{ij}：i 到 j 之间的插入点.

输入带权邻接矩阵 W：

① 赋初值：对所有 i,j，$d(i,j)\leftarrow w(i,j)$，$r(i,j)\leftarrow j$，$k\leftarrow 1$.

② 更新 $d(i,j), r(i,j)$：对所有 i,j，若 $d(i,k)+d(k,j)<d(i,j)$，则 $d(i,j)\leftarrow d(i,k)+d(k,j)$，$r(i,j)\leftarrow k$.

③ 若 $k = n$，停止；否则 $k\leftarrow k+1$，转②.

例 3 用 Floyd 算法求解例 1.

矩阵 D 为任意两点间的最短距离，矩阵 R 用来存放每对顶点之间最短路径上所经过的顶点的序号. Floyd 算法的 MATLAB 自定义函数 floyd.m 如下：

```
function [D,R]=floyd(a)
n=size(a,1);D=a;
for i=1:n
    for j=1:n
        R(i,j)=j;
    end
end
for k=1:n
    for i=1:n
        for j=1:n
            if D(i,k)+D(k,j)<D(i,j)
                D(i,j)=D(i,k)+D(k,j);
                R(i,j)=R(i,k);
            end
        end
    end
end
```

求解例 1 的主程序：

```
M=10000;
a=[0,50,M,40,25,10;50,0,15,20,M,25;M,15,0,10,20,M;40,20,10,0,10,25;25,M,20,10,0,55;
   10,25,M,25,55,0];
[D,R]=floyd(b)
```

运行结果如下：

D =

0	35	45	35	25	10
35	0	15	20	30	25
45	15	0	10	20	35
35	20	10	0	10	25
25	30	20	10	0	35
10	25	35	25	35	0

R =

1	6	5	5	5	6
6	2	3	4	4	6
5	2	3	4	5	4
5	2	3	4	5	6
1	4	3	4	5	1
1	2	4	4	1	6

三、应用——选址问题

选址问题是指为一个或几个服务设施在一定区域内选定它的位置，使某一指标达到最优值．选址问题的数学模型依赖于设施可能的区域和评判位置优劣的标准，有许多不同类型的选址问题．在此只简单介绍服务设施与服务对象都位于一个图的顶点上的单服务设施问题．

1．中心问题

有些公共服务设施（例如一些紧急服务型设施如急救中心、消防站等）的选址，要求图中最远的被服务点离服务设施的距离尽可能地小．

例 4 某城市要建立一个消防站，为该市所属的七个区服务（见图 8.2.2）．问：应设在哪个区，才能使它至最远区的路径最短？

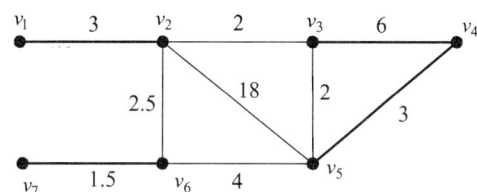

图 8.2.2 七个区间的交通图

算法：

（1）用 Floyd 算法求出距离矩阵 $D=(d_{ij})_{n\times n}$．

（2）计算在各点 v_i 设立服务设施的最大服务距离 $S(v_i)$：

$$S(v_i)=\max_{1\leq j\leq n}\{d_{ij}\}, i=1,2,\cdots,n.$$

（3）求出顶点 v_k，使 $S(v_k)=\min_{1\leq i\leq n}\{S(v_i)\}$，则 v_k 就是要求的建立消防站的地点．此点称为图的中心点．

对此问题，用 MATLAB 编写主程序 road1.m 如下：

a = [0 3 inf inf inf inf inf; 3 0 2 inf 18 2.5 inf; inf 2 0 6 2 inf inf; inf inf 6 0 3 inf inf; inf 18 2 3 0 4 inf; inf 2.5 inf inf 4 0 1.5; inf inf inf inf inf 1.5 0];

[D, R] =floyd(a)

运行 road1.m（需调用前面介绍的 floyd.m），得结果：

D =

| 0 | 3.0000 | 5.0000 | 10.0000 | 7.0000 | 5.5000 | 7.0000 |

3.0000	0	2.0000	7.0000	4.0000	2.5000	4.0000
5.0000	2.0000	0	5.0000	2.0000	4.5000	6.0000
10.0000	7.0000	5.0000	0	3.0000	7.0000	8.5000
7.0000	4.0000	2.0000	3.0000	0	4.0000	5.5000
5.5000	2.5000	4.5000	7.0000	4.0000	0	1.5000
7.0000	4.0000	6.0000	8.5000	5.5000	1.5000	0

故得：$S(v_1)=10$，$S(v_2)=7$，$S(v_3)=6$，$S(v_4)=10$，$S(v_5)=7$，$S(v_6)=7$，$S(v_7)=8.5$，因 $S(v_3)=6$ 为最小，故应将消防站设在 v_3 处.

2. 重心问题

有些设施（例如一些非紧急型的公共服务设施，如邮局、学校等）的选址，要求设施到所有服务对象点的距离总和最小. 一般要考虑人口密度问题，要使全体被服务对象来往的平均路程最短.

例 5 某矿区有七个矿点（见图 8.2.3），已知各矿点每天的产矿量 $q(v_j)$（标在图 8.2.2 的各顶点上）. 现要从这七个矿点选一个来建选矿厂，问应选在哪个矿点，才能使各矿点所产的矿石运到选矿厂的总运力（单位：$kt \cdot km$）最小？

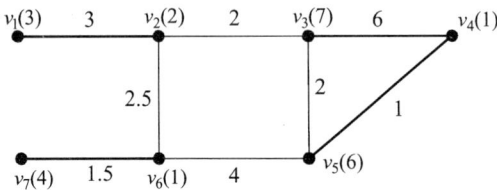

图 8.2.3 七个矿点间的交通图

算法：

（1）求距离矩阵 $\boldsymbol{D}=(d_{ij})_{n\times n}$.

（2）计算各顶点作为选矿厂的总运力 $m(v_i)$：

$$m(v_i) = \sum_{j=1}^{n} q(v_j)d_{ij}, i=1,2,\cdots,n.$$

（3）求 v_k，使 $m(v_k) = \min_{1\leq i\leq n}\{m(v_i)\}$，则 v_k 就是选矿厂应设之矿点. 此点称为图 G 的重心或中心点.

对此问题，用 MATLAB 编写主程序 road2.m 如下：

```
a=[0,3,inf,inf,inf,inf,inf;3,0,2,inf,inf,2.5,inf;inf,2,0,6,2,inf,inf;inf,inf,6,0,1,inf,inf;inf,inf,2,
   1,0,4,inf;inf,2.5,inf,inf,4,0,1.5;inf,inf,inf,inf,inf,1.5,0];
q=[3,2,7,1,6,1,4];
[D,R]=floyd(a)
m=q*D
```

运行 road2.m（需调用前面介绍的 floyd.m），得结果：

m=124.5000 70.5000 62.5000 92.0000 70.0000 88.0000 112.0000

故应将选矿厂设在 v_3 处.

第三节 树与最小生成树

一、基本概念

连通的无圈图叫做**树**,记之为 T. 若图 G 满足 $V(G)=V(T)$, $E(T) \subset E(G)$, 则称 T 是 G 的**生成树**. 图 G 连通的充分必要条件为 G 有生成树. 一个连通图的生成树的个数很多, 赋权图的具有最小权的生成树叫做**最小生成树**. 本节介绍最小生成树的算法及其应用.

二、prim 算法构造最小生成树

（1）**prim 算法的思想**.

设置两个集合 P 和 Q, 分别用于存放 G 的最小生成树中的顶点和边. 令集合 P 的初值为 $P=\{v_1\}$（假设构造最小生成树时, 从顶点 v_1 出发）, 集合 Q 的初值为 $Q=\varnothing$. 从所有 $p \in P$, $v \in V-P$ 的边中, 选取具有最小权值的边 pv, 将顶点 v 加入集合 P 中, 将边 pv 加入集合 Q 中, 如此不断重复, 直到 $P=V$ 时, 最小生成树构造完毕, 这时集合 Q 中包含了最小生成树的所有边.

（2）**prim 算法的步骤**.

① $P=\{v_1\}$, $Q=\varnothing$;

② while $P \sim= V$

$\qquad pv = \min(w_{pv}, p \in P, v \in V-P)$

$\qquad P = P + \{v\}$

$\qquad Q = Q + \{pv\}$

end

三、应用——连线问题

欲修筑连接 n 个城市的铁路, 已知 i 城与 j 城之间的铁路造价为 C_{ij}（见图 8.3.1）, 设计一个线路图, 使总造价最低. 此类问题我们称为**连线问题**. 连线问题的数学模型是在连通赋权图上求权最小的生成树. 构造最小生成树可使用 prim 算法.

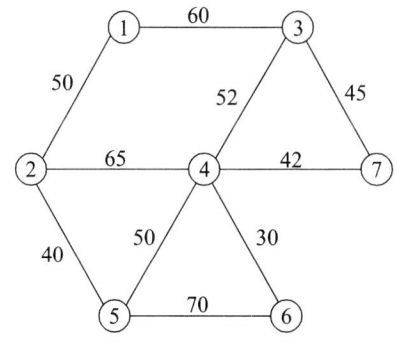

图 8.3.1 铁路网造价

我们用 $result_{3 \times n}$ 的第一、二、三行分别表示生成树边的起点、终点、权, s 表示最小权. MATLAB 程序如下:

```
M=1000;
a=[0,50,60,M,M,M,M;50,0,M,65,40,M,M;60,M,0,52,M,M,45;M,65,52,0,50,30,42;M,40,
   M,50,0,70,M;M,M,M,30,70,0,M;M,M,45,42,M,M,0];
result=[];p=1;tb=2:length(a);
while length(result)~=length(a)-1
    temp=a(p,tb);temp=temp(:);
    d=min(temp);
    [jb,kb]=find(a(p,tb)==d);
    j=p(jb(1));k=tb(kb(1));
    result=[result,[j;k;d]];p=[p,k];tb(find(tb==k))=[];
end
result
s=sum(result(3,:))
```

运行结果如下：

result =

1	2	5	4	4	7
2	5	4	6	7	3
50	40	50	30	42	45

s =257

即应修筑 1 到 2、2 到 5、5 到 4、4 到 6、4 到 7、7 到 3 的铁路，总造价 257.

第四节　TSP 问题

下面介绍旅行商问题（又称货郎担问题，Traveling Salesman Problem，简称 TSP 问题）.

有一个推销员，从城市 1 出发，要遍访城市 2, 3, $\cdots$, n 各一次，最后返回城市 1. 已知从城市 i 到 j 的旅程为 c_{ij}，问他应按怎样的次序访问这些城市，才使得总旅程最短？用图论术语说，就是在一个赋权完全图中，找出一个有最小权的 Hamilton 圈，称这种圈为**最优圈**.

可以用多种方法把 TSP 表示成整数规划模型. 这里介绍的一种建立模型的方法，是把该问题的每个解（不一定是最优的）看作一次"巡回".

在下述意义下，引入一些 0-1 整数变量：

$$x_{ij} = \begin{cases} 1, & \text{巡回路线是从 } i \text{ 到 } j, \text{ 且 } i \neq j, \\ 0, & \text{其他情况}, \end{cases}$$

其目标是使 $\sum_{i,j=1}^{n} c_{ij} x_{ij}$ 为最小.

这里有两个明显的必须满足的条件：

（1）访问城市 i 后必须要有一个即将访问的确切城市；

（2）访问城市 j 前必须要有一个刚刚访问过的确切城市.

用下面的两组约束分别实现上述两个条件.

$$\sum_{j=1}^{n} x_{ij} = 1, \ i = 1, 2, \cdots, n,$$

$$\sum_{i=1}^{n} x_{ij} = 1, \ j = 1, 2, \cdots, n.$$

到此我们得到了一个模型,它是一个指派问题的整数规划模型. 但以上两个条件对于 TSP 来说并不充分,仅仅是必要条件. 例如,图 8.4.1 所示的双子巡回的情形.

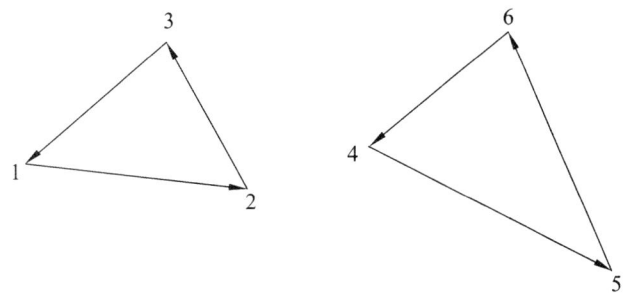

图 8.4.1 双子巡回的情形

以上两个条件都满足,但它显然不是 TSP 的解,它存在两个子巡回.

这里,我们将叙述一种在原模型上附加充分的约束条件以避免产生子巡回的方法. 把额外变量 $u_i (i = 2, 3, \cdots, n)$ 附加到问题中,可把这些变量看作连续的(虽然这些变量在最优解中取普通的整数值),现在附加下面形式的约束条件:

$$u_i - u_j + n x_{ij} \leqslant n - 1, \ 2 \leqslant i \neq j \leqslant n.$$

为了证明该约束条件有预期的效果,必须证明:

(1) 任何含子巡回的路线都不满足该约束条件;

(2) 全部巡回都满足该约束条件.

首先证明(1),用反证法. 假设还存在子巡回,也就是说至少有两个子巡回,那么至少存在一个子巡回不含城市 1. 把该子巡回记为 $i_1 i_2 \cdots i_k i_1$,则必有:

$$u_{i_1} - u_{i_2} + n \leqslant n - 1,$$
$$u_{i_2} - u_{i_3} + n \leqslant n - 1,$$
$$\cdots\cdots$$
$$u_{i_k} - u_{i_1} + n \leqslant n - 1,$$

把这 k 个式子相加,有:

$$n \leqslant n - 1, \ \text{矛盾!},$$

故假设不正确,结论(1)得证.

下面证明(2),采用构造法. 对于任意的总巡回 $1 i_1 \cdots i_{n-1} 1$,可取

$u_i =$ 访问城市 i 的顺序数,取值范围为 $\{0, 1, 2, \cdots, n-1\}$.

因此,$u_i - u_j \leqslant n - 2, \ 2 \leqslant i \neq j \leqslant n$. 下面证明总巡回满足该约束条件.

① 总巡回上的边:

$$\begin{cases} u_{i_1} - u_{i_2} + n = n-1 \leqslant n-1, \\ u_{i_2} - u_{i_3} + n = n-1 \leqslant n-1, \\ \cdots\cdots \\ u_{i_{n-2}} - u_{i_{n-1}} + n = n-1 \leqslant n-1. \end{cases}$$

② 非总巡回上的边:

$$\begin{cases} u_{i_r} - u_j \leqslant n-2 \leqslant n-1, \ r=1,2,\cdots,n-2, \ j \in \{2,3,\cdots,n\} - \{i_r, i_{r+1}\}, \\ u_{i_{n-1}} - u_j \leqslant n-2 \leqslant n-1, j \in \{2,3,\cdots,n\} - \{i_r\}. \end{cases}$$

从而结论(2)得证.

这样我们把 TSP 转化成了一个混合整数线性规划问题:

$$\min \ z = \sum_{\substack{i,j=1 \\ i \neq j}}^{n} c_{ij} x_{ij},$$

$$\text{s.t.} \begin{cases} \sum_{i=1}^{n} x_{ij} = 1, \ j=1,2,\cdots,n, \\ \sum_{j=1}^{n} x_{ij} = 1, \ i=1,2,\cdots,n, \\ u_i - u_j + n x_{ij} \leqslant n-1, \ 2 \leqslant i \neq j \leqslant n, \\ x_{ij} = 0,1, \ i,j = 1,2,\cdots,n, \\ 0 \leqslant u_i \leqslant n-1, \ i=2,\cdots,n. \end{cases}$$

显然,当城市个数较多(大于 30)时,该混合整数线性规划问题的规模会很大,从而给求解带来很大问题. TSP 已被证明是 NP 难问题,目前还没有发现多项式时间的算法. 对于小规模问题,我们求解这个混合整数线性规划问题的方式还是有效的.

例 从北京(Pe)乘飞机到东京(T)、纽约(N)、墨西哥城(M)、伦敦(L)、巴黎(Pa)五城市旅游,每城市恰好去一次再回北京,应如何安排旅游线路,使旅费最省?各城市之间的机票价格如表 8.4.1 所示.

表 8.4.1 城间旅游费用

	L	M	N	Pa	Pe	T
L	0	56	35	21	51	60
M	56	0	21	57	78	70
N	35	21	0	36	68	68
Pa	21	57	36	0	51	61
Pe	51	78	68	51	0	13
T	60	70	68	61	13	0

运行如下 LINGO 程序 tsp.lg4
model:
sets:
　　city / 1..6/: u;
　　link(city,city):x,dist;
endsets
n=@size(city);
data:
dist=0　56　35　21　51　60
56　0　21　57　78　70
35　21　0　36　68　68
21　57　36　0　51　61
51　78　68　51　0　13
60　70　68　61　13　0;　!距离矩阵,它并不需要是对称的;
enddata
min=@sum(link:dist * x);　　!目标函数;
@for(city(K):
　　@sum(city(I)| I #ne# K: x(I, K)) = 1;　　　!进入城市 K;
　　@sum(city(J)| J #ne# K: x(K, J)) = 1;　　　!离开城市 K;
);
@for(city(I)|I #gt# 1:
　　@for(city(J)| J#gt#1 #and# I #ne# J:u(I)-u(J)+n*x(I,J)<=n-1);
); !保证不出现子圈;
@for(city(I) | I #gt# 1: u(I)<=n-1);　　!限制 u 的范围以加速求解,该限制不会除掉最优解;
@for(link:@bin(x));　　!定义 x 为 0\1 变量;
end

得到 $x_{14}=x_{45}=x_{56}=x_{62}=x_{23}=x_{31}=1$,目标值为 211,即从北京出发依次经过东京（T）、墨西哥城（M）、纽约（N）、伦敦（L）、巴黎（Pa），再回到北京，最小总费用 211。

习题

1. 在一个城市交通系统中取出一段（见图 8.1），其入口为顶点 v_1，出口为顶点 v_8，每条弧段旁的数字表示通过该路段所需时间（s），每次转弯需要附加时间为 3 s，求 v_1 到 v_8 的最短时间及路径。

2. 一只狼、一只羊和一筐白菜在河的一岸，一个摆渡人想把它们渡过河去。但是由于他的船很小，每次只能带走它们之中的一种，原因很明显，狼和羊或者羊和白菜在一起时，需要有人看守。问摆渡人怎样把它们渡过河去？

3. 有四个工件需要在同一台机器上加工，若加工的先后次序可以任意，各工件之间的切换调整时间如表 8.1 所示，试确定最优加工顺序。

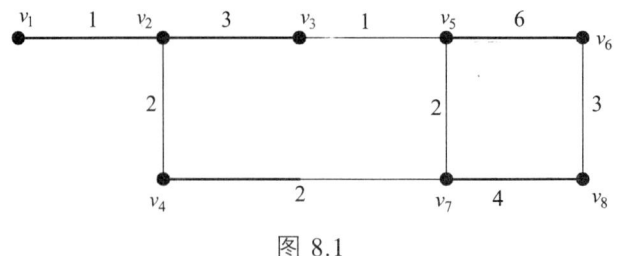

图 8.1

表 8.1 四个工件间的切换时间

从＼到	A	B	C	D
A		15	20	5
B	30		30	15
C	25	25		15
D	20	35	10	

第九章 统计回归模型

当人们对研究对象的内在特性和各因素间的关系有比较充分的认识时,一般用机理分析方法建立数学模型,本书前面几章讨论的绝大多数模型都如此. 鉴于客观事物内部规律的复杂性及人们认识程度的限制,当无法分析实际对象内在的因果关系,且又要求建立合乎机理规律的数学模型时,通常的办法是搜集大量的数据,基于对数据的统计分析去建立模型. 本章只介绍用途非常广泛的一类随机模型——统计回归模型.

与专门讲述统计方法的教材不同,这里将不涉及回归分析的数学原理和方法,而是通过几个实例讨论如何选择不同类型的模型,以及怎样对软件得到的结果进行分析. 没有学过这部分数学知识的读者只要不探究这些结果的统计学意义,仍可以在这里学到用回归模型解决实际问题的基本方法.

第一节 牙膏的销售量

某大型牙膏制造企业为了更好地拓展产品市场,有效地管理库存,公司董事会要求销售部门根据市场调查,找出公司生产的牙膏销售量与销售价格、广告投入等之间的关系,从而预测出在不同价格和广告费用下的销售量. 为此,销售部的研究人员收集了过去 30 个销售周期(每个销售周期为 4 周)公司生产的牙膏的销售量、销售价格、投入的广告费用,以及同期其他厂家生产的同类牙膏的市场平均销售价格,如表 9.1.1 所示. 试根据这些数据建立一个数学模型,分析牙膏销售量与其他因素的关系,以便为制订价格策略和广告投入策略提供数量依据[19].

表 9.1.1 牙膏销售量与销售价格、广告费用等数据

(其中价格差指其他厂家平均价格与公司销售价格之差)

销售周期	公司售价/元	其他厂家均价/元	广告费用/百万元	价格差/元	销售量/百万支
1	3.85	3.80	5.50	−0.05	7.38
2	3.75	4.00	6.75	0.25	8.51
3	3.70	4.30	7.25	0.60	9.52
4	3.70	3.70	5.50	0	7.50
5	3.60	3.85	7.00	0.25	9.33
6	3.60	3.80	6.50	0.20	8.28
7	3.60	3.75	6.75	0.15	8.75
8	3.80	3.85	5.25	0.05	7.87
9	3.80	3.65	5.25	−0.15	7.10
10	3.85	4.00	6.00	0.15	8.00

续表

销售周期	公司售价/元	其他厂家均价/元	广告费用/百万元	价格差/元	销售量/百万支
11	3.90	4.10	6.50	0.20	7.89
12	3.90	4.00	6.25	0.10	8.15
13	3.70	4.10	7.00	0.40	9.10
14	3.75	4.20	6.90	0.45	8.86
15	3.75	4.10	6.80	0.35	8.90
16	3.80	4.10	6.80	0.30	8.87
17	3.70	4.20	7.10	0.50	9.26
18	3.80	4.30	7.00	0.50	9.00
19	3.70	4.10	6.80	0.40	8.75
20	3.80	3.75	6.50	-0.05	7.95
21	3.80	3.75	6.25	-0.05	7.65
22	3.75	3.65	6.00	-0.10	7.27
23	3.70	3.90	6.50	0.20	8.00
24	3.55	3.65	7.00	0.10	8.50
25	3.60	4.10	6.80	0.50	8.75
26	3.65	4.25	6.80	0.60	9.21
27	3.70	3.65	6.50	-0.05	8.27
28	3.75	3.75	5.75	0	7.67
29	3.80	3.85	5.80	0.05	7.93
30	3.70	4.25	6.80	0.55	9.26

【分析与假设】

由于牙膏是生活必需品,对大多数顾客来说,在购买同类产品的牙膏时更多地会在意不同品牌之间的价格差异,而不是它们的价格本身.因此,在研究各个因素对销售量的影响时,用价格差代替公司的销售价格和其他厂家的平均价格更合适.

记牙膏销售量为 y,其他厂家的平均价格与该公司的销售价格之差(价格差)为 x_1,公司投入的广告费用为 x_2,其他厂家的平均价格和该公司的销售价格分别为 x_3 和 x_4,$x_1=x_3-x_4$. 基于上面的分析,我们仅利用 x_1 和 x_2 来建立 y 的预测模型.

【模型建立】

为了大致地分析 y 与 x_1 和 x_2 的关系,首先利用表 9.1.1 的数据在 MATLAB 中运行如下程序段 1:

```
x1=[-0.05,0.25,0.6,0,0.25,0.2,0.15,0.05,-0.15,0.15,0.2,0.1,0.4,0.45,0.35,0.3,0.5,0.5,0.4,
    -0.05,-0.05,-0.1,0.2,0.1,0.5,0.6,-0.05,0,0.05,0.55]';
x2=[5.5,6.75,7.25,5.5,7,6.5,6.75,5.25,5.25,6,6.5,6.25,7,6.9,6.8,6.8,7.1,7,6.8,6.5,6.25,6,
    6.5,7,6.8,6.8,6.5,5.75,5.8,6.8]';
y=[7.38,8.51,9.52,7.5,9.33,8.28,8.75,7.87,7.1,8,7.89,8.15,9.1,8.86,8.9,8.87,9.26,9,8.75,
    7.95,7.65,7.27,8,8.5,8.75,9.21,8.27,7.67,7.93,9.26]';
```

```
scatter(x1,y)
figure(2);scatter(x2,y)
```
分别作出 y 对 x_1 和 x_2 的散点图（见图 9.1.1 和图 9.1.2），并在图形窗口菜单选择 Tools/Basic fitting，在弹出的对话框中分别勾选 linear 和 quadratic.

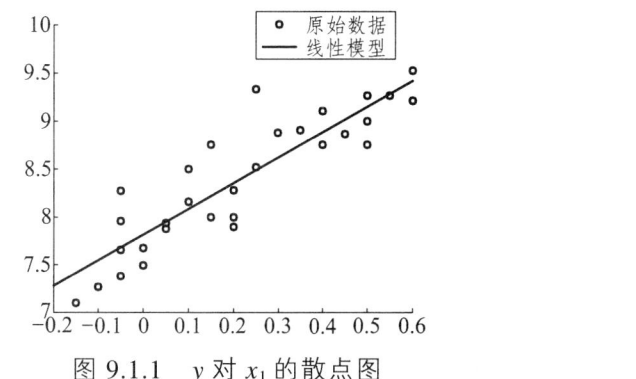
图 9.1.1　y 对 x_1 的散点图

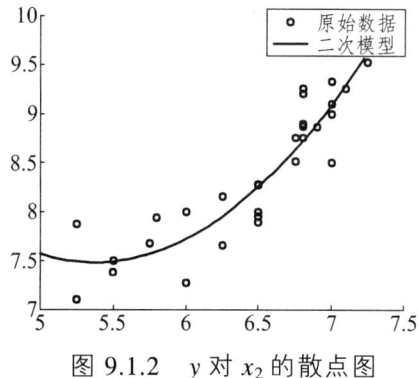
图 9.1.2　y 对 x_2 的散点图

从图 9.1.1 可以发现，随着 x_1 的增加，y 的值有比较明显的线性增长趋势，图中的直线是用线性模型：
$$y = \beta_0 + \beta_1 x_1 + \varepsilon \tag{9.1.1}$$
拟合的（其中 ε 是随机误差）．而在图 9.1.2 中，当 x_2 增大时，y 有向上弯曲增加的趋势，图中的曲线是用二次函数模型：
$$y = \beta_0 + \beta_1 x_2 + \beta_2 x_2^2 + \varepsilon \tag{9.1.2}$$
拟合的．

综合上面的分析，结合模型（9.1.1）和（9.1.2）建立如下的回归模型：
$$y = \beta_0 + \beta_1 x_1 + \beta_2 x_2 + \beta_3 x_2^2 + \varepsilon. \tag{9.1.3}$$
（9.1.3）式右端的 x_1 和 x_2 称为回归变量（自变量），$y = \beta_0 + \beta_1 x_1 + \beta_2 x_2 + \beta_3 x_2^2 + \varepsilon$ 是给定价格差 x_1、广告费用 x_2 时，牙膏销售量 y 的平均值，其中参数 $\beta_0, \beta_1, \beta_2, \beta_3$ 称为回归系数，由表 9.1.1 的数据估计，影响 y 的其他因素的作用都包含在随机误差 ε 中．如果模型选择合适，ε 应大致服从均值为 0 的正态分布．

【模型求解】

直接利用 MATLAB 统计工具箱中的命令 regress 求解，使用格式为：

[b,bint,r,rint,stats]=regress(y,x,alpha)

其中输入 y 为模型（9.1.3）中 y 的数据（n 维向量，$n = 30$）；x 为对应于回归系数 $\boldsymbol{\beta} = (\beta_0, \beta_1, \beta_2, \beta_3)$ 的数据矩阵 $[1\ x_1\ x_2\ x_2^2]$（$n \times 4$ 矩阵，其中第 1 列为全 1 向量）；alpha 为显著性水平 α（缺省时 $\alpha = 0.05$）；输出 b 为 $\boldsymbol{\beta}$ 的估计值，常记作 $\hat{\boldsymbol{\beta}}$，bint 为 b 的置信区间；r 为残差向量 $\boldsymbol{y} - \boldsymbol{x}\hat{\boldsymbol{\beta}}$，rint 为 r 的置信区间；stats 为回归模型的检验统计量，有四个值，第一个是回归方程的决定系数 R^2（R 是相关系数），第二个是 F 统计量值，第三个是与 F 统计量对应的概率值 p，第四个是剩余方差 s^2．

在上述程序段 1 基础上添加如下程序段 2：

```
x=[ones(30,1) x1 x2 x2.^2];
```

[b,bint,r,rint,stats]=regress(y,x)

运行得到模型（9.1.3）的回归系数估计值及其置信区间（置信水平 $\alpha = 0.05$）以及检验统计量 R^2, F, p, s^2 的结果（见表 9.1.2）.

表 9.1.2　模型（9.1.3）的计算结果

参数	参数估计值	参数置信区间
β_0	17.3244	[5.7282, 28.9206]
β_1	1.3070	[0.6829, 1.9311]
β_2	−3.6956	[−7.4989, 0.1077]
β_3	0.3486	[0.0379, 0.6594]

$R^2 = 0.9054 \quad F = 82.9409 \quad p = 0.0000 \quad s^2 = 0.0490$

【结果分析】

表 9.1.2 显示，$R^2 = 0.9054$ 指因变量 y（销售量）的 90.54%可由模型确定，F 值远远超过 F 检验的临界值，p 远小于 α，因而模型（9.1.3）从整体来看是可用的.

表 9.1.2 的回归系数给出了模型（9.1.3）中 $\beta_0, \beta_1, \beta_2, \beta_3$ 的估计值，即 $\hat{\beta}_0 = 17.3244$，$\hat{\beta}_1 = 1.3070$，$\hat{\beta}_2 = -3.6956$，$\hat{\beta}_4 = 0.3486$. 检查它们的置信区间发现，只有 β_2 的置信区间包含零点（但区间右端点距零点很近），表明回归变量 x_2（对因变量 y 的影响）不是太显著，但由于 x_2^2 是显著的，我们仍将变量 x_2 保留在模型中.

【销售量预测】

将回归系数的估计值代入模型（9.1.3），即可预测公司未来某个销售周期牙膏的销售量 y，预测值记作 $\hat{y}$，得到模型（9.1.3）的预测方程：

$$\hat{y} = \hat{\beta}_0 + \hat{\beta}_1 x_1 + \hat{\beta}_2 x_2 + \hat{\beta}_3 x_2^2. \tag{9.1.4}$$

只需知道该销售周期的价格差 x_1 和投入的广告费用 x_2，就可以计算预测值 $\hat{y}$.

值得注意的是，公司无法直接确定价格差 x_1，而只能制订公司该周期的牙膏售价 x_4，但是同期其他厂家的平均价格 x_3 一般可以通过分析和预测当时的市场情况及原材料的价格变化等估计出. 模型中引入价格差 $x_1 = x_3 - x_4$ 作为回归变量，而非 x_3, x_4 的好处在于，公司可以更灵活地来预测产品的销售量（或市场需求量），因为 x_3 的值不是公司所能控制的. 预测时只要调整 x_4 达到设定的回归变量 x_1 的值，比如公司计划在未来的某个销售周期中，维持产品的价格差为 $x_1 = 0.2$ 元，并投入 $x_2 = 6.5$ 百万元的广告费，则该周期牙膏销售量的估计值为

$$\hat{y} = 17.3244 + 1.3070 \times 0.2 - 3.6956 \times 6.5 + 0.3486 \times 6.5^2 = 8.2928 \text{ 百万支}.$$

回归模型的一个重要应用是，对于给定的回归变量的取值，可以以一定的置信度预测因变量的取值范围. 比如当 $x_1 = 0.2, x_2 = 6.5$ 时可以算出牙膏销售量的置信度为 95%的预测区间为[7.8230, 8.7636]. 它表明在将来的某个销售周期中，如公司维持产品的价格差为 0.2 元，并投入 650 万元的广告费用，那么可以有 95%的把握保证牙膏的销售量在 7.823 与 8.7636 百万支之间. 实际操作时，预测上限可以用来作为库存管理的目标值，即公司可以生产（或库存）8.7636 百万支牙膏来满足该销售周期顾客的需求；预测下限则可以用来较好地把握（或控制）公司的现金流，理由是公司对该周期销售 7.823 百万支牙膏十分自信，如果在该销售周期中公司将牙膏售价定为 3.70 元，且估计同期其他厂家的平均价格为 3.90 元，那么

董事会可以有充分的依据知道公司的牙膏销售额应在 $7.823 \times 3.7 \approx 29$ 百万元以上.

【模型改进】

模型（9.1.3）中回归变量 x_1 和 x_2 对因变量 y 的影响是相互独立的，即牙膏销售量 y 的均值与广告费用 x_2 的二次关系由回归系数 β_2 和 β_3 确定，而不依赖于价格差 x_1. 同样地，y 的均值与 x_1 的线性关系由回归系数 β_1 确定，而不依赖于 x_2. 根据直觉和经验可以猜想，x_1 和 x_2 之间的交互作用会对 y 有影响，不妨简单地用 x_1, x_2 的乘积代表它们的交互作用，于是将模型（9.1.3）增加一项，得到：

$$y = \beta_0 + \beta_1 x_1 + \beta_2 x_2 + \beta_3 x_2^2 + \beta_4 x_1 x_2 + \varepsilon. \qquad (9.1.5)$$

在这个模型中，y 的均值与 x_2 的二次关系为 $(\beta_2 + \beta_4 x_1)x_2 + \beta_3 x_2^2$，由系数 $\beta_2, \beta_3, \beta_4$ 确定，并依赖于价格差 x_1.

下面让我们用表 9.1.1 的数据估计模型（9.1.5）的系数. 在上述程序段 1-2 基础上继续添加如下程序段 3：

xx=[ones(30,1) x1 x2 x2.^2 x1.*x2];

[b2,bint2,r2,rint2,stats2]=regress(y,xx)

运行得到的结果如表 9.1.3 所示.

表 9.1.3 模型（9.1.5）的计算结果

参数	参数估计值	参数置信区间
β_0	29.1133	[13.7013, 44.5252]
β_1	11.1342	[1.9778, 20.2906]
β_2	-7.6080	[-12.6932, -2.5228]
β_3	0.6712	[0.2538, 1.0887]
β_4	-1.4777	[-2.8518, -0.1037]
$R^2 = 0.9209$ $F = 72.7771$ $p < 0.0001$ $s^2 = 0.0426$		

表 9.1.3 与表 9.1.2 的结果相比，R^2 有所提高，说明模型（9.1.5）比模型（9.1.3）有所改进. 并且，所有参数的置信区间，特别是 x_1, x_2 的交互作用项 $x_1 x_2$ 的系数 β_4 的置信区间不包含零点，所以有理由相信模型（9.1.5）比模型（9.1.3）更符合实际.

用模型（9.1.5）对公司的牙膏销售量作预测. 仍设在某个销售周期中，维持产品的价格差 $x_1 = 0.2$ 元，并将投入 $x_2 = 6.5$ 百万元的广告费用，则该周期牙膏销售量 y 的估计值为

$$\hat{y} = 29.1133 + 11.1342 \times 0.2 - 7.6080 \times 6.5 + 0.6712 \times 6.5^2 - 1.4777 \times 0.2 \times 6.5 = 8.3253 \text{ 百万支}.$$

置信度为 95% 的预测区间为 [7.8953, 8.7592]，与模型（9.1.3）的结果相比，$\hat{y}$ 略有增加，而预测区间长度短一些.

在保持广告费用 $x_2 = 6.5$ 百万元不变的条件下，分别对模型（9.1.3）和（9.1.5）中牙膏销售量的均值 $\hat{y}$ 与价格差 x_1 的关系作图，为此，在上述程序段 1-3 基础上添加程序段 4：

x1=-0.2:0.1:0.6;x2=6.5;

y11=b(1)+b(2)*x1+b(3)*x2+b(4)*x2^2;

y12=b2(1)+b2(2)*x1+b2(3)*x2+b2(4)*x2^2+b2(5)*x1*x2;

figure(3)

```
plot(x1,y11,'--',x1,y12)
legend('模型(9.1.3)','模型(9.1.5)')
grid on
```
运行结果如图 9.1.3 所示.

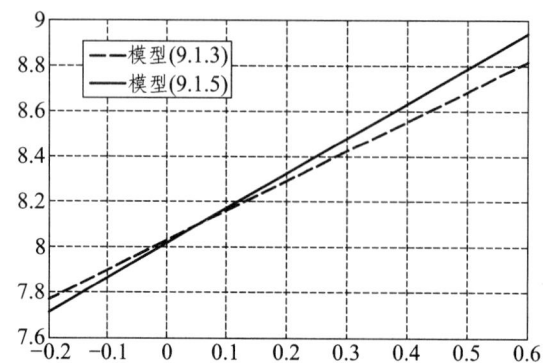

图 9.1.3　模型（9.1.3）和（9.1.5）中 $\hat{y}$ 与 x_1 的关系

在保持价格差 $x_1=0.2$ 元不变的条件下，分别对模型（9.1.3）和（9.1.5）中牙膏销售量的均值 $\hat{y}$ 与广告费用 x_2 的关系作图，为此，在上述程序段 1-4 基础上添加程序段 5：

```
x1=0.2;x2=5:0.1:8;
y21=b(1)+b(2)*x1+b(3)*x2+b(4)*x2.^2;
y22=b2(1)+b2(2)*x1+b2(3)*x2+b2(4)*x2.^2+b2(5)*x1*x2;
figure(4)
plot(x2,y21,'--',x2,y22)
legend('模型(9.1.3)','模型(9.1.5)')
grid on
```
运行结果如图 9.1.4 所示.

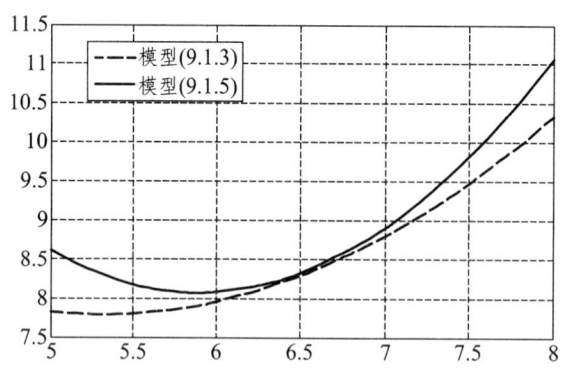

图 9.1.4　模型（9.1.3）和（9.1.5）中 $\hat{y}$ 与 x_2 的关系

可以看出，将交互作用项 x_1x_2 加入模型，对 $\hat{y}$ 与 x_1 的关系稍有影响，而对 $\hat{y}$ 与 x_2 的关系影响较大，当 $x_2<6$ 时 $\hat{y}$ 出现下降，在 $x_2>6$ 以后 $\hat{y}$ 上升得很快.

【进一步讨论】

为进一步了解 x_1 和 x_2 之间的交互作用，考察（9.1.5）的预测方程：

$$\hat{y} = 29.1133 + 11.1342x_1 - 7.6080x_2 + 0.6712x_2^2 - 1.4777x_1x_2. \quad (9.1.6)$$

如果取价格差 $x_1 = 0.1$ 元，代入（9.1.6）式可得

$$\hat{y}|_{x_1=0.1} = 30.2267 - 7.7558x_2 + 0.6712x_2^2. \quad (9.1.7)$$

再取 $x_1=0.3$ 元，代入（9.1.6）式得

$$\hat{y}|_{x_1=0.3} = 32.4536 - 8.0513x_2 + 0.6712x_2^2. \quad (9.1.8)$$

它们均为 x_2 的二次函数，其图形如图 9.1.5 所示，且

$$\hat{y}|_{x_1=0.3} - \hat{y}|_{x_1=0.1} = 2.2269 - 0.2955x_2. \quad (9.1.9)$$

由（9.1.9）式可得，当 $x_2<7.5360$ 时，总有 $\hat{y}|_{x_1=0.3} > \hat{y}|_{x_1=0.1}$，即若广告费用不超过大约 7.5 百万元，价格差定在 0.3 元时的销售量，比价格差定在 0.1 元时要大，也就是说，这时的价格优势会使销售量增加.

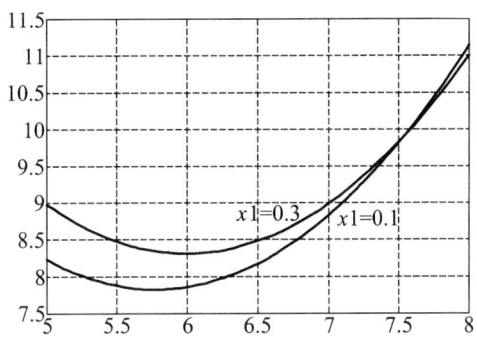

图 9.1.5 $\hat{y}$ 与 x_2 的关系图（(9.1.7) 与 (9.1.8) 的图形）

由图 9.1.5 还可以发现，虽然广告投入的增加会使销售量增加（只要广告费用超过大约 6 百万元），但价格差较小时增加的速率要更大些. 这些现象都是由于引入了交互作用项 x_1x_2 后产生的. 价格差较大时，许多消费者是受价格的驱动来购买公司的产品，所以可以较少地依赖广告投入的增加来提高销售量；价格差较小时，则更需要靠广告来吸引更多顾客.

另外，当公司牙膏的售价在市场中明显处于弱势时，x_1 和 x_2 之间的交互作用项不见得就是乘积项 x_1x_2 了，可能出现其他形式的组合.

【完全二次多项式模型】

与 x_1 和 x_2 的完全二次多项式模型：

$$y = \beta_0 + \beta_1 x_1 + \beta_2 x_2 + \beta_3 x_1 x_2 + \beta_4 x_1^2 + \beta_5 x_2^2 + \varepsilon \quad (9.1.10)$$

相比，模型（9.1.5）只少 x_1^2 项，我们不妨增加这一项，建立模型（9.1.10）. 这样做的好处之一是 MATLAB 统计工具箱中有直接的命令 rstool 求解，并且以交互式画面给出 y 的估计值 $\hat{y}$ 和预测区间. 运行如下程序段：

```
x1=[-0.05,0.25,0.6,0,0.25,0.2,0.15,0.05,-0.15,0.15,0.2,0.1,0.4,0.45,0.35,0.3,0.5,0.5,0.4,
    -0.05,-0.05,-0.1,0.2,0.1,0.5,0.6,-0.05,0,0.05,0.55]';
x2=[5.5,6.75,7.25,5.5,7,6.5,6.75,5.25,5.25,6,6.5,6.25,7,6.9,6.8,6.8,7.1,7,6.8,6.5,6.25,6,
    6.5,7,6.8,6.8,6.5,5.75,5.8,6.8]';
```

```
x=[x1 x2];rstool(x,y)
```

输出如图 9.1.6 所示，从左下方的输出 Export 可以得到模型（9.1.10）的回归系数的估计值为

$$\beta = (\beta_0, \beta_1, \beta_2, \beta_3, \beta_4, \beta_5) = (32.0984, 14.7436, -8.6367, -2.1038, 1.1074, 0.7594).$$

用鼠标移动交互式画面中的十字线，或在图下方的窗口内输入，可改变 x_1 和 x_2 的数值，图中当 $x_1 = 0.2, x_2 = 6.5$ 时，左边的窗口显示 $\hat{y} = 8.3029$，预测区间为 $8.3029 \pm 0.2558 = [8.0471, 8.5587]$. 这些结果与模型（9.1.5）相差不大.

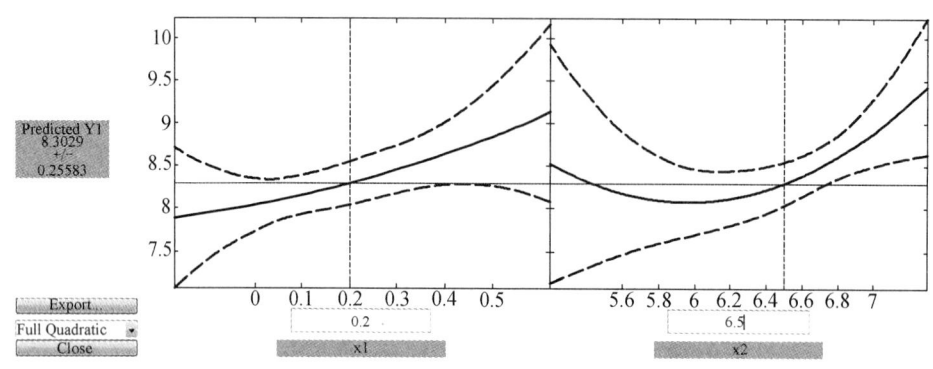

图 9.1.6 完全二次多项式模型（9.1.10）的输出

评注：从这个实例可以看到，建立回归模型可以先根据已知的数据，从常识和经验进行分析，辅以作图（如图 9.1.1，图 9.1.2 的散点图），决定取哪几个回归变量及它们的函数形式（如线性的、二次的）. 用软件（如 MATLAB 统计工具箱）求解后，作统计分析：R^2、F、p 值、s^2 的大小是对模型整体的评价；每个回归系数置信区间是否包含零点，可以用来检验对应的回归变量对因变量的影响是否显著（若包含零点则不显著）. 如果对结果不够满意，则应改进模型，如添加二次项、交互项等.

对因变量进行预测，经常是建立回归模型的主要目的之一，本节提供了预测的方法，以及对结果做进一步讨论的实例.

第二节 酶促反应

酶是一种具有特异性的高效生物催化剂，酶催化的反应称为酶促反应，它比相应的非催化反应快 $10^3 \sim 10^{17}$ 倍. 某生化系学生为了研究嘌呤霉素在某项酶促反应中对反应速度与底物浓度之间关系的影响，设计了两个实验：一个实验中所使用的酶是经过嘌呤霉素处理的，而另一个实验所用的酶是未经嘌呤霉素处理过的，所得的实验数据如表 9.2.1 所示. 试根据问题的背景和这些数据建立一个合适的数学模型，以反映这项酶促反应的速度与底物浓度以及嘌呤霉素处理与否之间的关系[20].

表 9.2.1 嘌呤霉素实验中的反应速度与底物浓度数据（1 ppm =0.001‰）

底物浓度/ppm		0.02		0.06		0.11		0.22		0.56		1.10	
反应速度	处理	76	47	97	107	123	139	159	152	191	201	207	200
	未处理	67	51	84	86	98	115	131	124	144	158	160	—

【分析与假设】

记酶促反应的速度为 y，底物浓度为 x，两者之间的关系记作 $y=f(x,\boldsymbol{\beta})$，其中 $\boldsymbol{\beta}$ 为参数。由酶促反应的基本性质可知，当底物浓度较小时，反应速度大致与浓度成正比（即一级反应）；而当底物浓度很大，渐进饱和时，反应速度将趋于一个固定值——最终反应速度（即零级反应）。下面的简单模型具有这种性质：

Michaelis-Menten 模型：

$$y = f(x,\boldsymbol{\beta}) = \frac{\beta_1 x}{\beta_2 + x}. \qquad (9.2.1)$$

在 MATLAB 中运行如下程序段 1：

x1=[0.02,0.02,0.06,0.06,0.11,0.11,0.22,0.22,0.56,0.56,1.10,1.10]';x2=x1(1:11);
y1=[76,47,97,107,123,139,159,152,191,201,207,200]';
y2=[67,51,84,86,98,115,131,124,144,158,160]';
scatter(x1,y1)
figure(2);scatter(x2,y2,'k+')

得到经过嘌呤霉素处理和未经处理的反应速度 y 与底物浓度 x 的散点图（见图 9.2.1 和图 9.2.2）。从图形可以知道，模型（9.2.1）与实际数据得到的散点图是大致符合的。

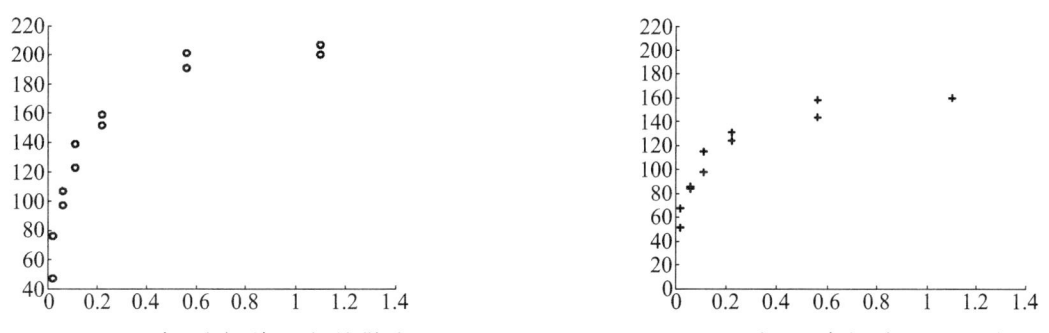

图 9.2.1　y 对 x（经处理）的散点图　　图 9.2.2　y 对 x（未经处理）的散点图

首先对经过嘌呤霉素处理的实验数据进行分析（未经处理的数据可同样分析），在此基础上，再讨论是否有更一般的模型来统一刻画处理前后的数据，进而揭示其中的联系。

【线性化模型】

模型（9.2.1）关于参数 $\boldsymbol{\beta}=(\beta_1,\beta_2)$ 是非线性的，但是可以通过下面的变量代换化为线性模型：

$$\frac{1}{y} = \frac{1}{\beta_1} + \frac{\beta_2}{\beta_1}\frac{1}{x} = \theta_1 + \theta_2 u. \qquad (9.2.2)$$

模型（9.2.2）中的因变量 $\frac{1}{y}$ 对新的参数 $\boldsymbol{\theta}=(\theta_1,\theta_2)$ 是线性的。

在上述程序段 1 的基础上添加如下程序段 2：

x=1./x1;y=1./y1;
figure(3);plot(x,y,'ko')

对经过嘌呤霉素处理的实验数据，作出反应速度的倒数 $\frac{1}{y}$ 与底物浓度的倒数 $u=\frac{1}{x}$ 的散点图

（见图 9.2.3），发现在 $\frac{1}{x}$ 较小时有很好的线性趋势，而 $\frac{1}{x}$ 较大时出现很大的起落.

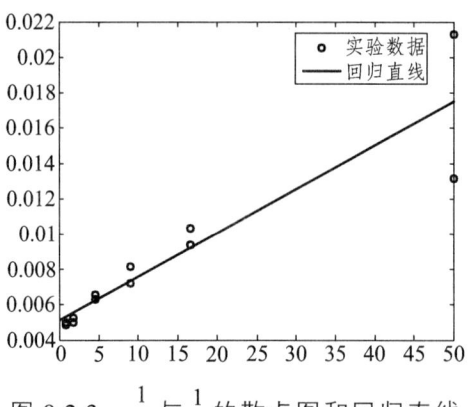

图 9.2.3　$\frac{1}{y}$ 与 $\frac{1}{x}$ 的散点图和回归直线

在上述程序段 1-2 的基础上添加如下程序段 3：

[b,bint,r,rint,stats]=regress (y,[ones(12,1) x])
b1(1)=1/b(1);b1(2)=b(2)/b(1);
x11=0.02:0.01:1.1;y11=b1(1).*x11./(b1(2)+x11);
figure(4);plot(x1,y1,'ko',x11,y11)

运行得到线性化模型（9.2.2）的参数 θ_1, θ_2 的估计和其他统计结果（见表 9.2.2），以及根据（9.2.2）式中 β 与 θ 的关系得到的 $\beta_1=\frac{1}{\theta_1}, \beta_2=\frac{\theta_2}{\theta_1}$ 的估计值（分别为 $\hat{\beta}_1=195.8020$ 和 $\hat{\beta}_2=0.04840$），还有原模型（9.2.1）与原始数据比较的拟合图（见图 9.2.4）.

表 9.2.2　线性化模型（9.2.2）参数的估计结果

参数	参数估计值（×10^{-3}）	参数置信区间（×10^{-3}）
θ_1	5.1072	[3.5386，6.6758]
θ_2	0.2472	[0.1757，0.3188]
	$R^2=0.8557$　$F=59.2975$　$p<0.0001$　$s^2=3.5806\times10^{-6}$	

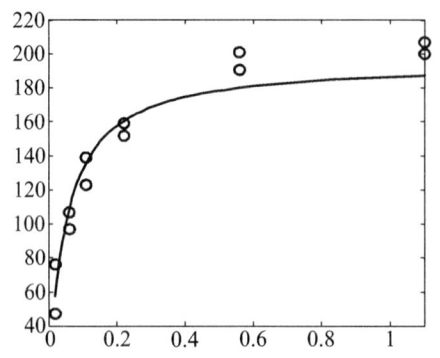

图 9.2.4　用线性化得到的原始数据拟合图

由图 9.2.4 可以发现，在 x 较大时 y 的预测值要比实际数据小，这是因为在对线性化模型作参数估计时,底物浓度 x 较低($\frac{1}{x}$ 很大)的数据在很大程度上控制了回归参数的确定,从而使得对底物浓度 x 较高数据的拟合,出现较大的偏差.

为了解决线性化模型中拟合欠佳的问题,我们直接考虑非线性模型(9.2.1).

【非线性模型及求解】

可以用非线性回归的方法直接估计模型(9.2.1)中参数 β_1 和 β_2. 模型的求解可利用 MATLAB 统计工具箱中的命令进行,格式为:

[beta,r,J]=nlinfit(x,y,'model',beta0)

其中输入 x 为自变量数据矩阵,每列一个变量;y 为因变量数据向量;model 为模型的 M 函数文件名,M 函数形式为 y = f (beta, x); beta 为待估计参数, beta0 为给定的参数初值. 输出 beta 为参数的估计值, r 为残差, J 为用于估计预测误差的 Jacobi 矩阵. 参数 beta 的置信区间用命令 nlparci (beta, r, J)得到.

我们用线性化模型(9.2.2)得到的 β 作为非线性模型参数估计的初始迭代值,在上述程序段 1-3 的基础上添加程序段 4 及自定义函数"huaxue"(注意要单独一个文件保存):

beta0=[195.802 0.0484];

[beta,r,J] =nlinfit(x1,y1,'huaxue',beta0)

betaci=nlparci(beta,r,J)

yy=huaxue(beta,x1);

figure(5);plot(x1,y1,'o',x1,yy,'+'),pause

nlintool(x1,y1,'huaxue',beta)

自定义 M-函数"huaxue":

function yhat = huaxue(beta,x)

yhat = beta(1) *x. /(beta(2) +x);

运行得到的数值结果如表 9.2.3 所示.

表 9.2.3 模型(9.2.1)参数的估计结果

参数	参数估计值	参数置信区间
β_1	212.6837	[197.2045 228.1629]
β_2	0.0641	[0.0457 0.0826]

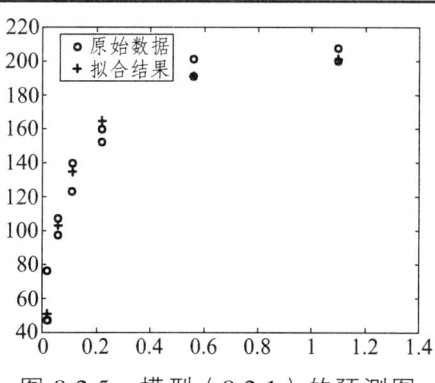

图 9.2.5 模型(9.2.1)的预测图

拟合的结果直接画在原始数据图上(见图 9.2.5). 程序中的 nlintool 用于给出一个交互

式画面（见图 9.2.6），拖动画面中的十字线可以改变自变量 x 的取值，直接得到因变量 y 的预测值和预测区间，同时通过左下方 Export 下拉式菜单，可输出模型的统计结果，如剩余标准差等，本例中剩余标准差 $s=10.9337$.

从上面的结果可以知道，对经过嘌呤霉素处理的实验数据，在用 Michaelis-Menten 模型（9.2.1）进行回归分析时，最终反应速度为 $\hat{\beta}_1=212.6837$. 还容易得到，反应的"半速度点"（达到最终反应速度一半时的底物浓度 x 值）恰为 $\hat{\beta}_2=0.0641$. 以上结果对这样一个经过设计的实验（每个底物浓度做两次实验）已经很好地达到了要求.

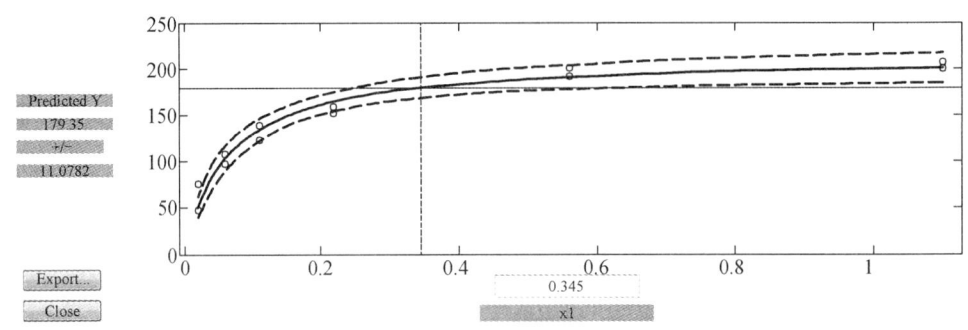

图 9.2.6　模型（9.2.1）的预测及结果输出

【混合反应模型】

酶促反应的速度依赖于底物浓度，并且可以假定，嘌呤霉素的处理会影响最终反应速度参数 β_1，而基本不影响半速度参数 β_2. 表 9.2.1 的数据（图 9.2.1、图 9.2.2 更为明显）也印证了这种看法. 模型（9.2.1）的形式可以分别描述经过嘌呤霉素处理和未经处理的反应速度与底物浓度的关系（两个模型的参数 β 会不同）. 为了在同一个模型中考虑嘌呤霉素处理的影响，我们采用对未经嘌呤霉素处理的模型附加增量的方法，考察混合反应模型

$$y=f(\boldsymbol{x},\boldsymbol{\beta})=\frac{(\beta_1+\gamma_1 x_2)x_1}{(\beta_2+\gamma_2 x_2)+x_1}, \qquad (9.2.3)$$

其中自变量 x_1 为底物浓度（即模型（9.2.2）中的 x）；x_2 为一示性变量（0-1 变量），用来表示是否经嘌呤霉素处理，令 $x_2=1$ 表示经过处理，$x_2=0$ 表示未经处理；参数 β_1 是未经处理的最终反应速度，γ_1 是经处理后最终反应速度的增长值；β_2 是未经处理的反应的半速度点，γ_2 是经处理后反应的半速度点的增长值（为一般化起见，这里假定嘌呤霉素的处理也会影响半速度点）.

【混合模型的求解和分析】

仍用 MATLAB 统计工具箱中的命令 nlinfit 来计算模型（9.2.3）的回归系数 $\beta_1, \beta_2, \gamma_1$ 和 γ_2. 为了给出合适的初始迭代值，从实验数据我们注意到，未经处理的反应速度的最大实验值为 160，经处理的最大实验值为 207，于是可取参数初值 $\beta_1^0=170$，$\gamma_1^0=60$；又从数据可大致估计未经处理的半速度点约为 0.05，经处理的半速度点约为 0.06，我们取 $\beta_2^0=0.05$，$\gamma_2^0=0.01$.

与模型（9.2.1）的编程计算相似，运行如下程序文件 model4.m 及建立 M-函数"huaxue2"：

x1=[0.02,0.02,0.06,0.06,0.11,0.11,0.22,0.22,0.56,0.56,1.10,1.10,0.02,0.02,0.06,0.06,
0.11,0.11,0.22,0.22,0.56,0.56,1.10]';

```
y=[76,47,97,107,123,139,159,152,191,201,207,200,67,51,84,86,98,115,131,124,144,158,160]';
x2=[ones(12,1);zeros(11,1)];
x=[x1 x2];beta0=[170,0.05,60,0.01];
[beta,r,J]=nlinfit(x,y,'huaxue2',beta0)
betaci=nlparci(beta,r,J)
yy=huaxue2(beta,x);
plot(x1,y,'o',x1,yy,'+')
figure(2);plot(x1,r,'+'),pause
nlintool(x,y,'huaxue2',beta)
```

M-函数 "huaxue2":

```
function yhat=huaxue2(beta,x)
x1=x(:,1);x2=x(:,2);
yhat=(beta(1)+beta(3)*x2).*x1./((beta(2)+beta(4)*x2)+x1);
```

得到混合模型（9.2.3）的回归系数的估计值与其置信区间（见表 9.2.4）、拟合结果（见图 9.2.7）、残差图（见图 9.2.8），及预测和结果输出图（见图 9.2.9），模型的剩余标准差 $s=10.4000$.

表 9.2.4 模型（9.2.3）参数的估计结果

参数	参数估计值	参数置信区间
β_1	160.2803	[145.8465, 174.7142]
β_2	0.0477	[0.0304, 0.0650]
γ_1	52.4034	[32.4127, 72.3940]
γ_2	0.0164	[-0.0075, 0.0403]

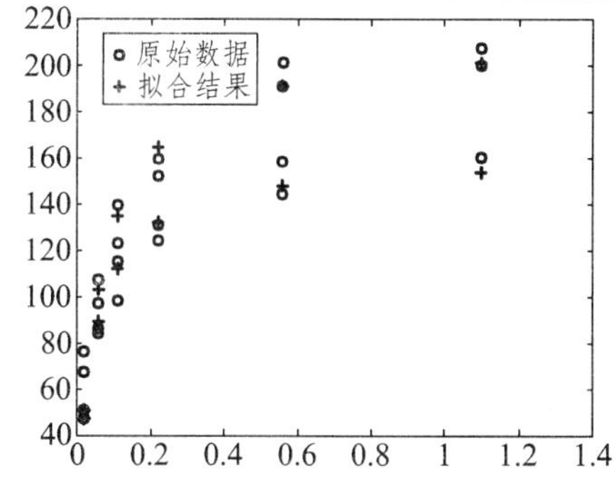

图 9.2.7 模型（9.2.3）的预测图 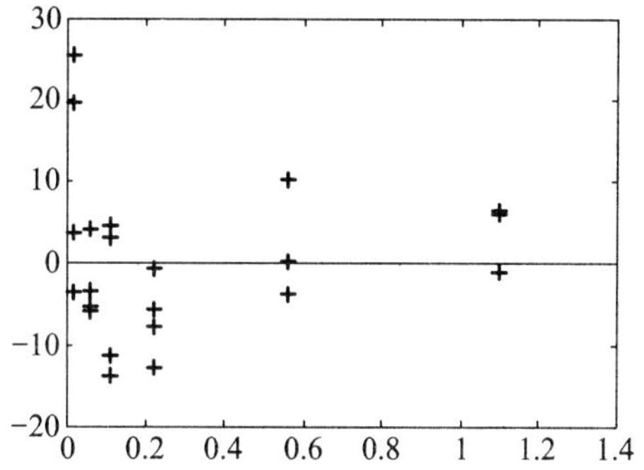　　图 9.2.8 模型（9.2.3）残差图

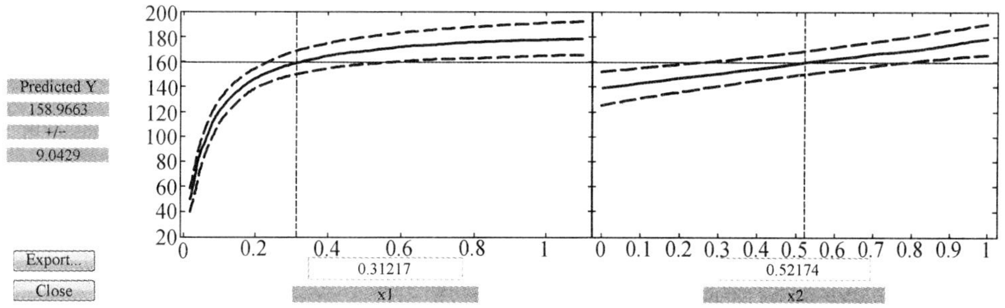

图 9.2.9 模型（9.2.3）的预测及结果输出

然而，从表 9.2.4 可以发现，γ_2 的置信区间包含零点，这表明参数 γ_2 对因变量 y 的影响并不显著，这一结果与前面的说法（即嘌呤霉素的作用不影响半速度参数）是一致的. 因此，可以考虑简化模型：

$$y = f(\boldsymbol{x}, \boldsymbol{\beta}) = \frac{(\beta_1 + \gamma_1 x_2) x_1}{\beta_2 + x_1}. \tag{9.2.4}$$

采用与模型（9.2.3）类似的计算、分析方法，在上述程序文件 model4.m 中添加如下程序段并建立 M-函数"huaxue3"：

```
beta00=[170 0.05 60];
[beta1,r1,J1] =nlinfit(x,y,'huaxue3',beta00)
betaci1=nlparci(beta1,r1,J1)
yyy=huaxue3(beta1,x);
figure(3);plot(x1,y,'o',x1,yyy,'+ ')
figure(4);plot(x1,r1,'+'),pause
nlintool(x,y,'huaxue3',beta1)
```

M-函数"huaxue3"：

```
function yhat = huaxue3(beta,x)
x1=x(:,1);x2=x(:,2);
yhat=(beta(1)+beta(3)*x2). *x1./(beta(2)+x1);
```

运行得到的模型（9.2.4）的结果概括在表 9.2.5 和表 9.2.6，以及图 9.2.10、图 9.2.11 和图 9.2.12 中，模型（9.2.4）的剩余标准差 $s=10.5851$.

表 9.2.5　模型（9.2.4）参数的估计结果

参数	参数估计值	参数置信区间
β_1	166.6041	[154.4900　178.7182]
β_2	0.0580	[0.0456　0.0703]
γ_1	42.0260	[28.9425　55.1094]

表 9.2.6　模型（9.2.3）与模型（9.2.4）预测值与预测区间的比较（预测区间为预测值±Δ）

实际数据	模型（9.2.3）预测值	Δ（模型（9.2.3））	模型（9.2.4）预测值	Δ（模型（9.2.4））
76	50.5660	12.5053	53.5142	9.852
47	50.5660	12.5053	53.5142	9.852
97	102.8110	15.5504	106.1084	12.0387
107	102.8110	15.5504	106.1084	12.0387
123	134.3616	13.4171	136.6259	10.8484
139	134.3616	13.4171	136.6259	10.8484
159	164.6847	11.429	165.1197	10.318
152	164.6847	11.429	165.1197	10.318
191	190.8329	14.8743	189.0585	12.9259
201	190.8329	14.8743	189.0585	12.9259
207	200.9688	17.9573	198.1854	14.8807

续表

实际数据	模型（9.2.3）预测值	Δ（模型（9.2.3））	模型（9.2.4）预测值	Δ（模型（9.2.4））
200	200.9688	17.9573	198.1854	14.8807
67	47.3441	14.9707	42.7344	7.9575
51	47.3441	14.9707	42.7344	7.9575
84	89.2855	15.5614	84.7342	10.3009
86	89.2855	15.5614	84.7342	10.3009
98	111.7937	12.6082	109.1043	10.2721
115	111.7937	12.6082	109.1043	10.2721
131	131.7166	12.1952	131.8583	10.0902
124	131.7166	12.1952	131.8583	10.0902
144	147.6974	16.8652	150.9750	13.8007
158	147.6974	16.8652	150.9750	13.8007
160	153.6177	19.7053	158.2633	15.4374

混合模型（9.2.3）和（9.2.4）不仅有类似于模型（9.2.1）的实际解释，同时把嘌呤霉素处理前后酶促反应速度之间的变化体现在模型之中，因此它们比单独的模型具有更实际的价值. 另外，虽然模型（9.2.4）的某些统计指标可能没有模型（9.2.3）好，比如模型（9.2.4）的剩余标准差略大于模型（9.2.3），但由于它的形式更简单明了，易于实际中的操作和控制，而且从表 9.2.6 中数据可以发现，虽然两个模型的预测值相差不大，但模型（9.2.4）预测区间的长度明显比模型（9.2.3）短. 因此，总体来说模型（9.2.4）更为优良.

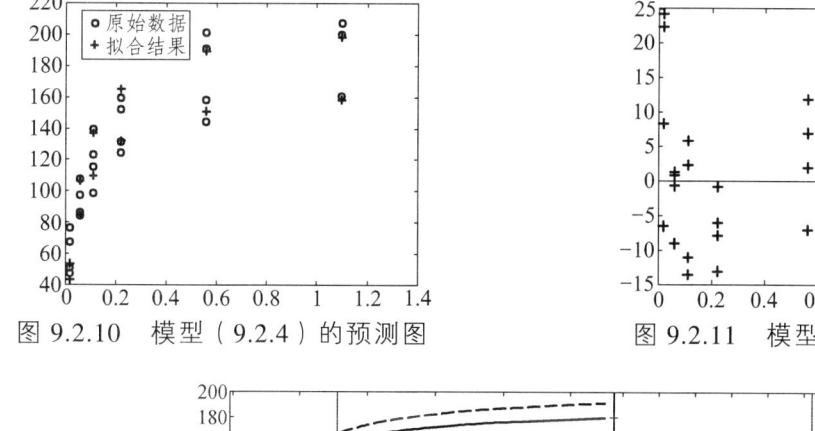

图 9.2.10　模型（9.2.4）的预测图　　　　图 9.2.11　模型（9.2.4）的残差图

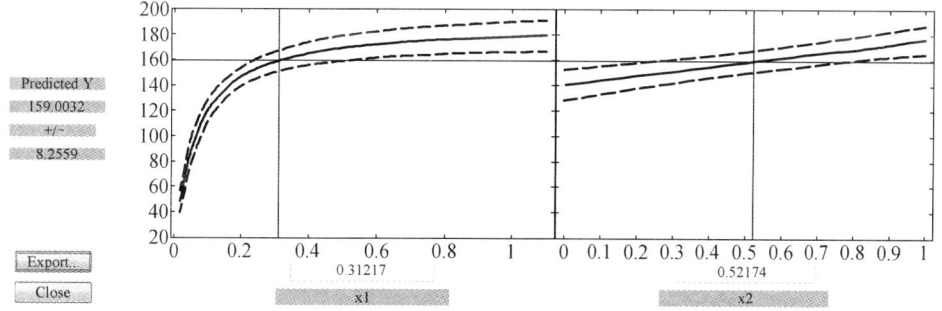

图 9.2.12　模型（9.2.4）的预测及结果输出

评注：从实验数据看，酶促反应中反应速度与底物浓度及嘌呤霉素的作用之间的关系是非线性的,我们先用线性化模型来简化参数估计,如果能得到满意的结果,当然很好,但是由于变量的代换已经隐含了误差扰动项的变换,因此,除非变换后的误差项仍具有常数方差,一般情况下我们还需要用原始数据作非线性回归,而把线性化模型的参数估计结果作为非线性模型参数估计的迭代初值. 应该指出,在非线性模型参数估计中,用不同的参数初值进行迭代,可能得到差别很大的结果(都是拟合误差平方和的局部极小点),也可能出现收敛速度问题,因此,合适的初值是非常重要的.

另外,评价线性回归模型拟合程度的统计检验无法直接用于非线性模型. 例如,F统计量不能用于非线性模型拟合程度的显著性检验,因为即使误差项服从均值为0的正态分布,也无法从回归残差得到误差方差的一个无偏估计. 但是R^2和剩余标准差s仍然可以在通常意义下用于非线性回归模型拟合程度的度量.

从本例还可以看到,通过引入示性变量,能够描述定性上不同的处理水平对模型参数的影响,这是一种直接明了的建模方法.

第三节 教学评估

为了考评教师的教学质量,教学研究部门设计了一个教学评估表,对学生进行一次问卷调查,要求学生对12位教师的15门课程(其中3位教师有两门课)按以下7项内容打分,分值为1~5分(5分最好,1分最差):

x_1——课程内容组织的合理性;x_2——主要问题展开的逻辑性;x_3——回答学生问题的有效性;x_4——课下交流的有效性;x_5——教科书的有效性;x_6——考试评分的公正性;y——对教师的总体评价.

收回问卷后,得到了学生对12位教师、15门课程各项评分的平均值,如表9.3.1所示.

表9.3.1 12位教师、15门课程各项评分的平均值

教师编号	课程编号	x_1	x_2	x_3	x_4	x_5	x_6	y
1	201	4.46	4.42	4.23	4.10	4.56	4.37	4.11
2	224	4.11	3.82	3.29	3.60	3.99	3.82	3.38
3	301	3.58	3.31	3.24	3.76	4.39	3.75	3.17
4	301	4.42	4.37	4.34	4.40	3.63	4.27	4.39
5	301	4.62	4.47	4.53	4.67	4.63	4.57	4.69
6	309	3.18	3.82	3.92	3.62	3.50	4.14	3.25
7	311	2.47	2.79	3.58	3.50	2.84	3.84	2.84
8	311	4.29	3.92	4.05	3.76	2.76	4.11	3.95
9	312	4.41	4.36	4.27	4.75	4.59	4.11	4.18
10	312	4.59	4.34	4.24	4.39	2.64	4.38	4.44
11	333	4.55	4.45	4.43	4.57	4.45	4.40	4.47
12	424	4.67	4.64	4.52	4.39	3.48	4.21	4.61
3	351	3.71	3.41	3.39	4.18	4.06	4.06	3.17
4	411	4.28	4.45	4.10	4.07	3.76	4.43	4.15
9	424	4.24	4.38	4.35	4.48	4.15	4.50	4.33

教学研究部门认为，所列各项具体内容 $x_1 \sim x_6$ 中不一定每项都对教师总体评价 y 有显著影响，而且各项内容之间也可能存在很强的相关性，他们希望得到一个总体评价与各项具体内容之间的模型，这个模型应尽量简单、有效，并且由此能给教师一些合理的建议，以提高总体评价[21].

【关于逐步回归】

虽然给出了 6 个自变量，但是我们希望从中挑选出对因变量 y 影响显著的那些来建立回归模型．变量选择的标准应是将所有对因变量影响显著的自变量都选入模型，而影响不显著的自变量都不选入，从便于应用的角度来说应使模型中的自变量个数尽量少．逐步回归就是一种从众多自变量中有效地选择重要变量的方法．

逐步回归的基本思路是，先确定一个包含若干自变量的初始集合，然后每次从集合外的变量中引入一个对因变量影响最大的，再对集合中的变量进行检验，从变得不显著的变量中移出一个影响最小的，依此进行，直到不能引入和移出为止．引入和移出都以给定的显著性水平为标准.

MATLAB 统计工具箱中的逐步回归命令是 stepwise，它提供人机交互式画面，研究者可以在画面上自由地引入和移出变量，进行统计分析，其通常用法是：

Stepwise(x, y, inmodel, penter, premove)

其中 x 是自变量数据，排成 $n \times m$ 矩阵（m 为自变量个数，n 为每个变量的数据量）；y 是因变量数据，排成 n 维向量；inmodel 是自变量初始集合的指标（即矩阵 x 中哪些列进入初始集合），缺省时设定为没有选取任何 x 的列向量；penter 是引入变量时设定的最大 p 值，缺省时为 0.05；premove 是移出变量时设定的最小 p 值，缺省时为 0.10. premove 值不能小于 penter 值.

运行如下程序：

x=[4.46,4.42,4.23,4.1,4.56,4.37;4.11,3.82,3.29,3.6,3.99,3.82;3.58,3.31,3.24,3.76,4.39,
3.75;4.42,4.37,4.34,4.4,3.63,4.27;4.62,4.47,4.53,4.67,4.63,4.57;3.18,3.82,3.92,3.62,
3.5,4.14;2.47,2.79,3.58,3.5,2.84,3.84;4.29,3.92,4.05,3.76,2.76,4.11;4.41,4.36,4.27,
4.75,4.59,4.11;4.59,4.34,4.24,4.39,2.64,4.38;4.55,4.45,4.43,4.57,4.45,4.4;4.67,4.64,
4.52,4.39,3.48,4.21;3.71,3.41,3.39,4.18,4.06,4.06;4.28,4.45,4.1,4.07,3.76,4.43;4.24,
4.38,4.35,4.48,4.15,4.5];

y=[4.11,3.38,3.17,4.39,4.69,3.25,2.84,3.95,4.18,4.44,4.47,4.61,3.17,4.15,4.33];

stepwise(x,y)

得到 Stepwise Regression 的初始界面窗口（6 个自变量都没有进入初始模型），如图 9.3.1 所示.

界面的左上方给出了所有 6 个变量的回归系数的估计及误差界（用水平线表示），其中计算机屏幕上彩色的水平线表示置信度为 90%的置信区间,灰色的为其 95%的置信区间. 水平线若为红色，则表示该水平线所对应的变量没有被选入模型中．界面上方中间部分的表格显示的是某个变量一旦被选入到模型中时，该变量的回归系数的估计值、检验的 t 统计量值以及 p 值. 一般来说，每一步选入的都是具有最小 p 值或最大统计量值的项，图 9.3.1 中为自变量 x_2. 一般只需按 Next Step 按钮进行下一步操作，程序就会自动选择所要引入或移出的自变量，并在界面的右上方给出相应的结果. 当然也可以手动操作，用鼠标点击表中的一行，改变其状态，即目前不在模型中的一个变量（红色的行）被引入（变蓝），目前在模型中的一个变量（蓝色的行）被移出（变红），直到界面提示 Move no terms 为止. 通常我们可以直接按 All Steps 按钮来完成整个模型的逐步回归过程. 如在图 9.3.1 中按 All Steps 按钮, 可得到逐步回归的最终结果, 如图 9.3.2 所示.

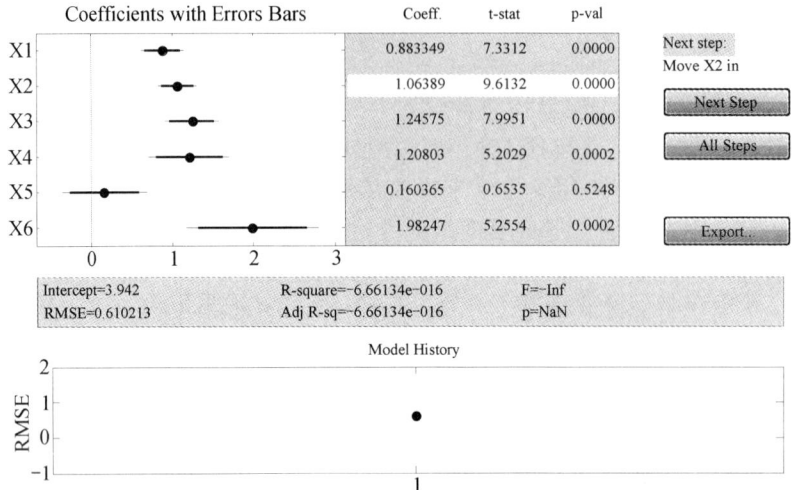

图 9.3.1 Stepwise Regression 初始界面

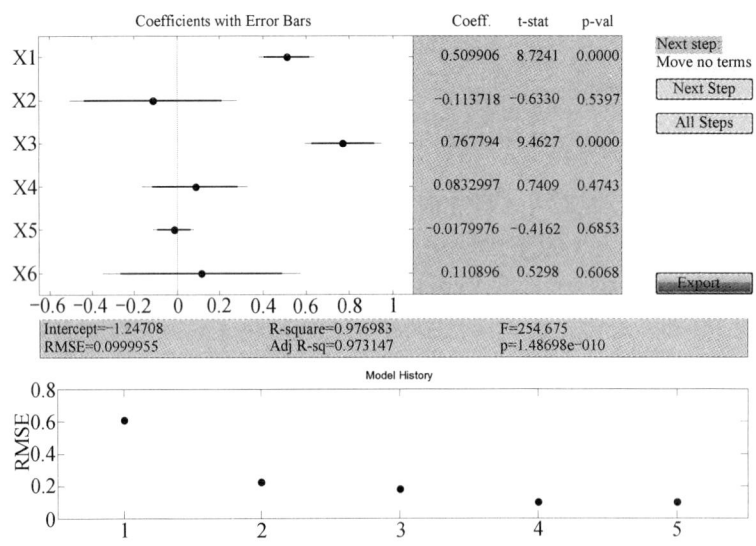

图 9.3.2 Stepwise Regression 最终界面（按 All Steps 按钮所得）

Stepwise Regression 界面分为上、中、下三个部分, 界面的上面部分已经做过介绍. 界面中间部分的表格给出了该回归模型的所有计算结果, 包括 Intercept（截距, 即回归常数）、决定系数 R^2、检验的 F 值、RMSE（剩余标准差）、调整的决定系数 R^2 以及检验的 p 值, 这里调整的决定系数 R^2 为 $1-\dfrac{n-1}{n-k-1}(1-R^2)$, 其中 k 为选入模型的自变量个数.

界面的下面部分 Model History, 给出了逐步回归中每步所对应的模型的剩余标准差的点图（蓝色的点）, 将鼠标移至某步对应的蓝色点, 会显示此步对应的模型中所包含的自变量，点击该蓝色的点可追踪当前模型所对应的界面.

关于我们的问题，从图 9.3.2 可以看出，最终入选的自变量只有 x_1, x_3（显示为蓝色），通过分析可知，随着逐步回归的进行，每步模型所对应的剩余标准差（RMSE）减少到 0.1，虽然在个别步中 R^2 略有下降，但模型的 F 值却大大提高. 这些都表明，仅含 x_1, x_3 的模型是合适的，由 x_1, x_3 的回归系数和回归常数利用逐步回归最终得到的模型为

$$Y = 0.5099x_1 + 0.7678x_3 - 1.2471. \quad (9.3.1)$$

【模型的解释】

在最终模型中回归变量只有 x_1, x_3，是一个简单易用的模型，据此可把课程内容组织的合理性（x_1）和回答学生问题的有效性（x_3）列入考评的重点. 模型（9.3.1）表明，x_1 的分值每增加一分，对教师的总体评价就增加约 0.5 分；x_3 的分值每增加一分，对教师的总体评价就增加约 0.77 分. 应建议教师注重这两方面的工作.

为了分析其他自变量没有进入最终模型的原因，可以计算 $x_1 \sim x_6, y$ 的相关系数. 利用 MATLAB 统计工具箱执行 corrcoef(x) 命令直接得到这 7 个变量的相关系数矩阵：

1.0000	0.9008	0.6752	0.7361	0.2910	0.6471	0.8973
0.9008	1.0000	0.8504	0.7399	0.2775	0.8026	0.9363
0.6752	0.8504	1.0000	0.7499	0.0808	0.8490	0.9116
0.7361	0.7399	0.7499	1.0000	0.4370	0.7041	0.8219
0.2910	0.2775	0.0808	0.4370	1.0000	0.1872	0.1783
0.6471	0.8026	0.8490	0.7041	0.1872	1.0000	0.8246
0.8973	0.9363	0.9116	0.8219	0.1783	0.8246	1.0000

一般认为，两个变量的相关系数超过 0.85 时才具有显著的相关关系. 由上面结果可知，与 y 相关关系显著的只有 x_1, x_2, x_3，而 x_2 未进入最终模型，是由于它与 x_1, x_3 的相关关系显著（相关系数 $r_{12} = 0.9008$，$r_{32} = 0.8504$），可以说，模型中有了 x_1, x_3 以后，变量 x_2 是多余的，应该去掉.

评注：如果初步看来影响因变量的因素较多，并得到了大量的数据，为了建立一个有效的、便于应用的模型，可以利用逐步回归选择那些影响显著的变量"入围".

如果怀疑原有变量的平方项、交互项等也会对因变量有显著影响，也可以将这些项作为新的自变量加入候选行列，用逐步回归处理. 这样，本章第一节和第二节中模型的变量选择，都可以用逐步回归的方法去做，有兴趣的读者不妨一试.

习题

1. 表 9.1 列出了某城市 18 位 35～44 岁经理的年平均收入 x_1 千元、风险偏好度 x_2 和人寿保险额 y 千元的数据，其中风险偏好度是根据发给每个经理的问卷调查表综合评估得到的，它的数值越大表明越偏爱高风险. 研究人员想研究此年龄段中的经理所投保的人寿保险额与年均收入及风险偏好度之间的关系. 研究者预计，经理的年均收入和人寿保险额之间存在着二次关系，并有把握地认为风险偏好度对人寿保险额有线性效应，但对于风险偏好度

对人寿保险额是否有二次效应以及两个自变量是否对人寿保险额有交互效应,心中没底.

请你通过表中的数据来建立一个合适的回归模型,验证上面的看法,并给出进一步的分析[22].

表 9.1　18 位经理的年平均收入、风险偏好度和人寿保险额

序号	y	x_1	x_2	序号	y	x_1	x_2
1	196	66.290	7	10	49	37.408	5
2	63	40.964	5	11	105	54.376	2
3	252	72.996	10	12	98	46.186	7
4	84	45.010	6	13	77	46.130	4
5	126	57.204	4	14	14	30.366	3
6	14	26.852	5	15	56	39.060	5
7	49	38.122	4	16	245	79.380	1
8	49	35.840	6	17	133	52.766	8
9	266	75.796	9	18	133	55.916	6

2. 在本章第二节酶促反应中,如果用指数增长模型 $y = \beta_1(1-e^{-\beta_2 x})$ 代替 Michaelis-Menten 模型对经过嘌呤霉素处理的实验数据作非线性回归分析,其结果将如何?更进一步,若选用模型 $y = \beta_1(e^{-\beta_2 x} - e^{-\beta_3 x})$ 来拟合相同的数据,其结果是否比指数增长模型有所改进?试作出模型的残差图进行比较.

3. 水泥凝固时放出的热量 y 与水泥中四种化学成分 x_1, x_2, x_3, x_4 有关,现测得一组数据(见表 9.2),试用逐步回归法确定一个线性模型[9].

表 9.2　水泥凝固时放出的热量与水泥中四种化学成分的数据

变量	1	2	3	4	5	6	7	8	9	10	11	12	13
x_1	7	1	11	11	7	11	3	1	2	21	1	11	10
x_2	26	29	56	31	52	55	71	31	54	47	40	66	68
x_3	6	15	8	8	6	9	17	22	18	4	23	9	8
x_4	60	52	20	47	33	22	6	44	22	26	34	12	12
y	78.5	74.3	104.3	87.6	95.9	109.2	102.7	72.5	93.1	115.9	83.8	113.3	109.4

第十章 插值与拟合

在工程中，常有这样的问题：给定一批数据点（它可以是设计师给定，也可能从测量与采样中得到），需确定满足特定要求的曲线或曲面．如果要求所求曲线（面）通过所有给定的数据点，这就是**插值问题**．在数据较少的情况下，这样做能取得较好的效果；但是，如果数据较多，那么，插值函数是一个次数很高的函数，比较复杂，同时，给定的数据一般由观察测量所得，往往带有随机误差，因而，要求曲线（面）通过所有数据点既不现实也不必要．如果不要求曲线（面）通过所有数据点，而是要求它反映对象整体的变化趋势，可得到更简单实用的近似函数，这就是**数据拟合**，又称**曲线拟合**或**曲面拟合**．函数插值与曲线拟合都要根据一组数据构造一个函数作为近似，由于近似的要求不同，两者在数学方法上也就完全不同．

第一节 插值问题

一、拉格朗日插值

若已知 $y=f(x)$ 在互异的 $n+1$ 个点 $x_0, x_1, \cdots, x_n$ 处的函数值 $y_0, y_1, \cdots, y_n$，则可以考虑构造一个过 (x_k, y_k)，$k=0, 1, \cdots, n$，这 $n+1$ 个点的次数不超过 n 的多项式 $y=L_n(x)$，使其满足：

$$L_n(x_k) = y_k, \quad k = 0, 1, \cdots, n, \tag{10.1.1}$$

然后用 $L_n(\xi)$ 作为准确值 $f(\xi)$ 的近似值．此方法叫做**插值法**，这样构造出来的多项式 $L_n(x)$ 称为 $f(x)$ 的 n 次**插值多项式**或**插值函数**．称点 $x_k(k=0, 1, \cdots, n)$ 为**插值节点**，称式（10.1.1）为**插值条件**（准则），含 $x_i(i=0, 1, 2, \cdots, n)$ 的最小区间 $[a, b]$ 叫做**插值区间**．

定理 10.1　满足插值条件（10.1.1）的次数不超过 n 的多项式是存在而且唯一的．

1. 线性插值公式

已知函数 $y=f(x)$ 在互异的两个点 x_0 和 x_1 处的函数值 y_0 和 y_1，欲求一个次数不超过 1 的多项式 $y=L_1(x)$，使其满足 $L_1(x_0)=y_0, L_1(x_1)=y_1$．用点斜式可以写出过点 (x_0, y_0) 和点 (x_1, y_1) 的直线方程：

$$y = y_0 + \frac{y_1 - y_0}{x_1 - x_0}(x - x_0).$$

将它写成对称式为

$$L_1(x) = y_0 \frac{x - x_1}{x_0 - x_1} + y_1 \frac{x - x_0}{x_1 - x_0}. \tag{10.1.2}$$

我们称（10.1.2）式为**拉格朗日线性插值函数**或**一次拉格朗日插值公式**．

若引进记号：

$$l_0(x) = \frac{x-x_1}{x_0-x_1}, \ l_1(x) = \frac{x-x_0}{x_1-x_0},$$

则（10.1.2）式可以写成：

$$L_0(x) = y_0 l_0(x) + y_1 l_1(x), \qquad (10.1.3)$$

其中 $l_0(x), l_1(x)$ 满足：$l_0(x_0) = 1$，$l_0(x_1) = 0$；$l_1(x_0) = 0$，$l_1(x_1) = 1$，我们称 $l_0(x), l_1(x)$ 为线性插值或一次拉格朗日插值的**基函数**.

2. n 次拉格朗日插值公式

一般地，构造满足条件（10.1.1）的次数不超过 n 的多项式，与构造线性插值类似，n **次拉格朗日插值公式**可表示成 n 次插值基函数 $l_0(x), l_1(x), \cdots, l_n(x)$ 的线性组合：

$$L_n(x) = y_0 l_0(x) + y_1 l_1(x) + \cdots + y_n l_n(x), \qquad (10.1.4)$$

其中 $l_k(x)(k = 0, 1, \cdots, n)$ 为 n 次多项式，且满足：

$$l_k(x_i) = \begin{cases} 1, i = k, \\ 0, i \neq k. \end{cases} \qquad (10.1.5)$$

可以由（10.1.5）式给出 $l_k(x)$ 的具体表达式：

$$l_k(x) = \frac{(x-x_0)\cdots(x-x_{k-1})(x-x_{k+1})\cdots(x-x_n)}{(x_k-x_0)\cdots(x_k-x_{k-1})(x_k-x_{k+1})\cdots(x_k-x_n)}, \ (k = 0, 1, \cdots, n). \qquad (10.1.6)$$

二、分段插值

多项式历来都被认为是最好的逼近工具之一. 人们通常认为似乎可以靠增加节点的数目来改善插值的精度，但插值多项式的次数会随着节点个数的增加而升高，造成插值函数逼近的效果不理想，甚至发生龙格现象.

龙格（Runge）在 20 世纪初发现：在区间 $[-1, 1]$ 上用 $n+1$ 个等距节点作插值多项式 $L_n(x)$，使得它在节点的值与函数 $y(x) = \dfrac{1}{1+25x^2}$ 在对应节点的值相等，当 $n \to \infty$ 时，插值多项式 $L_n(x)$ 在区间的中部趋于 $y(x)$，但是对于满足条件 $0.728 \leq |x| < 1$ 的 x，$L_n(x)$ 并不趋于 $y(x)$ 在对应点的值. 这种现象叫做龙格现象（见图 10.1.1）.

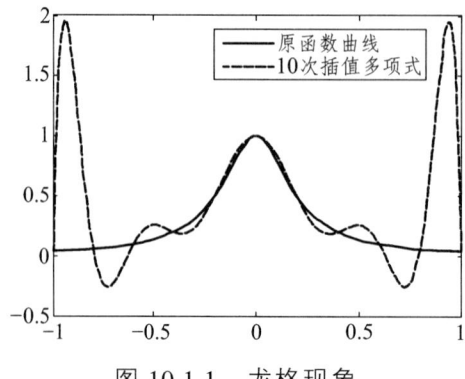

图 10.1.1　龙格现象

要改善精度，若插值的范围较小（或在某个局部），用低次插值往往就能奏效，例如，对 $y(x) = \dfrac{1}{1+25x^2}$，在每个子段上用线性插值，即用连接相邻节点的折线逼近所考察的曲线，就能保证一定的逼近效果。这种增加节点，用分段低次多项式插值的化整为零的处理方法称作**分段插值法**。区间的划分是可任意的，各个区间上插值多项式的次数的选取也可按具体情况选择。分段插值法通常有较好的收敛性和稳定性，算法简单，克服了龙格现象，但插值函数不如拉格朗日插值多项式光滑。这类插值大致可分为两类：一类是下面要介绍的局部化的简单分段插值；另一类是非局部化光滑性较好的分段插值，即后面要介绍的样条插值。

在分段插值中，用得较多的是分段线性插值。设在区间 $[a,b]$ 上取 $n+1$ 个节点：

$$a = x_0 < x_1 < \cdots < x_n = b,$$

在区间 $[a,b]$ 上有二阶导数的函数 $f(x)$ 在上述节点的值为

$$f(x_0) = y_0,\ f(x_1) = y_1,\ \cdots,\ f(x_n) = y_n,$$

于是得到 $n+1$ 个数据点 (x_i, y_i)。连接相邻两点 (x_{i-1}, y_{i-1})、(x_i, y_i) 得 n 条线段，它们组成一条折线，把区间 $[a,b]$ 上这条折线表示的函数称为函数 $f(x)$ 关于这 $n+1$ 个数据点的**分段线性插值函数**，记为 $L(x)$。它有如下性质：

（1）$L(x)$ 可以用分段线性函数表示，满足 $L(x_i) = f(x_i) = y_i$，且在区间 $[a,b]$ 上连续。

（2）$L(x)$ 在第 i 段区间 $[x_{i-1}, x_i]$ 上的表达式为

$$L(x) = \frac{x - x_i}{x_{i-1} - x_i} y_{i-1} + \frac{x - x_{i-1}}{x_i - x_{i-1}} y_i,\ x_{i-1} \leqslant x \leqslant x_i. \quad (10.1.7)$$

三、三次样条插值

分段线性插值函数在节点的一阶导数一般不存在，光滑性不好，而在机械制造、航海、航空工业中，常常要求过指定节点的光滑曲线，这就导致了样条插值的提出。

设在区间 $[a,b]$ 上，已知 $n+1$ 个互异节点 $a = x_0 < x_1 < \cdots < x_n = b$ 处的值

$$f(x_i) = y_i,\ i = 0,\ 1,\ \cdots,\ n,$$

如果分段表示的函数 $S(x)$ 满足下列条件，就称 $S(x)$ 为 $f(x)$ 在节点 $x_0, x_1, \cdots, x_n$ 的**三次样条插值函数**，简称**三次样条**。

（1）$S(x)$ 在子区间 $[x_i, x_{i+1}]$ 的表达式 $S_i(x)$ 都是次数不高于 3 的多项式；

（2）$S(x_i) = y_i$；

（3）$S(x)$ 在整个区间 $[a,b]$ 上有连续的二阶导数。

在区间 $[x_k, x_{k+1}]$ 上，$S(x)$ 是不超过三次的多项式，故 $S''(x)$ 是线性函数，令

$$m_k = S''(x_k),\ k = 0,\ 1,\ \cdots,\ n, \quad (10.1.8)$$

由拉格朗日线性插值公式，得

$$S''(x) = m_k \frac{x_{k+1} - x}{h_k} + m_{k+1} \frac{x - x_k}{h_k}, \quad (10.1.9)$$

其中，$h_k = x_{k+1} - x_k,\ k = 0,\ 1,\ \cdots,\ n$

由（10.1.9）式得

$$S'''(x) = \frac{m_{k+1} - m_k}{h_k}, x \in [x_k, x_{k+1}]. \qquad (10.1.10)$$

由于 $S(x)$ 满足插值条件，并且在全区间有直到二阶的连续导数，又由（10.1.10）式可知 $S'''(x)$ 在 $[x_k, x_{k+1}]$ 上存在且为常数，所以由泰勒公式有

$$S(x) = y_k + S'(x_k)(x - x_k) + \frac{m_k}{2}(x - x_k)^2 + \frac{m_{k+1} - m_k}{6h_k}(x - x_k)^3, x \in [x_k, x_{k+1}]. \qquad (10.1.11)$$

求导并代入 $x = x_k$ 得

$$S'(x_k) = \frac{y_{k+1} - y_k}{h_k} - \frac{h_k}{6}(m_{k+1} + 2m_k). \qquad (10.1.12)$$

将（10.1.12）式代入（10.1.11）式，得到 $S(x)$ 在 $[x_k, x_{k+1}]$ 上的表达式：

$$S(x) = y_k + \left[\frac{y_{k+1} - y_k}{h_k} - \frac{h_k}{6}(m_{k+1} + 2m_k)\right](x - x_k) + \frac{m_k}{2}(x - x_k)^2 + \frac{m_{k+1} - m_k}{6h_k}(x - x_k)^3.$$

$$(10.1.13)$$

由此可见，只要能求出 $m_k (k = 0, 1, \cdots, n)$，$S(x)$ 就能完全确定．下面利用 $S'(x)$ 存在且连续的条件推导 $m_k (k=0, 1, \cdots, n)$ 应满足的关系式．

在 $[x_{k-1}, x_k]$ 上，用同样方法可以计算出 $S(x)$ 在 x_k 的左导数为

$$S'(x_k - 0) = \frac{y_k - y_{k-1}}{h_{k-1}} - \frac{h_{k-1}}{6}(2m_k + m_{k-1}). \qquad (10.1.14)$$

令 $S'(x_k - 0) = S'(x_k)$，整理后得到

$$\frac{h_{k-1}}{h_{k-1} + h_k} m_{k-1} + 2m_k + \frac{h_k}{h_{k-1} + h_k} m_{k+1} = \frac{6}{h_{k-1} + h_k}\left(\frac{y_{k+1} - y_k}{h_k} - \frac{y_k - y_{k-1}}{h_{k-1}}\right). \qquad (10.1.15)$$

再令

$$\mu_k = \frac{h_k}{h_{k-1} + h_k}, \quad \lambda_k = \frac{6}{h_{k-1} + h_k}\left(\frac{y_{k+1} - y_k}{h_k} - \frac{y_k - y_{k-1}}{h_{k-1}}\right) = 6f[x_{k-1}, x_k, x_{k+1}],$$

则（10.1.15）式可写为

$$(1 - \mu_k)m_{k-1} + 2m_k + \mu_k m_{k+1} = \lambda_k, k = 0, 1, \cdots, n-1, \qquad (10.1.16)$$

即得到含有 $n+1$ 个未知量 $m_0, m_1, \cdots, m_n$ 的 $n-1$ 个方程的方程组．要确定未知量还需补充两个条件，通常在区间 $[a, b]$ 的两端给出，称为**边界条件**．常用边界条件有三种：

（1）m **边值条件**：给定端点处的一阶导数，即 $S'(x_0) = y'_0, S'(x_n) = y'_n$．

（2）M **边值条件**：给定端点处的二阶导数，即 m_0, m_n 已知．特别取 $m_0 = m_n = 0$ 时称为**自然边界条件**，求得的 $S(x)$ 称为**自然样条函数**．

（3）**周期边值条件**：当 $y = f(x)$ 是以 $b - a = x_n - x_0$ 为周期的周期函数时，要求 $S(x)$ 也是周期函数，故端点要满足 $S'(x_0) = S'(x_n), m_0 = m_n$．

给出任一种边界条件都可以得到两个独立的方程，将它们与（10.1.16）式联立解出 m_0,

$m_1,\cdots,m_n$，之后代入（10.1.13）式便可得到三次样条函数 $S(x)$在各个子区间上的表达式．

以上三种插值方法都是一维插值，它们有如下特点：① 拉格朗日插值（高次多项式插值），其插值函数在整个区间上是一个解析表达式，便于再次开发利用；② 曲线光滑；③ 误差估计有表达式；④ 收敛性不能保证（龙格现象）．这些方法多用于理论分析，实际意义不大．但是分段线性插值和三次样条插值（低次多项式插值）又有以下几个特点：① 曲线不光滑（三次样条插值已大有改进）；② 误差估计较难（对三次样条插值而言）；③ 收敛性有保证．这两种方法简单实用，应用广泛．

第二节　用 MATLAB 解一维插值问题

MATLAB 在一维插值函数 interp1 中，提供了四种可供选择的插值方法，即线性插值、三次样条插值、三次插值和最近邻点插值（linear、spline、cubic、nearest）．其中 interp1 的格式为：

interp1(x,y,cx,'method')

其中 x, y 分别表示数据点的横、纵坐标向量，x 必须单调；cx 为需要插值的横坐标数据，cx 不能超出 x 的范围；method 为可选参数．对应于上述四种方法，可从以下四个值中任选一个：

① 'nearest'——最近邻点插值；
② 'linear'——线性插值（缺省值）；
③ 'spline'——三次样条插值；
④ 'cubic'——三次插值．

例 1　在 12 h 内，每隔 1 h 测量一次温度，温度依次为：

5，8，9，15，25，29，31，30，22，25，27，24．

试估计在 3.2 h, 6.5 h, 7.1 h, 11.7 h 时的温度值．

解　输入命令：

hours=1:12;temps=[5 8 9 15 25 29 31 30 22 25 27 24]；
t=interp1(hours,temps,[3.2 6.5 7.1 11.7])
T=interp1(hours,temps,[3.2 6.5 7.1 11.7],'spline')

计算结果：

t = 10.2000　30.0000　30.9000　24.9000
T = 9.6734　30.0427　31.1755　25.3820

比较发现，样条插值与线性插值的结果不同．因为插值是一个估计或猜测的过程，应用不同的估计规则将导致不同的结果．

一个最常用的样条插值是对数据进行平滑，即给定一组数据，使用样条插值可以在更细的间隔内求值．

例 2　在例 1 的条件下，每隔 $\dfrac{1}{10}$ h 估计一次温度值．

解　由于数据点太多，最好用图形表示．输入命令：

hours=1:12;temps=[5 8 9 15 25 29 31 30 22 25 27 24];h=1:0.1:12;
t=interp1(hours,temps,h,'spline');　　%(直接输出数据将是很多的)

```
plot(hours,temps,'+',h,t,'r:')   %作图
xlabel('Hour')
ylabel('Degrees Celsius')
```

图形如图 10.2.1 所示.

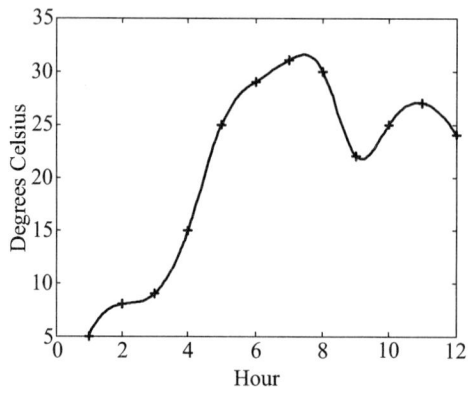

图 10.2.1　样条插值

第三节　数据拟合

曲线拟合问题是指：已知平面上 n 个点 (x_i, y_i)，$i = 1, 2, \cdots, n$，x_i 互不相同，寻求函数 $f(x)$，使 $f(x)$ 在某种准则下与所有数据点最为接近，即曲线拟合得最好.

1. 最小二乘拟合

最小二乘法是解决曲线拟合最常用的方法，其基本思路是，令

$$f(x) = a_1 r_1(x) + a_2 r_2(x) + \cdots + a_m r_m(x), \qquad (10.3.1)$$

其中 $r_k(x)$ 是事先选定的一组函数，a_k 是待定系数（$k = 1, 2, \cdots, m$, $m<n$）. 寻求 $a_1, a_2, \cdots, a_m$ 使

$$J(a_1, a_2, \cdots, a_m) = \sum_{i=1}^{n} [f(x_i) - y_i]^2 \qquad (10.3.2)$$

最小，称为**最小二乘准则**. 这种拟合方法称为**最小二乘拟合**.

（1）系数 a_k 的确定.

为求 $a_1, a_2, \cdots, a_m$ 使 J 达到最小，只需利用极值的必要条件 $\dfrac{\partial J}{\partial a_k} = 0$（$k = 1, 2, \cdots, m$），得到关于 $a_1, a_2, \cdots, a_m$ 的线性方程组：

$$\begin{cases} \sum_{i=1}^{n} r_1(x_i) \left[\sum_{k=1}^{m} a_k r_k(x_i) - y_i \right] = 0, \\ \cdots\cdots \\ \sum_{i=1}^{n} r_m(x_i) \left[\sum_{k=1}^{m} a_k r_k(x_i) - y_i \right] = 0. \end{cases}$$

最小二乘拟合可由解超定方程：

$$\boldsymbol{R}^{\mathrm{T}} \boldsymbol{R} \boldsymbol{A} = \boldsymbol{R}^{\mathrm{T}} \boldsymbol{y} \qquad (10.3.3)$$

求得，其中

$$R = \begin{pmatrix} r_1(x_1) & r_2(x_1) & \cdots & r_m(x_1) \\ r_1(x_2) & r_2(x_2) & \cdots & r_m(x_2) \\ \vdots & \vdots & & \vdots \\ r_1(x_n) & r_2(x_n) & \cdots & r_m(x_n) \end{pmatrix},$$

$$A = (a_1, \cdots, a_m)^T, \quad y = (y_1, \cdots, y_n)^T.$$

当$\{r_1(x),\cdots,r_m(x)\}$线性无关时，$R^T R$可逆，方程组（10.3.3）有唯一解. 在 MATLAB 中，此解为：$A=R\backslash y$.

（2）$r_1(x), r_2(x), \cdots, r_m(x)$的选取.

面对一组数据(x_i, y_i), $i = 1, 2,\cdots, n$，用最小二乘法作曲线拟合时，关键是恰当地选取$r_1(x), r_2(x),\cdots, r_m(x)$. 如能通过机理分析，知道$y$与$x$之间应该有什么样的函数关系，则$r_1(x), r_2(x),\cdots, r_m(x)$就容易确定；若无法知道$y$与$x$之间的关系，通常用数据作图，以直观地判断应该用什么样的曲线去拟合，常用的曲线有直线、多项式、双曲线、指数曲线等. 实际操作中可以在直观判断的基础上，选几种曲线分别作拟合，然后比较，看哪条曲线的最小二乘指标J最小.

2. 多项式拟合

特别地，若令

$$f(x) = a_m x^m + a_{m-1} x^{m-1} + \cdots + a_1 x + a_0, \tag{10.3.4}$$

则最小二乘拟合称为**多项式拟合**.

假设有已知数据$(x_i, y_i)(i = 0, 1, 2,\cdots, n)$，现求作一个不超过$m(n>m)$次的多项式$\varphi_m(x) = \sum_{k=0}^{m} a_k x^k$，使得$\sqrt{\sum_{i=0}^{n}[y_i - \varphi_m(x_i)]^2}$取最小，亦即

$$\sum_{i=0}^{n}[y_i - \varphi_m(x_i)]^2 \tag{10.3.5}$$

取最小.

不难看出，以上多项式最小二乘拟合问题就是求解关于$a_k\ (k = 0,1,2,\cdots,m)$的超定方程组：

$$\sum_{k=0}^{m} a_k x_i^k = y_i \quad (i = 0,1,2,\cdots,n; n > m) \tag{10.3.6}$$

的最小二乘解问题. 根据方程组（10.3.3），它所对应的正规方程组为：

$$\begin{pmatrix} m+1 & \sum_{i=0}^{n} x_i & \sum_{i=0}^{n} x_i^2 & \cdots & \sum_{i=0}^{n} x_i^m \\ \sum_{i=0}^{n} x_i & \sum_{i=0}^{n} x_i^2 & \sum_{i=0}^{n} x_i^3 & \cdots & \sum_{i=0}^{n} x_i^{m+1} \\ \vdots & \vdots & \vdots & & \vdots \\ \sum_{i=0}^{n} x_i^m & \sum_{i=0}^{n} x_i^{m+1} & \sum_{i=0}^{n} x_i^{m+2} & \cdots & \sum_{i=0}^{n} x_i^{2m} \end{pmatrix} \begin{pmatrix} a_0 \\ a_1 \\ \vdots \\ a_m \end{pmatrix} = \begin{pmatrix} \sum_{i=0}^{n} y_i \\ \sum_{i=0}^{n} x_i y_i \\ \vdots \\ \sum_{i=0}^{n} x_i^m y_i \end{pmatrix}.$$

记 $S_k = \sum_{i=0}^{n} x_i^k$, $t_r = \sum_{i=0}^{n} x_i^r y_i$ ($k = 0, 1, 2, \cdots, 2m$；$r = 0, 1, 2, \cdots, m$)，上述方程组可改为：

$$\begin{pmatrix} S_0 & S_1 & \cdots & S_m \\ S_1 & S_2 & \cdots & S_{m+1} \\ \vdots & \vdots & & \vdots \\ S_m & S_{m+1} & \cdots & S_{2m} \end{pmatrix} \begin{pmatrix} a_0 \\ a_1 \\ \vdots \\ a_m \end{pmatrix} = \begin{pmatrix} t_0 \\ t_1 \\ \vdots \\ t_m \end{pmatrix}, \qquad (10.3.7)$$

通过解正规方程组（10.3.7）便可解出 a_k，从而确定出拟合多项式 $\varphi_m(x)$.

多项式拟合的一般方法可归纳为：

（1）根据具体问题，确定拟合多项式的次数 m；

（2）由 $S_k = \sum_{i=0}^{n} x_i^k$, $t_r = \sum_{i=0}^{n} x_i^r y_i$ ($k = 0, 1, 2, \cdots, 2m$；$r = 0, 1, \cdots, m$)，计算出 S_k 与 t_r；

（3）写出正规方程组（10.3.7）；

（4）解正规方程组，求出 a_k ($k = 0, 1, 2, \cdots, m$)；

（5）写出拟合多项式 $\varphi_m(x) = \sum_{k=0}^{m} a_k x^k$.

第四节 用 MATLAB 解曲线拟合问题

一、多项式最小二乘拟合

在 MATLAB 的最小二乘拟合中，用得较多的是多项式拟合，其命令为：

a=polyfit(x, y, m)

其中 $\boldsymbol{x} = (x_1, x_2, \cdots, x_n)$，$\boldsymbol{y} = (y_1, y_2, \cdots, y_n)$，$\boldsymbol{a} = (a_1, a_2, \cdots, a_{m+1})$.

计算多项式在 $\boldsymbol{x}$ 处的值 $\boldsymbol{y}$ 可用以下命令：

y=polyval(a, x)

例 1 对表 10.4.1 中实验数据作二次多项式拟合.

表 10.4.1 实验数据

x_i	0	0.1	0.2	0.3	0.4	0.5	0.6	0.7	0.8	0.9	1
y_i	-0.447	1.978	3.28	6.16	7.08	7.34	7.66	9.56	9.48	9.30	11.2

即要求出二次多项式 $f(x) = a_1 x^2 + a_2 x + a_3$ 中的 $\boldsymbol{a} = (a_1, a_2, a_3)$，使得 $\sum_{i=0}^{11}[f(x_i) - y_i]^2$ 最小.

方法 1 用多项式拟合的命令.

输入以下命令：

x=0:0.1:1;

y=[-0.447 1.978 3.28 6.16 7.08 7.34 7.66 9.56 9.48 9.30 11.2];

a=polyfit(x,y,2)'

z=polyval(a,x);

plot(x,y,'k+',x,z,'r')   %作出数据点和拟合曲线的图形

legend('原始数据','拟合曲线')

计算结果为：

a =   -9.8108   20.1293   -0.0317

图形如图 10.4.1 所示.

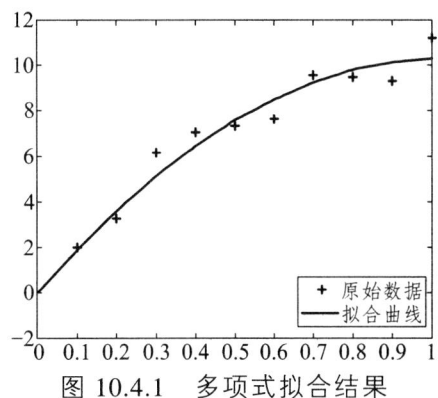

图 10.4.1　多项式拟合结果

方法 2　用图形窗口菜单 Tools|Basic Fitting.

首先作散点图，输入以下命令：

x=0:0.1:1;

y=[-0.447   1.978   3.28   6.16   7.08   7.34   7.66   9.56   9.48   9.30   11.2];

scatter(x,y,'ko')

在图形窗口菜单点击 Tools|Basic Fitting，弹出窗口图 10.4.2. 在拟合图形类型（Plot fits）窗口中勾选相应的拟合函数类型（这里选择抛物线 quadratic），勾选显示方程（Show equations），绘制残差图（Plot residuals），显示残差的模（Show norm of residuals）. 得到图形拟合结果，如图 10.4.3 所示.

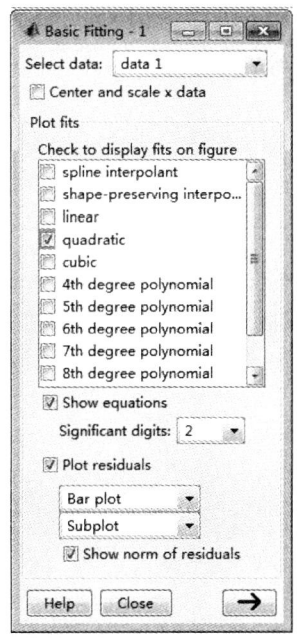

图 10.4.2　基本拟合对话框

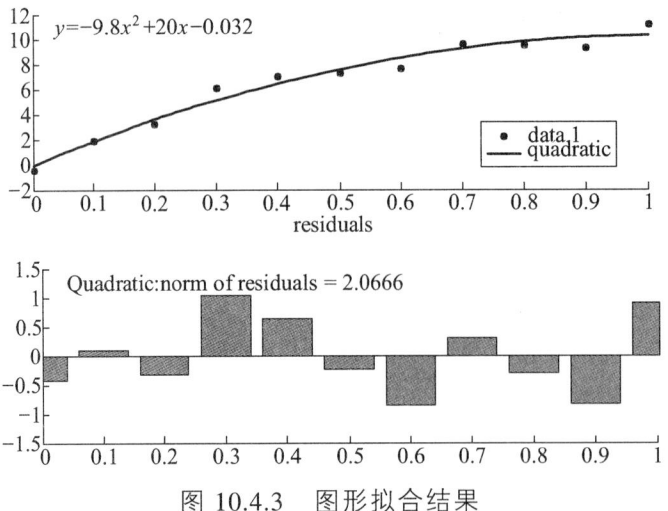

图 10.4.3　图形拟合结果

二、非线性最小二乘拟合

在最小二乘拟合中，若要寻求的函数 $f(x)$ 是任意的非线性函数，则称为**非线性最小二乘拟合**. MATLAB 的优化工具箱中提供了求非线性最小二乘拟合的函数：lsqcurvefit. 使用时，要先建立 M-函数文件 fun.m.

设已知 **xdata** $= (x_1, x_2, \cdots, x_n)$，**ydata** $= (y_1, y_2, \cdots, y_n)$，lsqcurvefit 用以求含参量 **x**（向量）的向量值函数

$$F(\boldsymbol{x}, \boldsymbol{xdata}) = (F(\boldsymbol{x}, x_1), \cdots, F(\boldsymbol{x}, x_n))^{\mathrm{T}}$$

中的参变量 **x**（向量），使得 $\sum_{i=1}^{n}(F(\boldsymbol{x}, x_i) - y_i)^2$ 最小.

基本输入格式为：

[x,r]=lsqcurvefit('fun',x0,xdata,ydata);

其中 x0 为迭代的初值，r 为残差模.

例 2　用表 10.4.2 中实测数据拟合函数 $c(t) = a - b\mathrm{e}^{-kt}$ 中的参数 a, b, k.

表 10.4.2　实测数据

t_j	100	200	300	400	500	600	700	800	900	1000
$c_j \times 10^3$	4.54	4.99	5.35	5.65	5.90	6.10	6.26	6.39	6.50	6.59

解　该问题即解最优化问题：

$$\min F(a,b,k) = \sum_{j=1}^{10}[a - b\mathrm{e}^{-kt_j} - c_j]^2.$$

用命令 lsqcurvefit，此时

$$\boldsymbol{F}(\boldsymbol{x}, \boldsymbol{tdata}) = (a - b\mathrm{e}^{-kt_1}, a - b\mathrm{e}^{-kt_2}, \cdots, a - b\mathrm{e}^{-kt_{10}})^{\mathrm{T}}, \boldsymbol{x} = (a, b, k).$$

（1）编写 M 文件 curvefun.m.

function y=curvefun(x,tdata)

```
y=x(1)-x(2)*exp(-x(3)*tdata);    %其中 x(1)=a;x(2)=b;x(3)=k;
```
（2）主程序 fzxec.m 如下：
```
tdata=100:100:1000
cdata=1e-03*[4.54,4.99,5.35,5.65,5.90,6.10,6.26,6.39,6.50,6.59];
x0=[0.001,0.001,0.002];
[x r]=lsqcurvefit('curvefun',x0,tdata,cdata)
y=curvefun(x,tdata);
plot(tdata,cdata,'ko',tdata,y)
legend('原始数据','拟合曲线')
grid
```
（3）运行主程序，得结果：
x= 0.0070   0.0030   0.0020
r = 5.7661e-011

即拟合得到的模型为 $c(t)= 0.007-0.003e^{-0.002t}$，拟合效果如图 10.4.4 所示.

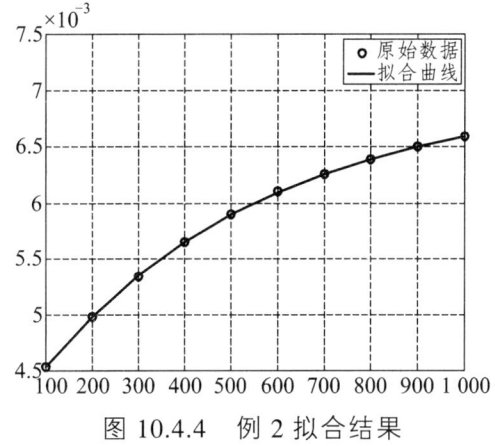

图 10.4.4 例 2 拟合结果

习题

1. 在化工生产中常常需要知道丙烷在各种温度 T 和压力 P 下的导热系数 K，表 10.1 是实验得到的一组数据.

表 10.1 丙烷在各种温度和压力下的导热系数实验数据

T (°C)	68	68	87	87	106	106	140	140
$P(10^3 kN/m^2)$	9.7981	13.324	9.0078	13.355	9.7918	14.277	9.6563	12.463
K	0.0848	0.0897	0.0762	0.0807	0.0696	0.0753	0.0611	0.0651

试求 $T = 99$ °C 和 $P = 10.3 \times 10^3$ kN/m^2 下的 K.

2. 用给定的多项式，如 $y = x^3-6x^2+5x-3$，产生一组数据 (x_i, y_i), $I = 1, 2, \cdots, n$，再在 y_i 上添加随机干扰（可用 rand 产生 $(0, 1)$ 均匀分布随机数，或用 rands 产生 $N(0, 1)$ 分布随机数），

然后用 x_i 和添加了随机干扰的 y_i 作的 3 次多项式拟合，与原系数比较；如果作 2 或 4 次多项式拟合，结果如何？

3. 用电压 $V=10$ V 的电池给电容器充电，电容器上 t 时刻的电压为 $V(t)=V-(V-V_0)e^{-\frac{t}{\tau}}$，其中 V_0 是电容器的初始电压，τ 是充电常数. 试由表 10.2 给出的一组 t, V 数据确定 V_0, τ.

表 10.2 电容器充电时的电压数据

t /s	0.5	1	2	3	4	5	7	9
V /V	6.36	6.48	7.26	8.22	8.66	8.99	9.43	9.63

4. 弹簧在力 F 的作用下伸长 x，一定范围内服从胡克定律：F 与 x 成正比，即 $F=kx$. 现在得到下面一组 F, x 数据（见表 10.3），并在 (x, F) 坐标下作图，可以看到当 F 大到一定数据值后，就不服从这个定律了. 试由数据确定 k，并给出不服从胡克定律时的近似公式.

表 10.3 弹簧受力与伸长长度的数据

x	1	2	4	7	9	12	13	15	17
F	1.5	3.9	6.6	11.7	15.6	18.8	19.6	20.6	21.1

软件篇

第一章　LINGO 编程入门
第二章　MATLAB 入门
第三章　MATLAB 程序设计基础
第四章　MATLAB 符号数学基础
第五章　MATLAB 图形处理功能

第一章 LINGO 编程入门

LINGO 是 Linear Interactive and General Optimizer 的缩写,即"交互式的线性和通用优化求解器",由美国 LINDO 系统公司(LINDO System Inc.)推出.它可以用于求解非线性规划,也可以用于一些线性和非线性方程组的求解等,功能十分强大,是求解优化模型的最佳选择.其特色在于内置建模语言,提供几十个内部函数,可以允许决策变量是整数(即整数规划,包括 0-1 整数规划),方便灵活,而且执行速度非常快,能方便与 EXCEL、数据库等其他软件交换数据.因此,LINGO 在教育、科研和工业界得到了广泛应用.

第一节 LINGO 快速入门

当你在 windows 下开始运行 LINGO 系统时,会得到类似图 1.1.1 所示的一个窗口.其外层是主框架窗口,包含了所有菜单命令和工具条,其他所有的窗口将被包含在主窗口之下.在主窗口内,标题为 LINGO Model–LINGO1 的窗口是 LINGO 的默认模型窗口,建立的模型都要在该窗口内编码实现.下面举两个例子.

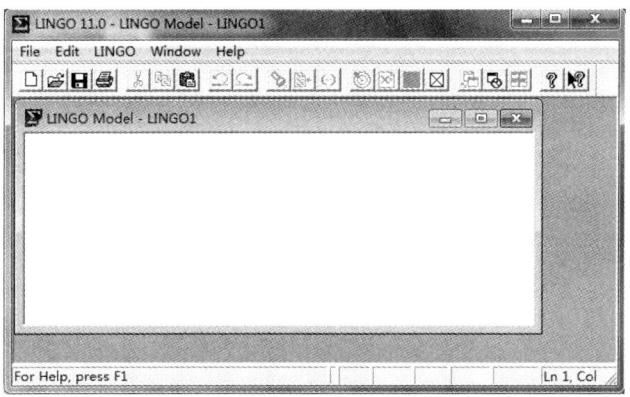

图 1.1.1 LINGO 的工作窗口

例 1 如何在 LINGO 中求解如下的 LP 问题:

$$\min \quad 2x_1 + 3x_2,$$
$$\text{s.t.} \begin{cases} x_1 + x_2 \geq 350, \\ x_1 \geq 100, \\ 2x_1 + x_2 \leq 600, \\ x_1, x_2 \geq 0. \end{cases}$$

在模型窗口中输入如下代码:
min=2*x1+3*x2;
x1+x2>=350;

x1>=100;

2*x1+x2<=600;

然后点击工具条上的按钮 即可.

例 2 计算 6 个发点 8 个收点的最小费用运输问题（单位运价见表 1.1.1）.

表 1.1.1 单位运价

单位运价＼销地＼产地	B_1	B_2	B_3	B_4	B_5	B_6	B_7	B_8	产量
A_1	6	2	6	7	4	2	5	9	60
A_2	4	9	5	3	8	5	8	2	55
A_3	5	2	1	9	7	4	3	3	51
A_4	7	6	7	3	9	2	7	1	43
A_5	2	3	9	5	7	2	6	5	41
A_6	5	5	2	2	8	1	4	3	52
销量	35	37	22	32	41	32	43	38	

设 x_{ij} 为 i 点向 j 点的运输量，c_{ij} 为 i 点向 j 点的运输单价，ca_i 为 i 产地的产量，d_j 为 j 销地的销量. 建立模型如下：

$$\min \quad z = \sum_{i=1}^{6}\sum_{j=1}^{8} c_{ij} x_{ij},$$

$$\text{s.t.} \begin{cases} \sum_{i=1}^{6} x_{ij} = d_j, \ j=1,2,\cdots,8, \\ \sum_{j=1}^{8} x_{ij} \leq ca_i, \ i=1,2,\cdots,6, \\ x_{ij} \geq 0, \ i=1,2,\cdots,6, \ j=1,2,\cdots,8. \end{cases}$$

使用 LINGO 软件，编制程序如下：

```
model:
sets:
warehouses/wh1..wh6/:ca;
vendors/v1..v8/:d;
links(warehouses,vendors):c,x;
endsets
min=@sum(links:c*x);!目标函数;
@for(vendors(J):@sum(warehouses(I):x(I,J))=d(J));!需求约束;
@for(warehouses(I):@sum(vendors(J):x(I,J))<=ca(I));!产量约束;
data:
ca=60   55   51   43   41   52;
```

```
d=35   37   22   32   41   32   43   38;
c=6    2    6    7    4    2    9    5
   4    9    5    3    8    5    8    2
   5    2    1    9    7    4    3    3
   7    6    7    3    9    2    7    1
   2    3    9    5    7    2    6    5
   5    5    2    2    8    1    4    3;
enddata
end
```

然后点击工具条上的按钮 即可.

第二节　LINGO 中的集

对实际问题建模时，总会遇到一群或多群相互联系的对象，比如员工、消费者群体、产品等. LINGO 允许把这些相联系的对象聚合成**集**（sets）. 一旦把对象聚合成集，就可以利用集来最大限度地发挥 LINGO 建模语言的优势.

下面我们将介绍如何创建集，并运用数据初始化集的属性. 学完本节后，你对基于建模技术的集如何引入模型会有一个基本的理解.

1. 为什么使用集

集是 LINGO 建模语言的基础，是程序设计中最强有力的基本构件. 借助于集，能够用一个单一的、简明的复合公式表示一系列相似的约束，从而可以快速方便地表达规模较大的模型.

2. 什么是集

集是一群相互联系的对象，这些对象也称为集的**成员**. 一个集可能是一系列产品、卡车或雇员. 每个集成员可能有一个或多个与之有关联的特征，我们把这些特征称为**属性**. 属性值可以预先给定，也可以是未知的，有待于 LINGO 求解. 例如，产品集中的每个产品可以有一个价格属性；雇员集中的每位雇员可以有一个薪水属性，也可以有一个生日属性等.

LINGO 有两种类型的集：**原始集**（primitive set）和**派生集**（derived set）.

一个原始集是由一些最基本的对象组成的；一个派生集是用一个或多个其他集来定义的，也就是说，它的成员来自于其他已存在的集.

3. 模型的集部分

集部分是 LINGO 模型的一个可选部分. 在 LINGO 模型中使用集之前，必须对集部分事先定义. 集部分以关键字"sets:"开始，以"endsets"结束. 一个模型可以没有集部分，可以有一个简单的集部分，或有多个集部分. 一个集部分可以放置于模型的任何地方，但是一个集及其属性在模型约束中被引用之前必须定义，所以，一般要将其放在开头位置.

（1）**定义原始集**.

为了定义一个原始集，必须详细声明：

① 集的名字；

② 可选，集的成员；
③ 可选，集成员的属性.

定义一个原始集，可用下面的语法：

setname[/member_list/][:attribute_list];

注意：用"[]"表示该部分内容可选. 下同，不再赘述.

setname 是用来选择标记集的名字的，最好具有较强的可读性. 集名字必须严格符合标准命名规则：以字母为首字符，其后由字母、下划线、阿拉伯数字(0,1,…,9)组成的总长度不超过 32 个字符的字符串，且不区分大小写.

注意：该命名规则同样适用于集成员名和属性名等的命名.

Member_list 是集成员列表. 如果集成员放在集定义中，对它们可采取显式罗列和隐式罗列两种方式. 如果集成员不放在集定义中，那么可在随后的数据部分定义.

① 当显式罗列成员时，必须为每个成员输入一个不同的名字，中间用空格或逗号隔开，允许混合使用.

例 1 可以定义一个名为 students 的原始集，它具有成员 John、Jill、Rose 和 Mike，属性有 sex 和 age：

sets:
students/John　　Jill,Rose　　Mike/:sex,age;
endsets

② 当隐式罗列成员时，不必罗列出每个集成员. 可采用如下语法：

setname/member1.. memberN/[:attribute_list];

这里的 member1 是集的第一个成员名，memberN 是集的最末一个成员名. LINGO 将自动产生中间的所有成员名，如表 1.2.1 所示.

表 1.2.1　隐式罗列法

隐式成员列表格式	示例	所产生集成员
1..n	1..5	1,2,3,4,5
StringM..StringN	Car2..car14	Car2,Car3,Car4,…,Car14
DayM..DayN	Mon..Fri	Mon,Tue,Wed,Thu,Fri
MonthM..MonthN	Nov..Jan	Nov,Dec,Jan
MonthYearM..MonthYearN	Nov2001..Jan2002	Nov2001,Dec2001,Jan2002

③ 集成员不放在集定义中，而在随后的**数据部分**来定义.

例 2 集成员在数据部分定义.

!集部分;
sets:
students:sex,age;
endsets
!数据部分;
data:
students,sex,age=John　　1　　16

```
            Jill    0    14
            Rose    0    17
            Mike    1    13;
enddata
```

注意：开头用感叹号（！），末尾用分号（；）表示注释，可跨多行.

在集部分只定义了一个集 students，并未指定成员. 在数据部分罗列了集成员 John、Jill、Rose 和 Mike，并对属性 sex 和 age 分别给出了值.

集成员无论用何种字符标记，它的索引都是从 1 开始连续计数. 在 attribute_list 中可以指定一个或多个集成员的属性，属性之间必须用逗号隔开.

可以把集、集成员和集属性同 C 语言中的结构体作类比. 类比如下：

$$
\text{集} \longleftrightarrow \text{结构体}
$$
$$
\text{集成员} \longleftrightarrow \text{结构体的域}
$$
$$
\text{集属性} \longleftrightarrow \text{结构体实例}
$$

集属性的值一旦在模型中被确定，就不可能再更改. 在 LINGO 中，只有在**初始部分**中给出的集属性值在以后的求解中可更改. 这与前面并不矛盾，初始部分是 LINGO 求解器的需要，并不是描述问题所必需的.

（2）**定义派生集**.

为了定义一个派生集，必须详细声明：

① 集的名字；
② 父集的名字；
③ 可选，集成员；
④ 可选，集成员的属性.

可用下面的语法定义一个派生集：

setname(parent_set_list)[/member_list/][:attribute_list];

setname 是集的名字. parent_set_list 是已定义的集的列表，多个时必须用逗号隔开. 如果没有指定成员列表，那么 LINGO 会自动创建父集成员的所有组合作为派生集的成员. 派生集的父集既可以是原始集，也可以是其他的派生集.

例 3 定义派生集.

```
sets:
product/A  B/;
machine/M  N/;
week/1..2/;
allowed(product,machine,week):x;
endsets
```

LINGO 生成了三个父集的所有组合，共八组，作为 allowed 集的成员. 列表如下：

编号	成员
1	(A,M,1)
2	(A,M,2)
3	(A,N,1)
4	(A,N,2)

5	(B,M,1)
6	(B,M,2)
7	(B,N,1)
8	(B,N,2)

成员列表被忽略时,派生集成员由父集成员所有的组合(有时也称为父集的笛卡尔乘积)构成,这样的派生集称为**稠密集**. 如果限制派生集的成员,使它成为父集成员所有组合构成的集合的一个子集,这样的派生集称为**稀疏集**. 同原始集一样,派生集成员的声明也可以放在数据部分. 一个派生集的成员列表有两种方式生成:①显式罗列;②设置成员资格过滤器. 当采用方式①时,必须显式罗列出所有要包含在派生集中的成员,并且罗列的每个成员必须属于稠密集. 使用前面的例子,显式罗列派生集的成员:

allowed(product,machine,week)/A M 1,A N 2,B N 1/;

如果需要生成一个大的、稀疏的集,那么显式罗列就很麻烦. 幸运的是许多稀疏集的成员都满足一些条件以便和非成员相区分. 我们可以把这些逻辑条件看作过滤器,在 LINGO 生成派生集的成员时把使逻辑条件为假的成员从稠密集中过滤掉.

例 4 设置成员资格过滤器定义稀疏集.

```
sets:
!学生集:性别属性 sex,1 表示男性,0 表示女性;年龄属性 age;
students/John,Jill,Rose/:sex,age;
!男学生和女学生的联系集:友好程度属性 friend,[0,1]之间的数;
linkmf(students,students)|sex(&1)#eq#1#and#sex(&2)#eq#0:friend;
!男学生和女学生的友好程度大于 0.5 的集;
linkmf2(linkmf)|friend(&1,&2)#gt#0.5:x;
endsets
data:
sex,age=1   16
        0   14
        0   13;
friend =0.3   0.6;
enddata
```

用竖线(|)来标记一个成员资格过滤器的开始. #eq#是逻辑运算符,用来判断是否"相等",可参考本章第四节. &1 可看作派生集的第 1 个原始父集的索引,它取遍该原始父集的所有成员;&2 可看作派生集的第 2 个原始父集的索引,它取遍该原始父集的所有成员;&3,&4,……,以此类推. 注意如果派生集 B 的父集是另外的派生集 A,那么上面所说的原始父集是集 A 向前回溯到最终的原始集,其顺序保持不变,并且派生集 A 的过滤器对派生集 B 仍然有效. 因此,派生集的索引个数是最终原始父集的个数,索引的取值是从原始父集到当前派生集所作限制的总和.

第三节 模型的数据部分和初始部分

在处理模型数据时,需要为集指派一些成员并且在 LINGO 求解模型之前为集的某些属性指定值. 为此, LINGO 为用户提供了两个可选部分: 输入集成员和数据的**数据部分**(Data Section)和为决策变量设置初始值的**初始部分(段)**(Init Section).

1. 模型的数据部分

(1) **数据部分入门**.

数据部分提供了模型相对静止部分和数据分离的可能性. 显然, 这对模型的维护和维数的缩放非常便利.

数据部分以关键字"data:"开始, 以关键字"enddata"结束. 在这里, 可以指定集成员、集的属性. 其语法如下:

object_list=value_list;

对象列(object_list)包含要指定值的属性名、要设置集成员的集名, 用逗号或空格隔开. 一个对象列中至多有一个集名, 而属性名可以有任意多个. 如果对象列中有多个属性名, 那么它们的类型必须一致. 如果对象列中有一个集名, 那么对象列中所有的属性的类型就是这个集.

数值列(value_list)包含要分配给对象列中的对象的值, 用逗号或空格隔开. 注意属性值的个数必须等于集成员的个数. 看下面的例子.

例 1 用简单数值列为变量赋值.

sets:

set1/A,B/:X,Y;

endsets

data:

X=1,2;

Y=3,4;

enddata

在集 set1 中定义了两个属性 X 和 Y. X 的两个值是 1、2, Y 的两个值是 3、4. 也可采用如下例子中的复合**数据声明**(data statement)实现同样的功能.

例 2 使用数值矩阵对变量进行复合声明.

sets:

set1/A,B/:X,Y;

endsets

data:

X,Y=1   3

**   2   4;**

enddata

看到这个例子, 可能会认为 X 被指定了 1、3 两个值, 因为它们是数值列中前两个, 而正确的答案是 1 和 2. 假设对象列有 n 个对象, LINGO 在为对象指定值时, 首先在 n 个对象的第 1 个索引处依次分配数值列中的前 n 个对象, 然后在 n 个对象的第 2 个索引处依次分配数值列中紧接着的 n 个对象, ……, 以此类推.

(2) **参数**.

在数据部分也可以指定一些**标量变量**(scalar variables). 当一个标量变量在数据部分

确定时，称之为**参数**.

例3 定义模型中**利率参数**为 8.5%.

data:

interest_rate=0.085;

enddata

例4 同时为参数利率和通胀率赋值为 8.5%和 3%.

data:

interest_rate,inflation_rate=0.085 0.03;

enddata

（3）实时数据处理.

在某些情况，对于模型中的某些数据并不是定值. 譬如模型中有一个通货膨胀率的参数，我们想在 2%至 6%范围内，对不同的值求解模型，来观察模型的结果对通货膨胀的依赖有多么敏感. 我们把这种情况称为**实时数据处理**. LINGO 可方便地做到这件事，就是在本该放数的地方输入一个问号（？）.

例5 实时数据处理通胀率参数.

data:

interest_rate,inflation_rate=0.085?;

enddata

每一次求解模型时，LINGO 都会提示为参数 inflation_rate 输入一个值. 在 WINDOWS 操作系统下，将会接收到一个类似图 1.3.1 的对话框：输入一个值点击 OK 按钮，LINGO 会把输入值指定给 inflation_rate，并继续求解模型.

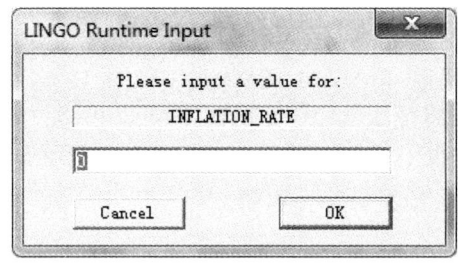

图 1.3.1 实时数据输入对话框

除了参数之外，也可以实时输入集的属性值，但不允许实时输入集成员名.

（4）指定属性为同一个值.

可以在数据声明的右边输入一个值来把所有成员的该属性指定为同一个值. 如下例.

例6 为一周每日需求量统一指定为 20.

sets:

days/MO,TU,WE,TH,FR,SA,SU/:needs;

endsets

data:

needs=20;

enddata

LINGO 将用 20 指定 days 集的所有成员的 needs 属性. 对于多个属性的情形，见下例.

例 7 为一周每日需求量和成本分别指定为 20 和 100.

sets:
days/MO,TU,WE,TH,FR,SA,SU/:needs,cost;
endsets
data:
needs cost=20 100;
enddata

（5）数据部分的未知数值.

有时只想为一个集的部分成员的某个属性指定值，而让其余成员的该属性保持未知，以便让 LINGO 去求出它们的最优值. 在数据声明中输入两个相连的逗号表示该位置对应的集成员的属性值未知. 两个逗号间可以有空格.

例 8 属性值未知的录入法.

sets:
years/1..5/:capacity;
endsets
data:
capacity= ,34,20, , ;
enddata

属性 capacity 的第 2 个和第 3 个值分别为 34 和 20，其余的未知.

2. 模型的初始部分

初始部分是 LINGO 提供的另一个可选部分. 在初始部分中，可以输入**初始声明**，对实际问题建模时，初始部分并不起到描述模型的作用，在初始部分输入的值仅被 LINGO 求解器当作初始迭代点来用，并且仅仅对非线性模型有用. 和数据部分指定变量的值不同，LINGO 求解器可以自由改变初始部分初始化的变量的值.

一个初始部分以"init:"开始，以"endinit"结束. 初始部分的初始声明规则和数据部分的数据声明规则相同. 我们可以在声明的左边同时初始化多个集属性，可以把集属性初始化为一个值，可以用问号实现实时数据处理，还可以用逗号指定未知值.

例 9 初始声明的使用.

init:
X,Y=0, 0.1;
endinit
Y=@log(X);
X^2+Y^2<=1;

好的初始点会减少模型的求解时间.

第四节 LINGO 运算与函数

LINGO 有 9 种类型的函数：

（1）基本运算符：包括算术运算符、逻辑运算符和关系运算符；
（2）数学函数：三角函数和常规的数学函数；
（3）金融函数：LINGO 提供的两种金融函数；
（4）概率函数：LINGO 提供了大量与概率相关的函数；
（5）变量界定函数：这类函数用来定义变量的取值范围；
（6）集操作函数：这类函数为集的操作提供帮助；
（7）集循环函数：遍历集的元素，执行一定的操作的函数；
（8）数据输入输出函数：这类函数允许模型和外部数据源相联系，进行数据的输入输出；
（9）辅助函数：各种杂类函数.

1. 基本运算符

这些运算符是非常基本的，甚至可以不认为它们是一类函数. 事实上，在 LINGO 中它们是非常重要的.

（1）**算术运算符**.

算术运算符是针对数值进行操作的. LINGO 提供了 5 种二元运算符：

^ 乘方　　* 乘　　/ 除　　+ 加　　- 减

LINGO 唯一的一元算术运算符是取反函数 "-".

这些运算符的优先级由高到低为：

高　－（取反）

　　^

　　* /

低　+ -

运算符的运算次序为从左到右按优先级高低来执行. 运算的次序可以用圆括号"（ ）"来改变，例如，2-5/3，(2+4)/5，等等.

（2）**逻辑运算符**.

在 LINGO 中，逻辑运算符主要用于集循环函数的条件表达式中，来控制在函数中哪些集成员被包含，哪些被排斥（见表 1.4.1）. 另外，在创建稀疏集时用在成员资格过滤器中.

表 1.4.1　LINGO 的 9 种逻辑运算符

#not#	否定该操作数的逻辑值，#not#是一个一元运算符
#eq#	若两个运算数相等，则为 true；否则为 flase
#ne#	若两个运算符不相等，则为 true；否则为 flase
#gt#	若左边的运算符严格大于右边的运算符，则为 true；否则为 flase
#ge#	若左边的运算符大于或等于右边的运算符，则为 true；否则为 flase
#lt#	若左边的运算符严格小于右边的运算符，则为 true；否则为 flase
#le#	若左边的运算符小于或等于右边的运算符，则为 true；否则为 flase
#and#	仅当两个参数都为 true 时，结果为 true；否则为 flase
#or#	仅当两个参数都为 false 时，结果为 false；否则为 true

这些运算符的优先级由高到低为：

高 #not#
   #eq# #ne# #gt# #ge# #lt# #le#
低 #and# #or#

例1 逻辑运算符示例.

2#gt#3#and#4#gt#2，其结果为假（0）.

（3）关系运算符.

在 LINGO 中，关系运算符主要被用在模型中，来指定一个表达式的左边是否等于、小于等于或者大于等于右边，形成模型的一个约束条件. 关系运算符与逻辑运算符#eq#、#le#、#ge#截然不同，前者是模型中该关系运算符所指定关系的为真描述，而后者仅仅判断一个该关系是否被满足：满足为真，不满足为假.

LINGO 有三种关系运算符："="、"<="和">=". LINGO 中还能用"<"表示小于等于关系，用">"表示大于等于关系. LINGO 并不支持严格小于和严格大于关系运算符. 然而，如果需要严格小于和严格大于关系，比如让 A 严格小于 B:

$$A<B$$

那么可以把它变成如下的小于等于表达式：

$$A+\varepsilon<=B$$

这里 ε 是一个小的正数，它的值依赖于模型中 A 小于 B 多少才算不等.

下面给出以上三类操作符的优先级：

高 #not#   -（取反）
    ^
    * /
    + -
    #eq# #ne# #gt# #ge# #lt# #le#
    #and# #or#
低 <= = >=

2. 数学函数（见表 1.4.2）

表 1.4.2 LINGO 常用的标准数学函数

@abs(x)	返回 x 的绝对值
@sin(x)	返回 x 的正弦值，x 采用弧度制
@asin(x)	返回 x 的反正弦值
@cos(x)	返回 x 的余弦值
@acos(x)	返回 x 的反余弦值
@tan(x)	返回 x 的正切值
@atan(x)	返回 x 的反正切值
@exp(x)	返回常数 e 的 x 次方
@log(x)	返回 x 的自然对数
@lgm(x)	返回 x 的 gamma 函数的自然对数

	续表
@sign(x)	返回 x 的符号函数值
@sqrt(x)	返回 x 的平方根
@mod(x, y)	返回整数 x 被 y 除的余数
@floor(x)	中心取整函数（即当 $x \geq 0$ 时，返回不超过 x 的最大整数；当 $x<0$ 时，返回不低于 x 的最小整数）
@smax(x1,x2,...,xn)	返回 $x_1, x_2, \cdots, x_n$ 中的最大值
@smin(x1,x2,...,xn)	返回 $x_1, x_2, \cdots, x_n$ 中的最小值

例 2 给定一个直角三角形，求覆盖该三角形的最小正方形.

解 如图 1.4.1 所示.

$CE = a\sin x$，$AD = b\cos x$，$DE = a\cos x + b\sin x$，求最小的正方形就相当于求如下的最优化问题：

$$\min_{0 \leq x \leq \frac{\pi}{2}} \max\{CE, AD, DE\}.$$

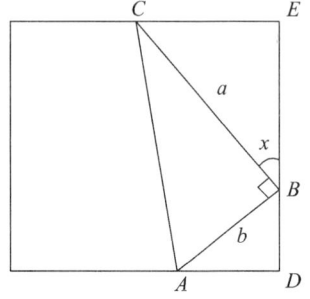

图 1.4.1 例 2 示意图

LINGO 代码如下：

model:
sets:
object/1..3/:f;
endsets
data:
a,b=3,4;!两个直角边长,修改很方便;
enddata
f(1)=a*@sin(x);f(2)=b*@cos(x);f(3)=a*@cos(x)+b*@sin(x);
min=@smax(f(1),f(2),f(3));
@bnd(0,x,1.57);
end

在上面的代码中用到了函数@bnd，详情请见本节 5. 变量界定函数.

3. 金融函数

目前 LINGO 提供了两个金融函数.

(1)@fpa(I,n)

返回如下情形的净现值：单位时段利率为 I，连续 n 个时段支付，每个时段支付单位费用. 若每个时段支付 x 单位的费用，则净现值可用 x 乘以@fpa(I,n)算得. @fpa 的计算公式为

$$\sum_{k=1}^{n} \frac{1}{(1+I)^k} = \frac{1-(1+I)^{-n}}{I}.$$

净现值就是在一定时期内为了获得一定收益在该时期初所支付的实际费用.

例 3（贷款买房问题） 贷款金额 50000 元，贷款年利率 5.31%，采取分期付款方式（每年年末还固定金额，直至还清）. 拟贷款 10 年，每年需偿还多少元？

LINGO 代码如下：

50000=x*@fpa(.0531,10);

答案是 x=6 573.069 元.

(2)@fpl(I,n)

返回如下情形的净现值：单位时段利率为 I，第 n 个时段支付单位费用. @fpl(I,n) 的计算公式为：

$$(1+I)^{-n}.$$

两个函数间的关系为：$@\mathrm{fpa}(I,n) = \sum_{k=1}^{n} @\mathrm{fpa}(I,k).$

4. 概率函数

（1）@pbn(p,n,x)

二项分布的累积分布函数. 当 n 或 x 不是整数时，用线性插值法进行计算.

（2）@pcx(n,x)

自由度为 n 的 χ^2 分布的累积分布函数.

（3）@peb(a,x)

当到达负荷为 a，服务系统有 x 个服务器且允许无穷排队时的 Erlang 繁忙概率.

（4）@pel(a,x)

当到达负荷为 a，服务系统有 x 个服务器且不允许排队时的 Erlang 繁忙概率.

（5）@pfd(n,d,x)

自由度为 n 和 d 的 F 分布的累积分布函数.

（6）@pfs(a,x,c)

当负荷上限为 a，顾客数为 c，平行服务器数量为 x 时，有限源的 Poisson 服务系统的等待或返修顾客数的期望值. a 是顾客数乘以平均服务时间，再除以平均返修时间. 当 c 或 x 不是整数时，采用线性插值进行计算.

（7）@phg(pop,g,n,x)

超几何（Hypergeometric）分布的累积分布函数. pop 表示产品总数，g 是正品数. 从所有产品中任意取出 $n(n \leqslant \mathrm{pop})$ 件.

（8）@ppl(a,x)

Poisson 分布的线性损失函数，即返回 max(0,z-x) 的期望值，其中随机变量 z 服从均值为 a 的 Poisson 分布.

（9）@pps(a,x)

均值为 a 的 Poisson 分布的累积分布函数.

（10）@psl(x)

单位正态线性损失函数，即返回 max(0,z-x) 的期望值，其中随机变量 z 服从标准正态分布.

（11）@psn(x)

标准正态分布的累积分布函数.

（12）@ptd(n,x)

自由度为 n 的 t 分布的累积分布函数.

（13）@qrand(seed)

产生服从(0,1)区间的拟随机数. @qrand 只允许在模型的数据部分使用，它将用拟随机数填满集属性. 通常，声明一个 $m×n$ 的二维表，m 表示运行实验的次数，n 表示每次实验所需的随机数的个数. 在行内，随机数是独立分布的；在行间，随机数是非常均匀的. 这些随机数是用"分层取样"的方法产生的.

例 4 随机数的生成.

model:
data:
M=4;N=2;seed=1234567;
enddata
sets:
rows/1..M/;
cols/1..N/;
table(rows,cols):x;
endsets
data:
X=@qrand(seed);
enddata
end

如果没有为函数指定种子，那么 LINGO 将用系统时间构造种子.

（14）@rand(seed)

返回 0 和 1 间的伪随机数，依赖于指定的种子. 典型用法是

U(I+1)=@rand(U(I)).

注意：如果 seed 不变，那么产生的随机数也不变.

例 5 利用@rand 产生 15 个标准正态分布随机数和自由度为 2 的 t 分布随机数.

model:
sets:
series/1..15/:u,znorm,zt;
endsets
u(1)=@rand(0.1234); !第一个均匀分布随机数是任意的;
!产生其余的均匀分布的随机数;
@for(series(I)|I#GT#1: u(I)=@rand(u(I-1)));
@for(series(I):
  @psn(znorm(I))=u(I); !正态分布随机数;
  @ptd(2,zt(I))=u(I); !和自由度为 2 的 t 分布随机数;
  @free(znorm(I));@free(zt(I)); !ZNORM 和 ZT 可以是负数;
);
end

5. 变量界定函数（见表 1.4.3）

表 1.4.3　变量界定函数

@bin(x)	限制 x 为 0 或 1，即 0-1 变量
@bnd(L,x,U)	限制 $L \leq x \leq U$
@free(x)	取消对变量 x 的默认下界为 0 的限制，即 x 可以取任意实数
@gin(x)	限制 x 为整数

6. 集操作函数

（1）@in(set_name, primitive_index_1[, primitive_index_2, …])

如果元素在指定集中，返回 1；否则返回 0.

例 6　定义全集 I 的子集 B 的补集 C.

sets:
I/x1..x4/;
B(I)/x2/;
C(I)|#not#@in(B,&1);
endsets

（2）@index([set_name,] primitive_set_element)

该函数返回集 set_name 中原始集成员 primitive_set_element 的索引. 如果 set_name 被忽略，那么 LINGO 将返回与 primitive_set_element 匹配的第一个原始集成员的索引. 如果找不到，则产生一个错误.

例 7　确定集成员是否属于某派生集.

sets:
S1/A　B　C/;
S2/X　Y　Z/;
S3(S1,S2)/A X,A Z,B Y,C X/;
endsets
X=@in(S3,@index(S1,B),@index(S2,Y));

看下面的例子，表明有时为 @index 指定集是必要的.

例 8　为 @index 指定集.

sets:
girls/debble,sue,alice/;
boys/bob,joe,sue,fred/;
endsets
I1=@index(sue);
I2=@index(boys,sue);

I1 的值是 2，I2 的值是 3. 我们建议在使用 @index 函数时最好指定集.

（3）@wrap(index, limit)

该函数返回 j=index-k*limit，其中 k 是一个整数，取适当值保证 j 落在区间 [1,limit] 内. 该函数相当于 index 模 limit，但在整除时返回的是除数而不是余数 0.该函数在循环、多阶段计划编制中特别有用（参见本节例 12）.

（4）@size(set_name)

该函数返回集 set_name 的成员个数．在模型中明确给出集大小时最好使用该函数．它的使用使模型数据更加中立，集大小改变时也更易维护．

7．集循环函数

集循环函数遍历整个集进行操作．其语法为

@function(setname[(set_index_list）[|conditional_qualifier]]:expression_list);

@function 相应于下面罗列的四个集循环函数之一；setname 是要遍历的集；set_index_list 是集索引列表；conditional_qualifier 是用来限制集循环函数的范围，当集循环函数遍历集的每个成员时，LINGO 都要对 conditional_qualifier 进行评价，若结果为真，则对该成员执行@function 操作，否则跳过，继续执行下一次循环．expression_list 是被应用到每个集成员的表达式列表，当用的是@for 函数时，expression_list 可以包含多个表达式，其间用逗号隔开．这些表达式将被作为约束加到模型中．当使用其余的三个集循环函数时，expression_list 只能有一个表达式．如果省略 set_index_list，那么在 expression_list 中引用的所有属性的类型都是 setname 集．

（1）@for

该函数用来产生对集成员的约束．基于建模语言的标量需要显式输入每个约束时，@for 函数允许只输入一个约束，然后 LINGO 自动产生每个集成员的约束．

例 9 产生序列{1,4,9,16,25}．

model:
sets:
number/1..5/:x;
endsets
@for(number(I):x(I)=I^2);
end

（2）@sum

该函数返回遍历指定的集成员的一个表达式的和．

例 10 求向量[5,1,3,4,6,10]前 5 个数的和．

model:
data:
N=6;
enddata
sets:
number/1..N/:x;
endsets
data:
x=5　1　3　4　6　10;
enddata
s=@sum(number(I)|I#le#5:x);
end

(3)@min 和@max

返回指定的集成员的一个表达式的最小值或最大值.

例 11 求向量[5,1,3,4,6,10]前 5 个数的最小值,后 3 个数的最大值.

```
model:
data:
N=6;
enddata
sets:
number/1..N/:x;
endsets
data:
x=5  1  3  4  6  10;
enddata
minv=@min(number(I)|I#le#5:x);
maxv=@max(number(I)|I#ge#N-2:x);
end
```

下面看一个稍微复杂一点儿的例子.

例 12 (**职员时序安排模型**) 一项工作一周 7 天都需要有人(比如护士工作),每天(周一至周日)所需的最少职员数为 20、16、13、16、19、14 和 12,并要求每个职员一周连续工作 5 天,试求每周所需最少职员数,并给出安排. 注意我们考虑稳定后的情况.

解 设 x_i 为第 i 天开始工作的人数,R_i 为第 i 天最低需求人数,z 为总人数. 模型为

$$\min z = \sum_{i=1}^{7} x_i,$$

$$\text{s.t.} \begin{cases} z - x_{i+1} - x_{i+2} \geq R_i, i=1,2,\cdots,5, \\ z - x_7 - x_1 \geq R_6, \\ z - x_1 - x_2 \geq R_7 \end{cases}$$

$$\Leftrightarrow z - x_{(\text{wrap}(i+1,7))} - x_{(\text{wrap}(i+2,7))} \geq R_i, i=1,2,\cdots,7.$$

程序:

```
model:
sets:
days/mon..sun/:R,x;
endsets
data:
R=20  16  13  16  19  14  12; !每天所需的最少职员数;
enddata
min=z; !最小化每周所需职员数;
z=@sum(days:x);
N=@size(days);
@for(days(I):z-x(@wrap(I+1,N))-x(@wrap(I+2,N))>=R(I));
end
```

计算的部分结果为：

Global optimal solution found at iteration: 0
Objective value: 22.00000

Variable	Value	Reduced Cost
START(MON)	8.000000	0.000000
START(TUE)	2.000000	0.000000
START(WED)	0.000000	0.3333333
START(THU)	6.000000	0.000000
START(FRI)	3.000000	0.000000
START(SAT)	3.000000	0.000000
START(SUN)	0.000000	0.000000

从而解决方案是：每周最少需要 22 名职员，周一安排 8 人，周二安排 2 人，周三无须安排人，周四安排 6 人，周五和周六都安排 3 人，周日无须安排人.

8. 输入和输出函数

输入和输出函数可以把模型和外部数据比如文本文件、电子表格等连接起来.

（1）@file 函数

该函数用于从外部文本文件中输入数据，可以放在模型中任何地方. 该函数的语法格式为：

@file('filename').

这里 filename 是文件名，可以采用相对路径和绝对路径两种表示方式.

例 13 以第一章第一节例 2 来讲解@file 函数的用法.

注意到在例 2 的编码中有两处涉及数据：第一个地方是集部分的 6 个 warehouses 集成员和 8 个 vendors 集成员；第二个地方是数据部分的 ca,d 和 c 数据.

为了使数据和我们的模型完全分开，我们把它们移到外部的文本文件中. 修改模型代码以便于用@file 函数把数据从文本文件中拖到模型中来. 修改后的模型代码如下：

```
model:
sets:
warehouses/@file('1_2.txt')/:ca;
vendors/@file('1_2.txt')/:d;
links(warehouses,vendors):c,x;
endsets
min=@sum(links:c*x); !目标函数;
@for(vendors(J):@sum(warehouses(I):x(I,J))=d(J)); !需求约束;
@for(warehouses(I):@sum(vendors(J):x(I,J))<=ca(I)); !产量约束;
data:
ca=@file('1_2.txt');
d=@file('1_2.txt');
c=@file('1_2.txt');
enddata
end
```

模型的所有数据来自 1_2.txt 文件. 其内容如下:
!warehouses 成员;
WH1 WH2 WH3 WH4 WH5 WH6 ~
!vendors 成员;
V1 V2 V3 V4 V5 V6 V7 V8 ~
!产量;
60 55 51 43 41 52 ~
!销量;
35 37 22 32 41 32 43 38 ~
!单位运输费用矩阵;
6 2 6 7 4 2 5 9
4 9 5 3 8 5 8 2
5 2 1 9 7 4 3 3
7 6 7 3 9 2 7 1
2 3 9 5 7 2 6 5
5 5 2 2 8 1 4 3

把记录结束标记（~）之间的数据文件部分称为**记录**. 如果数据文件中没有记录结束标记, 那么整个文件被看作单个记录. 注意到除了记录结束标记外, 模型的文本和数据同它们直接放在模型里是一样的.

我们来看一下在数据文件中的记录结束标记连同模型中@file 函数调用是如何工作的. 当在模型中第一次调用@file 函数时, LINGO 打开数据文件, 然后读取第一个记录; 第二次调用@file 函数时, LINGO 读取第二个记录, 等等. 文件的最后一条记录可以没有记录结束标记, 当遇到文件结束标记时, LINGO 会读取最后一条记录, 然后关闭文件. 如果最后一条记录也有记录结束标记, 那么直到 LINGO 求解完当前模型后才关闭该文件. 如果多个文件保持打开状态, 可能会导致一些问题, 因为这会使同时打开的文件总数超过允许同时打开文件的上限 16.

当使用@file 函数时, 可把记录的内容（除了一些记录结束标记外）看作替代模型中@file('filename')位置的文本. 也就是说, 一条记录可以是声明的一部分、整个声明或一系列声明. 在数据文件中注释被忽略. 注意: **在 LINGO 中不允许嵌套调用@file 函数**.

（2）@text 函数

该函数被用在数据部分用来把解输出至文本文件中. 它可以输出集成员和集属性值. 其语法为

@text(['filename'])

这里 filename 是文件名, 可以采用相对路径和绝对路径两种表示方式. 如果忽略 filename, 那么数据就被输出到标准输出设备（屏幕）. @text 函数仅能出现在模型数据部分的一条语句的左边, 右边是集名（用来输出该集的所有成员名）或集属性名（用来输出该集属性的值）.

我们把用接口函数产生输出的数据声明称为**输出操作**. 输出操作仅当求解器求解完模型后才执行, 执行次序取决于其在模型中出现的先后.

例14 借用例12，说明@text的用法.
model:
sets:
days/mon..sun/:required,start;
endsets
data:
required=20　16　13　16　19　14　12; !每天所需的最少职员数;
@text('d:\out.txt')=days　　'至少需要的职员数为'start;
enddata
min=@sum(days:start); !最小化每周所需职员数;
@for(days(J):@sum(days(I)|I#le#5:start(@wrap(J+I+2,7)))>=required(J));
end

（3）@ole 函数

@OLE 是从 EXCEL 中引入或输出数据的接口函数，它是基于传输的 OLE 技术. OLE 传输直接在内存中传输数据，并不借助于中间文件. 当使用@OLE 时，LINGO 先装载 EXCEL，再通知 EXCEL 装载指定的电子数据表，最后从电子数据表中获得 Ranges（名称框）. 为了使用 OLE 函数，必须有 EXCEL5 及其以上版本. OLE 函数可在数据部分和初始部分引入数据.

@OLE 可以同时读集成员和集属性，集成员最好用文本格式，集属性最好用数值格式. 原始集每个集成员需要一个单元（cell），而对于 n 元的派生集每个集成员需要 n 个单元，这里第一行的 n 个单元对应派生集的第一个集成员，第二行的 n 个单元对应派生集的第二个集成员，依此类推.

@OLE 只能读一维或二维的 Ranges（在单个的 EXCEL 工作表（sheet）中），但不能读间断的或三维的 Ranges. Ranges 是自左而右、自上而下来读.

例15 用@OLE 函数对 EXCEL 文件进行读写.
sets:
PRODUCT;　　!产品;
MACHINE;　　!机器;
WEEK;　　　　!周;
ALLOWED(PRODUCT,MACHINE,WEEK):x,y;　　!允许组合及属性;
endsets
data:
rate=0.01;
PRODUCT,MACHINE,WEEK,ALLOWED,x,y=@OLE('D:\IMPORT. XLS');
@OLE('D:\IMPORT. XLS')=rate;
enddata

代替在代码文本的数据部分显式输入形式，我们把相关数据全部放在如下电子数据表中来输入. 下面是 D:\IMPORT. XLS 的图表（见图1.4.2）.

	A	B	C	D	E	F	G	H
1								
2		产品	机器	周				
3		A	M	1				
4		B	N	2				
5				3				
6							集ALLOWED的属性x和y的值	
7		允许的组合（ALLOWED集成员）				x	y	
8		A	M	1		1	22	
9		A	N	2		2	10	
10		B	N	1		0	14	
11								
12	输出结果							
13		RATE	0.01					

图 1.4.2 D:\IMPORT.XLS 的内容

除了输入数据之外，我们也必须定义 Ranges 名：PRODUCT, MACHINE, WEEK, ALLOWED, x, y. 具体地，我们需要定义如下的 Ranges 名：

Name	Range
PRODUCT	B3:B4
MACHINE	C3:C4
WEEK	D3:D5
ALLOWED	B8:D10
X	F8:F10
Y	G8:G10
rate	C13

为了在 EXCEL 中定义 Ranges 名，按照以下步骤操作：
① 按鼠标左键拖曳选择 Range；
② 选择"插入|名称|定义"；
③ 输入希望的名字；
④ 点击"确定"按钮.

（4）@ranged(variable_or_row_name)
为了保持最优基不变，变量的费用系数或约束行的右端项允许减少的量.

（5）@rangeu(variable_or_row_name)
为了保持最优基不变，变量的费用系数或约束行的右端项允许增加的量.

（6）@status ( )
返回 LINGO 求解模型结束后的状态：
0   Global Optimum（全局最优）
1   Infeasible（不可行）
2   Unbounded（无界）
3   Undetermined（不确定）
4   Feasible（可行）

  5 Infeasible or Unbounded（通常需要关闭"预处理"选项后重新求解模型，以确定模型究竟是不可行还是无界）

  6 Local Optimum（局部最优）

  7 Locally Infeasible（局部不可行，尽管可行解可能存在，但 LINGO 并没有找到）

  8 Cutoff（目标函数的截断值被达到）

  9 Numeric Error（求解器因在某约束中遇到无定义的算术运算而停止）

通常，如果返回值不是 0、4 或 6 时，那么解将不可信，几乎不能用. 该函数仅被用在模型的数据部分来输出数据.

例 16 显示求解状态.

model:

min=@sin(x);

data:

@text()=@status();

enddata

end

部分计算结果为：

  Local optimal solution found at iteration：   33
  Objective value：   −1.000000

         6

	Variable	Value	Reduced Cost
	X	4.712388	0.000000

结果中的 6 就是@status()返回的结果，表明最终解是局部最优的.

9. 辅助函数

（1）@if(logical_condition, true_result, false_result)

  @if 函数将评价一个逻辑表达式 logical_condition，如果为真，返回 true_result，否则返回 false_result. 该函数也可嵌套使用，来表示多分枝的分段函数.

例 17 求解最优化问题：

$$\min f(x)+g(y)$$

$$f(x) = \begin{cases} 100+2x, & x>0, \\ 2x, & x \leq 0, \end{cases}$$

$$g(y) = \begin{cases} 60+3y, & y>0, \\ 2y, & y \leq 0, \end{cases}$$

$$\text{s.t.} \begin{cases} x+y \geq 30, \\ x,y \geq 0 \end{cases}$$

其 LINGO 代码如下：

model:

min=fx+gy;

```
fx=@if(x#le#0,2*x,100+2*x);
gy=@if(y#le#0,2*y,60+3*y);
x+y>=30;
end
```

若 $g(y)=\begin{cases}60+3y, y>3,\\ 2y, 1<y\leqslant 3,\\ 5y, y\leqslant 1,\end{cases}$ 可使用嵌套格式，其 LINGO 代码如下：

```
model:
min=fx+gy;
fx=@if(x#le#0,2*x,100+2*x);
gy=@if(y#le#1,5*y,@if(y#le#3,2*y,60+3*y));
x+y>=30;
end
```

（2）@warn('text', logical_condition)

如果逻辑条件 logical_condition 为真，则产生一个内容为'text'的信息框.

例 18 x 是正数时输出警示信息.

```
model:
x=1;
@warn('x 是正数',x#gt#0);
end
```

第五节　LINGO 综合程序设计

1. 解非线性方程组、不等式组

LINGO 可以求解方程组和不等式组，但每次运行只能求得 1 解，不能求得全部解.

例 1　求解非线性方程组：

$$\begin{cases}x^2+y^2=2,\\ 2x^2+x+y^2+y=4.\end{cases}$$

求解 LINGO 代码如下：

```
model:
x^2+y^2=2;
2*x^2+x+y^2+y=4;
end
```

计算的部分结果为

```
Feasible solution found at iteration:        0
                              Variable         Value
                                     X     0.4543360
                                     Y      1.339247
```

2. 装配线平衡模型

一条装配线含有一系列的工作站，在最终产品的加工过程中每个工作站执行一种或几种特定的任务。装配线周期是指所有工作站完成分配给它们各自的任务所花费时间中的最大值。平衡装配线的目标是为每个工作站分配加工任务，尽可能地使每个工作站执行相同数量的任务，其最终标准是装配线周期最短。不适当的平衡装配线将会产生瓶颈——有较少任务的工作站将被迫等待其前面分配了较多任务的工作站[23]。

这个模型的目标是最小化装配线周期。有两类约束：

（1）要保证每件任务只能也必须分配至一个工作站来加工；

（2）要保证满足任务间的所有优先关系。

例2　有11件任务（A～K）分配到4个工作站（1～4），任务的优先次序如图1.5.1所示。每件任务所花费的时间见表1.5.1。

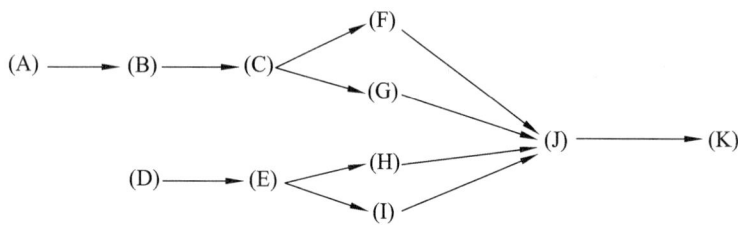

图 1.5.1　任务的优先次序

表 1.5.1　每项任务所花费的时间

任务	A	B	C	D	E	F	G	H	I	J	K
时间	45	11	9	50	15	12	12	12	12	8	9

解　设 $x_{ik} = \begin{cases} 1, & 第i任务在第k工作站加工, \\ 0, & 第i任务不在第k工作站加工; \end{cases}$ t_i——任务 i 所需时间，建立模型如下：

$$\min \quad T = \max_{1 \leq k \leq 4} \sum_{i=1}^{11} t_i x_{ik},$$

$$\text{s.t.} \begin{cases} \sum_{k=1}^{4} x_{ik} = 1, \ i = 1, 2, \cdots, 11, \\ \sum_{k=1}^{4} (k x_{jk} - k x_{ik}) \geq 0, i < j, \\ x_{ij} = 0 或 1. \end{cases}$$

非线性规划（目标函数非线性）转化为线性规划增加约束：

$$\sum_{i=1}^{11} t_i x_{ik} \leq z, (k=1,2,3,4)，目标变为 \min z.$$

LINGO 代码如下：

```
model:
sets:
task/A B C D E F G H I J K/:T; !任务集合,有一个完成时间属性 T;
pred(task,task)/A,B  B,C  C,F  C,G  F,J  G,J  J,K  D,E  E,H  E,I  H,J
    I,J/;   !任务之间的优先关系集合(A 必须完成才能开始 B，等等);
station/1..4/;! 工作站集合;
txs(task,station):X; !如果 X(I,K)=1,则表示第 I 个任务指派给第 K 个工作站完成;
endsets
data:
T=45   11   9   50   15   12   12   12   12   8   9; !任务 A,…,K 的完成时间估计;
enddata
!当任务超过 15 个时,模型的求解将变得很慢;
@for(task(I):@sum(station(K):X(I,K))=1); !每一个作业必须指派到一个工作站;
@for(pred(I,J):@sum(station(K):K*X(J,K)-K*X(I,K))>=0); !对于每一个存在优先关系
    的作业对,前者对应的工作站 I 须小于后者对应的 J;
@for(station(K):@sum(task(I):T(I)*(I,K))<=CYCTIME); !对于每一个工作站来说,
    其花费时间必须不大于装配线周期;
min=CYCTIME; !目标函数是最小化装配线周期;
@for(txs:@bin(X)); !指定 X(I,J)为 0/1 变量;
end
```

计算的部分结果（仅列出取值为 1 的决策变量）为

```
Global optimal solution found at iteration:        1255
Objective value:                                   50.00000
          Variable         Value        Reduced Cost
          X(A,1)         1.000000         0.000000
          X(B,3)         1.000000        11.00000
          X(C,4)         1.000000         0.000000
          X(D,2)         1.000000         0.000000
          X(E,3)         1.000000        15.00000
          X(F,4)         1.000000         0.000000
          X(G,4)         1.000000         0.000000
          X(H,3)         1.000000        12.00000
          X(I,3)         1.000000        12.00000
          X(J,4)         1.000000         0.000000
          X(K,4)         1.000000         0.000000
```

3. 排列排序问题

例3 有 4 名同学到一家公司参加 3 个阶段的面试:公司要求每个同学都必须首先找公司秘书初试，然后到部门主管处复试，最后到经理处参加面试，并且不允许插队（即在任

何一个阶段 4 名同学的顺序是一样的). 由于 4 名同学的专业背景不同, 所以每人在 3 个阶段的面试时间也不同, 如表 1.5.2 所示 (单位: 分钟):

表 1.5.2　面试时间

同学	秘书初试	主管复试	经理面试
同学甲	13	15	20
同学乙	10	20	18
同学丙	20	16	10
同学丁	8	10	15

这 4 名同学约定他们全部面试完以后一起离开公司. 假定现在时间是早晨 8:00, 问他们最早何时能离开公司[24]?

解　记 t_{ij} 为 i 同学完成 j 阶段面试所需时间, x_{ij} 为 i 同学开始 j 阶段面试所处的时间, 则

$$\min\ T = \max_{1 \leq i \leq 4}\{x_{i3} + t_{i3}\},$$

$$\text{s.t.} \begin{cases} x_{ij} + t_{ij} \leq x_{i,j+1}\ (i=1,2,3,4; j=1,2), \\ x_{ij} + t_{ij} - x_{kj} \leq T y_{ik}\ (i,j,k=1,2,3; i<k), \\ x_{kj} + t_{kj} - x_{ij} \leq T(1-y_{ik})\ (i,j,k=1,2,3; i<k). \end{cases}$$

可将目标函数线性化改写为

$$\min\ T,$$
$$\text{s.t.}\ T \geq x_{i3} + t_{i3}\ (i=1,2,3,4).$$

求解程序如下:

```
model:
!三阶段面试模型;
sets:
students; !学生集;
phases;    !阶段集;
sp(students,phases):t,x;
ss(students,students) | &1 #LT# &2:y;
endsets
data:
students = s1..s4;
phases = p1..p3;
t= 13   15   20
   10   20   18
   20   16   10
    8   10   15;
enddata
```

ns=@size(students);　　!学生数;
np=@size(phases);　　!阶段数;
@for(sp(I,J)|J#LT#np:x(I,J)+t(I,J)<=x(I,J+1));!单个学生面试时间先后次序约束;
　!学生间的面试先后次序保持不变的约束;
@for(ss(I,K):
　@for(phases(J):
　　x(I,J)+t(I,J)-x(K,J)<=200*y(I,K);
　　x(K,J)+t(K,J)-x(I,J)<=200*(1-y(I,K));
　)
);
min=TMAX; !目标函数;
@for(students(I): x(I,3)+t(I,3)<=TMAX);
@for(ss: @bin(y)); !把 Y 定义 0-1 变量;
end

计算的部分结果为:

Global optimal solution found at iteration:　　　　898
Objective value:　　　　　　　　　　　　　　84.00000

Variable	Value	Reduced Cost
X(S1,P1)	8.000000	0.000000
X(S1,P2)	21.00000	0.000000
X(S1,P3)	36.00000	0.000000
X(S2,P1)	21.00000	0.000000
X(S2,P2)	36.00000	0.000000
X(S2,P3)	56.00000	0.000000
X(S3,P1)	31.00000	0.000000
X(S3,P2)	56.00000	0.000000
X(S3,P3)	74.00000	0.000000
X(S4,P1)	0.000000	1.000000
X(S4,P2)	8.000000	0.000000
X(S4,P3)	18.00000	0.000000
Y(S1,S2)	0.000000	-200.0000
Y(S1,S3)	0.000000	0.000000
Y(S1,S4)	1.000000	200.0000
Y(S2,S3)	0.000000	-200.0000
Y(S2,S4)	1.000000	0.000000
Y(S3,S4)	1.000000	0.000000

习题

1. 解下列非线性规划：

(1) $\min y = -2x_1 - 4x_2 - 6x_3 + x_1^2 + x_2^2 + x_3^2$,

$\text{s.t.} \begin{cases} x_1 + x_2 \leq 2, \\ x_2 + x_3 \leq 3, \\ x_1 + x_3 \leq 4, \\ x_1, x_2, x_3 \geq 0; \end{cases}$

(2) $\min y = x_1^2 + x_2^2 - 16x_1 - 10x_2$,

$\text{s.t.} \begin{cases} x_1^2 - 6x_1 + 4x_2 \leq 11, \\ 1 + x_1 x_2 - 3x_2 - e^{x_1 - 3} \geq 0, \\ x_1, x_2 \geq 0. \end{cases}$

2. 建立下列问题的数学规划模型并求解

（1）某地区有 3 个农场共用一条灌渠，每个农场的可灌溉地及分配到的最大用水量见表 1.1.

表 1.1　面积与用水量

农场	可灌溉地（亩）	最大用水量（百立方）
1	400	600
2	600	800
3	300	375

各农场均可种植甜菜、棉花和高粱 3 种作物，各种作物的用水量、净收益及国家规定的该地区各种作物种植总面积最高限额见表 1.2.

表 1.2　用水量、净收益及种植限额

作物种类	种植限额（亩）	耗水量（百立方/亩）	净收益（元/亩）
甜菜	600	3	400
棉花	500	2	300
高粱	325	1	100

3 个农场达成协议，他们的播种面积与其可灌溉面积相等，而各农场种何种作物并无限制．问如何制订各农场种植计划，才能在上述限制条件下，使本地区的 3 个农场的总净收益最大？

（2）公司在各地有 4 项业务，选定了 4 位业务员去处理．由于业务能力、经验和其他情况不同，业务员处理 4 项业务的费用（单位：元）各不相同，见表 1.3.

表 1.3　业务费

业务员 \ 业务	1	2	3	4
1	11	8	10	7
2	6	5	3	8
3	4	8	10	9
4	11	10	5	7

应当怎样分派任务,才能使总的费用最小?

(3) 篮球队要选择 5 名队员上场组成出场阵容参加比赛. 8 名篮球队员的身高及擅长位置见表 1.4.

表 1.4 队员的身高及擅长位置

队员	1	2	3	4	5	6	7	8
身高	1.92	1.90	1.88	1.86	1.85	1.83	1.80	1.78
擅长位置	中锋	中锋	前锋	前锋	前锋	后卫	后卫	后卫

出场阵容满足如下条件:

① 只能有一名中锋上场;

② 至少有一名后卫上场;

③ 如 1 号和 4 号均上场,则 6 号不出场;

④ 2 号和 8 号至少有 1 个不出场;

问应当选择哪 5 名队员上场,才能使出场队员平均身高最高?

第二章　MATLAB 入门

MATLAB（Matrix Laboratory）是美国 MathWorks 公司开发的一套高性能的数值分析和计算软件，用于概念设计、算法开发、建模仿真、实时实现的理想的集成环境，是目前最好的科学计算类软件之一.

MATLAB 将矩阵运算、数值分析、图形处理、编程技术结合在一起，为用户提供了一个强有力的科学及工程问题的分析计算和程序设计工具，它还提供了专业水平的符号计算、文字处理、可视化建模仿真和实时控制等功能，是具有全部语言功能和特征的新一代软件开发平台.

MATLAB 已发展为适合众多学科、多种工作平台、功能强大的大型软件. 在欧美等国家的高校，MATLAB 已成为线性代数、自动控制理论、数理统计、数字信号处理、时间序列分析、动态系统仿真等高级课程的基本教学工具，成为攻读学位的本科、硕士、博士生必须掌握的基本技能. 在设计研究单位和工业开发部门，MATLAB 被广泛应用于研究和解决各种具体问题. 在中国，MATLAB 也日益受到重视，短时间内就盛行起来，因为无论哪个学科或工程领域都可以从 MATLAB 中找到适合的功能[25].

本书使用的版本为 MATLAB7.10.0(R2010a)，其他版本在界面和功能上大同小异.

第一节　MATLAB 的系统开发环境

1. 操作桌面（Operating Desktop）

（1）**桌面布局**：6 个窗口：

① 命令窗口（Command Window）；
② 工作空间窗口（Workspace）；
③ 当前目录浏览器（Current Folder）；
④ 命令历史窗口（Command History）；
⑤ 帮助窗口（Help）；
⑥ M 文件编辑器（Editor）.

Desktop 菜单中的 desktop layout 菜单提供了 5 种可选布局：

① Default（默认）；
② Command Window Only；
③ History and Command Window；
④ All Tabbed；
⑤ All but Command Window Minimized.

特别提示：当工作桌面被破坏后，请依次点击菜单 Desktop，下一级子菜单 Desktop Layout，再下一级子菜单 Default，进行还原，如图 2.1.1 所示.

（2）**菜单和工具栏（Menu and toolbar）**. 操作桌面上有 7 个菜单和带有 10 个快捷按

钮的工具栏组（见图 2.1.1）.

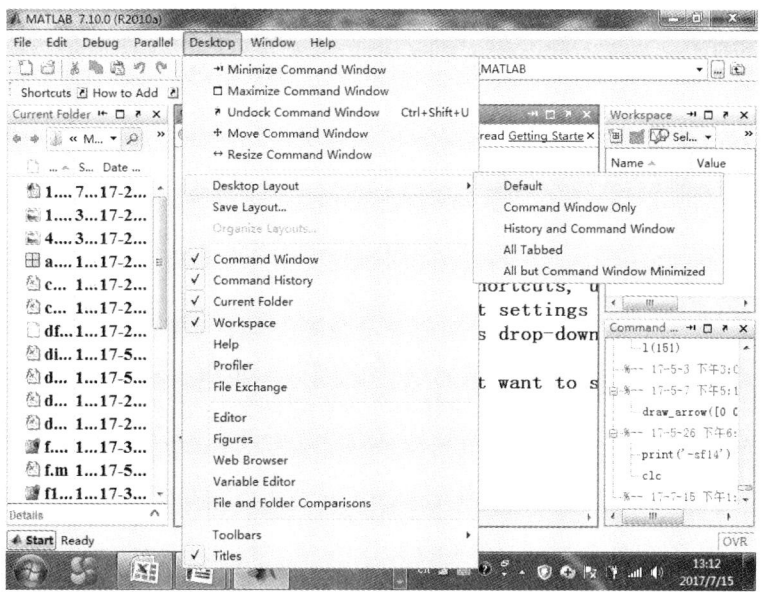

图 2.1.1　Desktop 菜单

（3）**改变桌面设置**. 可在 File 菜单的中 **Preference** 对话框中进行个性化设置（见图 2.1.2）.

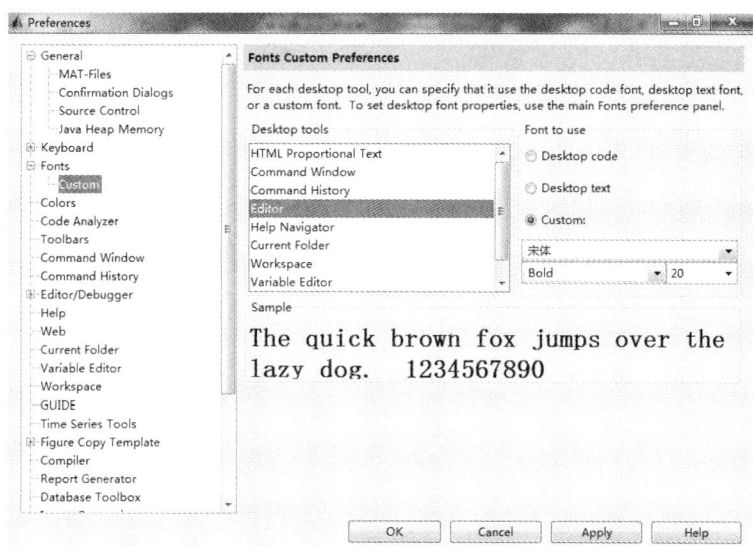

图 2.1.2　桌面个性化设置 Preference 对话框

2. 命令窗口（Command window）

MATLAB 的主要交互窗口. 用于输入 MATLAB 命令、函数、数组、表达式等信息，并显示图形以外的所有计算结果.

命令窗口可作为一个多功能高级计算器，如要计算 $18+\dfrac{5\sin\dfrac{\pi}{6}}{2+\cos\dfrac{\pi}{6}}$，只需按 MATLAB 格

式要求键入：

18+5*sin(pi/6)/(2+cos(pi/6))，

然后按 Enter 键即可在窗口内显示出计算结果：

ans= 18.8723

注：Command window 中的表达式一旦出错将无法修改，需重新输入．所以，这里不是我们编程的主战场，仅作为执行简单程序命令之用，更多的是作为结果的输出窗口．

3. 工作空间窗口（Workspace）

用于储存各种变量和结果的空间，显示变量的名称、大小、字节数及数据类型，对变量进行观察、编辑、保存和删除．临时变量不占空间，为了对变量的内容进行观察、编辑与修改，可以用三种方法打开**内存数组编辑器**：① 双击变量名；② 选择该窗口工具栏上的打开图标；③ 鼠标指向变量名，点击鼠标右键，弹出选择菜单，然后选项操作．

欲查看工作空间的情况，可以在命令窗口键入命令 **whos**（显示存在工作空间全部变量的名称、大小、数据类型等信息）或命令 **who**（只显示变量名）

4. 当前文件夹浏览器（Current Folder）

用于显示及设置当前工作目录，同时显示工作目录下的文件名、文件类型及目录的修改时间等信息．只有在当前目录或搜索路径下的文件及函数才可以被运行或调用．设置当前目录可在工具栏中央的输入栏中直接输入，或点击浏览器下拉按钮进行选择．

5. 命令历史窗口（Command History）

记录已运行过的 MATLAB 命令历史，包括已运行过的命令、函数、表达式等信息，可进行命令历史的查找、检查等工作，也可以在该窗口中进行命令复制与重运行．

6. 帮助浏览器（Help Browser）

（1）**帮助浏览器**：提供方便快捷的帮助信息获取途径和图文并茂的帮助内容，MATLAB7.10 是通过勾选 Desktop 菜单中的 Help 选项打开一个独立的交互式帮助浏览器．

（2）**help 命令**：在命令窗口输入 help 命令，也是 MATLAB 寻找在线帮助的一种方便而快捷的方式．

例 1   **help**（列出主要的帮助主题）

HELP topics：

MATLAB\general   -General purpose commands.

MATLAB\ops   -Operators and special characters.

MATLAB\lang   -Programming language constructs.

....

例 2   **help exp**（列出指定主题（e^x）下的函数说明）

EXP   Exponential.

  EXP(X) is the exponential of the elements of X, e to the X.

  For complex Z=X+i*Y, EXP(Z) = EXP(X)*(COS(Y)+i*SIN(Y)).

....

（3）**lookfor 命令**（**lookfor commend**）．可以根据用户提供的完整或不完整的关键词，搜索出一组与之相关的命令或函数.

例 3 **lookfor integral**

（4）模糊查询（**fuzzy Inquiry**）. 用户只需输入命令的前几个字母，然后键入 Tab 键 MATLAB 就会列出所有以这个字母开始的命令.

例 4 在命令窗口键入 **plot** 然后按 Tab 键，可得各种以 **plot** 为字头的命令：

| plot | plotbr | plotes | plotmap | plotperf | plottr |
| plot3 | plotchar | plotfa | plotmatrix | plotpv | plotv…… |

第二节　MATLAB 的基本操作

1. 简单矩阵的建立

MATLAB 以矩阵为基本运算对象，标量可看作 1×1 的矩阵，矢量看作 $n×1$ 或 $1×n$ 的矩阵. 有如下几种输入方式：

（1）**以直接列出元素的形式输入**：把矩阵元素直接排列到方括号[ ]中，每行内的元素用逗号或空格分开，行与行之间用分号隔开，也可回车换行.

例 1 **a=[1　2　3;2　4　6;8　3　5]** 或 **a=[1,2,3;2,4,6;8,3,5]**

结果如下：

a=1　2　3
　2　4　6
　8　3　5

（2）**通过语句和函数产生**：对于已经存在的矩阵，可用函数或表达式产生新的矩阵.

例如：矩阵 a 和 x 已存在，利用 **y=sin(x)** 和 **c=a+0.1*(1+a/2)** 命令将产生新矩阵 y 和 c.

（3）**在 m 文件中创建矩阵**：通过建立 MATLAB 的 M 文件可完成矩阵的输入，如建立 B.m 的文件，内容为：

B=[3　4　2;1　3　5;6　4　3]

或　B=[3　4　2
　　　1　3　5
　　　6　4　3]

则在命令窗口中使用 B 命令语句可以调用 B 矩阵.

（4）**从外部的数据文件中载入**：利用 **load** 或 **fread** 命令可以读取 MATLAB 早期版本产生的矩阵，也可读取有其他应用程序产生的数据（或矩阵）.

2. 矩阵元素

可以用任何形式的表达式来充当矩阵元素，如：

x=[-1.3　sqrt(3)　(1+2+3)*4/5]

将得到矩阵：

x= -1.3000　　1.7321　　4.8000

可以定义或修改矩阵中某一元素，如操作：

x(5)=abs(x(1))

得一个新矩阵：

x= -1.3000   1.7321   4.8000   0   1.3000

注：这里未定义的 x(4)默认用 0 来填充.

也可以用小矩阵拼接构成大矩阵，如：

a=[1 2 3;4 5 6;7 8 9]; r=[10 11 12];
c=[a;r],c1=[a r′]

结果为：

c=1   2   3
  4   5   6
  7   8   9
  10   11   12

c1=1   2   3   10
   4   5   6   11
   7   8   9   12

也可使用":"从大矩阵中抽取小矩阵，如：

d=c(1:2,:) 意为抽取 *c* 矩阵一到二行的各列，结果为：

d=1   2   3
  4   5   6

e=c(1:2,1:3) 意为抽取 *c* 矩阵一到二行一到三列的元素，结果为：

e=1   2   3
  4   5   6

3. 语句与变量

MATLAB 语句的常用格式：

变量=表达式（；）

或简化为：

表达式（；）

表达式可以由运算符、特殊字符、函数名、变量名等组成，表达式的结果为一矩阵，它赋给左边的变量. 如省略变量名和"="，则自动产生一个名为 **ans** 的变量，如执行 **1900/81**，结果为：ans=23.4568，并显示在屏幕上. 如语句以分号结束，则结果不显示，如执行 **p=a*a;**，则只完成运算，但不显示结果，可在工作空间中双击变量 *p* 查看其结果.

4. 复数和复数矩阵

复数用特殊字符 **i** 或 **j** 表示. **i=sqrt(-1)**，其值在工作空间显示为 0+1.0000i.

z=a+b*i 或 **z=r*exp(i*θ)**，其中 *r* 为复数的模，θ 为复数辐角的弧度数.

例 2 输入 **z=3+4i** 或 **z=3+4j**，结果一样. MATLAB 中复数有下面的语句生成办法：

复数矩阵的两种输入方法：

（1）**a=[1 2;3 4]+i*[5 6;7 8]**
（2）**a=[1+5i 2+6i;3+7i 4+8i]**

结果相同：a =1.0000 + 5.0000i   2.0000 + 6.0000i
          3.0000 + 7.0000i   4.0000 + 8.0000i

注：(1) 当复数的虚部为一个确定的数(而不是变量或矩阵)时，可省略"*"，如 **1+2*i** 可写成 **1+2i**，但 **a+b*i** 不能写成 **a+bi**，**[1 2]+[3 4]*i** 不能写成 **[1 2]+[3 4]i**.

(2) 当复数作为矩阵元素时，复数内不能留有空格，如 **1+5 i**，MATLAB 中任何矩阵的元素内部都不能留有空格，否则会被当作两个元素处理而出错.

5. 永久变量

系统本身在启动时定义的变量，驻留在工作空间中，它们是：

ans：系统默认的答案变量名，用于输出未经赋值的表达式的值

eps：容差变量即机器零，定义为 0 到最近浮点数的距离. 在 PC 机上等于 2^{-52}，即精确到 $2.22×10^{-16}$

pi：圆周率的近似值 **3.141592653589793**

Inf 或 **inf**：正无穷大，定义为 **(1/0)**

NaN：非数(**Not a number**), **Inf/Inf** 或 **0/0** 运算产生，表示不定值

i, j：虚数单位，定义 $i = j = (-1)^{1/2}$

6. 数和算术表达式

MATLAB 采用 10 进制惯例，表示 10 的幂次用符号 e 或 E：

3   -99   0.001   9.456   1.3e-3   4.5E21

数值的相对精度是 **eps**，即大约保持 16 位有效数字.

MATLAB 的算数运算符号：

+ 加， - 减， * 乘， \ 左除， / 右除， ^ 幂

两种除法表示两种不同的除数矩阵和被除数矩阵的关系.

7. 数据的显示格式（The display format of number）

MATLAB 的数据显示格式由 **format** 命令来控制（见表 2.2.1），它只影响结果在屏幕上的显示，不影响其计算与存储. MATLAB 总是以双精度执行所有的运算.

表 2.2.1 常用的数据显示格式

格式		对应结果	
命令	含义	4/3	1.2345e-6
format short	短格式	1.3333	0.0000
format long	长格式	1.33333333333333	0.00000123450000
format short e	短格式 e 方式	1.3333e+000	1.2345e-006
format long e	长格式 e 方式	1.33333333333333e+000	1.234500000000000e-006
format rat	分数格式	4/3	1/810045
format bank	银行格式	1.33	0.00

对于长短格式，如果矩阵的最大元素比 1000 大或比 0.001 小，则输出时将自动加入比例因子，如：

x=[12345   0.0009]

输出为：

x = 1.0e+004 *

    1.2345   0.0000

即 $x=10^4*[1.2345\ \ 0.0000]$，$10^4$ 为比例因子．

MATLAB 操作桌面的 **file** 菜单中打开 **preferences** 窗口，选择命令窗口界面，就可以方便地进行格式选择．

第三节　MATLAB 的基本数学功能

1. 算术运算（Arithmetic Computation）

MATLAB 提供了两种运算方式：

（1）**数组运算方式**（Array computation）：在数组中对应元素之间进行运算；

（2）**矩阵运算方式**（matrix computations）：将标量当作 1×1 阶矩阵，一维数组当作一行或一列的矢量（即 $1\times n$ 阶或 $n\times 1$ 阶的矩阵），二维数组当作 $m\times n$ 阶矩阵，然后按照矩阵的运算规则进行运算（这部分内容本书仅介绍加减乘）．

注：两者输入的形式和书写方法相同，差别仅在于用不同的运算符号，执行不同的计算过程，数组的运算是对应元素之间的运算，而矩阵运算是根据矩阵的运算规则进行的．

（1）加、减运算（addition and subtraction）．

矩阵与数组的加减运算没有区别，运算符均为"+"、"-"，运算方法相同，但两个运算对象必须是同阶矩阵，否则将给出错误信息．如下例：

a=[1 2 3;4 5 6];
b=[1 3 5];
a+b

运行结果给出错误信息：

？？？　Error using ==>±

Matrix dimensions must agree.（矩阵的维度必须一致）

但标量，即 1×1 阶矩阵可以和其他不同维数的矩阵进行加减运算，如：**a+5**

ans = 6　　7　　8
　　　9　　10　　11

（2）乘除运算（Multiplication and division）．

矩阵在进行乘除运算时与通常的运算符号相同（*，/，\），而数组在进行乘除运算时要在通常的符号前加"．"，如："．*"和"．/"（或"．\"）

① **矩阵乘法**：矩阵相乘的条件是前一矩阵的列数与后一矩阵的行数相同，如输入

x=[1 2 1; 2 1 3]; y=[2 0; 1 3; 0 1];

则结果为：

ans=4 7
　　5 6

② **数组的乘法**（Array multiplication）

条件：**a，b** 两数组必须有相同的维数．**a.*b** 表示 **a** 和 **b** 中对应元素之间相乘，即 c(i, j)=a(i, j)*b(i, j)．如：

x=[1　2　3];y=[4　5　6];
z=x.*y

结果为:

z =4   10   18

③ 矩阵除法(略).

④ 数组的除法(Array division).

条件: a 与 b 必须具有相同的维数. 符号:".\" 或 "./",运算结果相同,**a.\b** 表示 b 中的元素分别除以 a 中的对应元素,即 c(i, j)=a(i, j)\b(i, j)=b(i, j)/a(i, j). 如:

x=[1   2   3];y=[4   5   6];

z=x.\y

结果为:

z = 4.0000   2.5000   2.0000

(3)乘方(Power).

① 矩阵的乘方(略).

② 数组的乘方(Array power). 符号:".^"

条件: 在底与指数均为数组的情况下,要求它们的维数必须相同.

a. 当底和指数为同样大小的数组时,x.^y 为对应的元素作乘方运算. 如:

x=[1   2   3];y=[4   5   6];

z=x.^y

结果为:

z =1   32   729

这时执行的实际运算为:

z=x.^y=[1   2   3].^[4   5   6]=[1^4   2^5   3^6]=[1   32   729]

b. 若指数是标量 p,执行的运算是底的每一个元素执相同幂次的运算. 即 z(i, j)=x(i, j)^p

如:

x=[1   2   3];

z=x.^2

得到结果为:

z= 1   4   9

这时执行的运算为:

z=[1   2   3].^2=[1^2   2^2   3^2]=[1   4   9]

c. 若底是一个标量 p,指数是一个数组,执行的运算是用指数数组的每个元素对底进行乘方运算,即 z(i, j)=p^x(i, j),形成新的数组. 如:

x=[1   2   3];

z=2.^x

结果为:

z =2   4   8

这时执行的运算为:

z=2.^x=2.^[1   2   3]=[2^1   2^2   2^3]

(4)转置(Transpose):行列转置,符号:"'"(用 enter 键左侧的按键输入)

如计算矩阵 a 的转置:

a=[1 2;4 5;7 8];
b=a'
结果为:
b =1   4   7
   2   5   8

2. 数学函数 (Mathematic function)(见表 2.3.1)

基本函数(Elementary function):三角函数(Trigonometric Function)、指数函数(Exponent function)、复数函数(Complex function)、取整和求余函数(round and remain function)等.

表 2.3.1 常用基本数学函数

函 数	名 称	函 数	名 称
sin(x)	正弦函数	asin(x)	反正弦函数
cos(x)	余弦函数	acos(x)	反余弦函数
tan(x)	正切函数	atan(x)	反正切函数
abs(x)	绝对值(模)	angle(x)	辐角
min(x)	最小值	max(x)	最大值
sum(x)	元素的和	prod(x)	元素的积
sqrt(x)	开平方	exp(x)	以 e 为底的指数
log(x)	自然对数	log10(x)	以 10 为底的对数
log2(x)	以 2 为底的对数	fix(x)	朝 0 方向中心取整
ceil(x)	朝+∞方向取整	floor(x)	朝-∞方向取整
round(x)	四舍五入取整	sign(x)	符号函数

例 1 朝零方向取整.
a=[1 2 3;4 5 6];
b=fix(pi*a)   %朝零方向取整
c=cos(pi*b)
结果为:
b=3   6   9
  12   15   18
c = -1   1   -1
     1   -1   1

三角函数按弧度计算. 有两个函数需要特别加以区分,就是除后取模 mod(x,y)与 y 符号相同,除后取余数 rem(x,y)与 x 符号相同,当 x 与 y 符号相同时,mod(x,y)等于 rem(x,y).

例 2 求余函数 rem.
x=[11 25 31]; y=[4 5 6]; x1=[-11 25 -31];
M=mod(x,y), R=rem(x,y)
M1=mod(x1, y), R1=rem(x1, y)
结果为:
M=3   0   1

```
R=3    0    1
M1=1   0    5
R1=-3  0   -1
```

3. 关系运算与逻辑运算（Relational calculus and Logical operation）

（1）**关系运算**（Relational calculus）.

条件：对于两个矩阵的关系运算，两边的矩阵必须具有同样尺寸.

关系运算符(Relational operator):

＜ 小于(less than)、＜=小于等于(less than or equal to)、＞大于(greater than)、＞=大于等于(greater than or equal to)、== 等于(equal to)、~ =不等于(not equal to ,NE).

例 3 标量关系运算和矩阵关系运算.

2+2 ~ =4
a=[0 -1 2]; b=[-3 1 2];
c1=a<b, c2=a<=b, c3=a==b, c4=a ~ =b

结果为：

```
ans = 0
c1 =0   1   0
c2 =0   1   1
c3 =0   0   1
c4 =1   1   0
```

在程序的流程控制中，关系运算符常配合 **if, while, for, switch** 等控制命令使用.

（2）**逻辑运算**（Logical operation）.

逻辑运算符 (Logical operator):

&与(AND), |或(OR), ~非(NOT)

条件：对于两个矩阵的逻辑运算，两边的矩阵必须具有同样尺寸.

" ~ "是一元算符，当 *a* 为零时，返回信息为 1，为非零时，返回信息为 0.

例 4 逻辑运算：

a=[1 2 3; 4 5 6]; b=[-1 0 0; 0 0.5 0];
c1=a&b, c2=a|b, c3=~b

结果为：

```
c1=1   0   0
   0   1   0
c2=1   1   1
   1   1   1
c3=0   1   1
   1   0   1
```

4. 基本字符处理功能（Elementary symbolic treatment function）

（1）**字符数组的建立**（Setting of symbolic array）：

① 字符串（string of character）就是字符数组（Character arry），MATLAB 中所有字符串都用单引号界定后输入或赋值. 例如：

s1='Hello Kitty'

size(s1)

结果为：

s1=Hello Kitty

ans=1   11

字符串中空格也是字符，上例为 1×11 阶矩阵．

② 如同数值型矩阵一样，可以用方括号（square bracket）将字符串合并成更大的串．例如：

s=[s1,'!']

得结果：

s=Hello Kitty!

③ 可以从一个字符串中提取子串（sub string）．例如：

ss=s(7:11)

得结果：

ss=Kitty

（2）**字符数组的运算**（Operation of symbolic array）．

① 字符以 ASCⅡ码存储，用 double 命令可以查出字符的 ASCⅡ码值．如：运行 **double(s1)** 得 s1 码值为：

ans=72   101   108   108   111   32   75   105   116   116   121

② 用 char 命令可以实现 ASCⅡ码向字符的转换．如：执行 **char[65   66   67   68]** 得：

ans=ABCD

③ trcmp 函数具有比较字符串的功能．如执行 strcmp(str1, str2)，返回 1 表示 str1=str2，返回 0 表示 str1 ≠ str2．

5．建立特殊数组（矩阵）

（1）**用标准函数建立数组（或矩阵）**：用于辅助编程或运算的一些基本数组或矩阵．

    zeros(m, n)　　　　　m 行 n 列的零矩阵

    ones(m, n)　　　　　m 行 n 列的全 1 矩阵

    eye(n)　　　　　　　n 阶单位矩阵

    rand(m, n)　　　　　m 行 n 列的均匀分布随机数矩阵

    randn(m, n)　　　　m 行 n 列的正态分布随机数矩阵

（2）**由小数组建立大数组**：大数组可由方括号中的小数组建立，如有矩阵

a= [1   2;3   4];

可利用它建立一个大矩阵：

c=[a   eye(size(a));ones(size(a))   a^2]

得到：

```
c = 1    2    1    0
    3    4    0    1
    1    1    7    10
    1    1    15   22
```

注：同一行的各个小数组要有相同的行数，在同一列上的各个小数组要有相同的列数.

（3）冒号":"的使用：

产生一维数组（Initialize a one dimensional array）. 如：

x=1:5

得到：

x=1   2   3   4   5

即产生一个 1 到 5 的单位增量的一维数组. 当然，也可产生任意增量的一维数组，如：

y=0:pi/4:pi

得到：

y =0   0.7854   1.5708   2.3562   3.1416   (增量为:π/4=0.7854)

z=6:-1:1

得到：

z =6   5   4   3   2   1   （增量为-1）

（4）**下标的使用**（The using of subscript）：

① 元素定位：单个的数组元素的位置可在括号中用下标来表达. 如：

a=[1   2   3
   4   5   6
   7   8   9]

其中 a(3,3)=9, a(1,3)=3, a(3,1)=7，可用带下标的元素表达式进行运算和赋值产生新元素. 如执行 **a(3,3)=a(1,3)+a(3,1))**，则有：

a=[1   2   3
   4   5   6
   7   8   10]

下标可以是一个一维数组. 对于矩阵来说，利用下标可以调用某些元素构成新的子数组. 设 *b* 是一个 10×10 阶数组，则 **b(1:5,3)** 指 *b* 中的第 1 行到第 5 行处于第三列的元素组成 5×1 阶子数组.

b(1:5, 7:10) 指前 5 行处于后四列中的元素构成 5×4 阶的子数组.

b(:, [3,5,10])=c(:,1:3) 表示将数组 *c* 的前三列赋值给数组 *b* 的第 3、5、10 列.

a(:,n:-1:1) 即为由原来 *a* 数组中取 *n* 至 1 负增长的列元素组成一个新的数组，即将 *a* 矩阵左右翻转.

例 5   矩阵元素的定位.

a=[1   2   3;4   5   6;7   8   9];

v=1:3;w=[3 1 2];

a(v,w)

得到：

ans=3   1   2
    6   4   5
    9   7   8

② 改变数组尺寸.

例 6   将一个 2×3 阶的数组改变为 6×1 阶.

a=[1   2;3   4]'
b=a(:)

得到：

a =1   3
   2   4

b =1
   2
   3
   4

即将 *a* 矩阵按列拼接为加长列向量. 也可利用（：）置换数组元素. 如：

a(:)=11:14

得到：

a=11   13
  12   14

改变数组尺寸可以 **reshape** 命令实现. 如：

a=[1   2;3   4;5   6];
b=reshape(a,2,3)

得到：

b=1   5   4
  3   2   6

也可以将矢量变为矩阵. 例如

a=reshape(1:10,2,5)

得到：

a=1   3   5   7   9
  2   4   6   8   10

③ **空数组**：语句[ ]将一个 0×0 阶的数组，存在于工作空间，具有空尺寸，与起清除工作空间的 **clear** 命令完全不同.

如 $n<1$ 时，程序 **x=1:n** 会产生空数组 *x*.

若要将某些行与列从数组中移去，采用将其置为空数组是一种有效的方法. 如

a =[1   2   3
    4   5   6
    7   8   9]

a([1 3], :)=[ ]

得到：

a =4   5   6

第四节　多项式

1. 多项式（Polynomial）的表达与创建

（1）**多项式的表达**.

MATLAB 用行矢量表达多项式系数（Coefficient），各元素按变量的降幂顺序排列. 如多项式为：

$$P(x) = a_0x^n+a_1x^{n-1}+a_2x^{n-2}+\cdots+a_{n-1}x+a_n,$$

则其**系数矢量**（Vector of coefficient）为：

P=[a_0 a_1 ... a_{n-1} a_n]

如将**根矢量**（Vector of root）表示为：

ar=[ar_1 ar_2 ... ar_n]

则根矢量与系数矢量之间关系为：

(x-ar_1)(x-ar_2)...(x-ar_n)=$a_0x^n+a_1x^{n-1}+a_2x^{n-2}+...+a_{n-1}x+a_n$.

（2）多项式的创建.

① **系数矢量的直接输入法**.

利用 poly2sym 函数直接输入多项式的系数矢量，就可方便地建立符号形式的多项式.

例1 创建多项式 x^3-4x^2+3x+2.

poly2sym([1 −4 3 2])

结果为：

ans=x^3-4*x^2+3*x+2

② **由根矢量创建多项式**.

通过调用函数 p=poly(ar) 产生多项式的系数矢量，再利用 poly2sym 函数就可方便地建立符号形式的多项式.

注：① 根矢量元素为 n，则多项式系数矢量元素为 $n+1$；

② 函数 poly2sym(pa) 把多项式系数矢量表达成符号形式的多项式，缺省情况下自变量符号为 x，可以指定自变量；

③ 使用简单绘图函数 ezplot 可以直接绘制符号形式多项式的曲线.

例2 由根矢量创建多项式. 将多项式 (t-6)(t-3)(t-8) 表示为系数形式，再转化为符号形式并作图.

```
a=[6  3  8];           %根矢量
pa=poly(a)             %求系数矢量
ppa=poly2sym(pa,'t')   %以符号形式表示原多项式，指定自变量 t
ezplot(ppa,[-50,50])   %绘图，见图 2.4.1
```

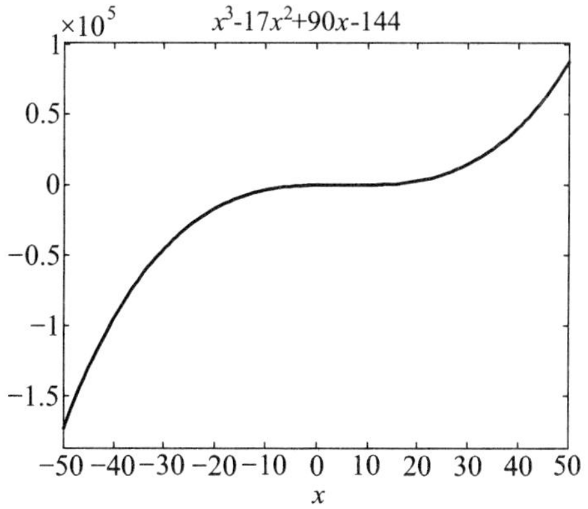

图 2.4.1 (t-6)(t-3)(t-8) 的图形

结果为：

pa=1   -17   90   -144

ppa=t^3-17*t^2+90*t-144

注：含复数根的根矢量所创建的多项式要注意：

① 要形成实系数多项式，根矢量中的复数根必须共轭成对；

② 含复数根的根矢量所创建的多项式系数矢量中，可能带有很小的虚部，此时可采用取实部的命令（real）把虚部滤掉．

例3　由给定复数根矢量求多项式系数矢量及符号表达式．

r=[-0.5   -0.3+0.4i   -0.3-0.4i];

p=poly(r)

pr=real(p)

ppr=poly2sym(pr)

结果为：

p=1.0000   1.1000   0.5500   0.1250

pr=1.0000   1.1000   0.5500   0.1250

ppr=x^3+11/10*x^2+11/20*x+1/8

进行多项式的求根运算时，可直接调用求根函数 **roots**，**poly** 和 **roots** 互为逆函数．

例4　求 $x^3-6x^2-72x-27$ 的根．

a=[1   -6   -72   -27]

r=roots(a)'

结果为：

r = 12.1229   -5.7345   -0.3884

MATLAB 约定，多项式系数矢量用行矢量表示，根矢量用列矢量表示．

2. 多项式的乘除运算

多项式乘法用函数 conv(a,b) 实现，除法用函数 deconv(a,b) 实现．

例5　$a(s) = s^2+2s+3$，$b(s) = 4s^2+5s+6$，计算 $a(s)$ 与 $b(s)$ 的乘积．

a=[1   2   3];b=[4   5   6];

c=conv(a,b)

cs=poly2sym(c,'s')

结果为：

c =4   13   28   27   18

cs =4*s^4+13*s^3+28*s^2+27*s+18

例6　展开 $(s^2+2s+2)(s+4)(s+1)$．（多个多项式相乘）

c=conv([1,2,2],conv([1,4],[1,1]))

cs=poly2sym(c,'s')　　　　　%（指定变量为 s）

结果为：

c=1   7   16   18   8

cs=s^4+7*s^3+16*s^2+18*s+8

例7　求多项式 $s^4+7s^3+16s^2+18s+8$ 分别被 $(s+4)$, $(s+3)$ 除后的结果．

c=[1 7 16 18 8];
[q1,r1]=deconv(c,[1,4])   %q 为商矢量，r 为余数矢量
[q2,r2]=deconv(c,[1,3])
cc=conv(q2,[1,3])   %对除(s+3)结果检验
test=((c-r2)==cc)
结果为：
q1=1   3   4   2
r1=0   0   0   0   0
q2=1   4   4   6
r2=0   0   0   0   -10
cc=1   7   16   18   18
test=1   1   1   1   1

3. 其他常用的多项式运算命令

pa=polyval(p,s)   按数组运算规则计算给定 s 时多项式 p 的值.

例 8 $a(s)=s^2+2s+3$，计算 $a(1)$.

a=[1 2 3];
a1=polyval(a,1)
结果为：
a1=6

第五节　数据分析

MATLAB 对数据分析有两条约定：
（1）若输入量 X 是矢量，则不论是行矢量还是列矢量，运算是对整个矢量进行的；
（2）若输入量 X 是数组（或称矩阵），则命令运算是按列进行的，即默认每个列是有一个变量的不同"观察"所得的数据组成.

下面通过例题说明各个基本统计命令.

例　做各种基本统计运算.
A=[5 -10 -6;2 6 3;-9 5 -10;-22 17 0];
Amax=max(A)   %找 A 各列的最大元素
Amin=min(A)   %找 A 各列的最小元素
Amed=median(A)   %找 A 各列的中位元素
Amean=mean(A)   %找 A 各列的平均值
Astd=std(A)   %求 A 各列的标准差
Aprod=prod(A)   %求 A 各列元素的积
Asum=sum(A)   %求 A 各列元素的和
S=cumsum(A)   %求 A 各列元素的累加和
P=cumprod(A)   %求 A 各列元素的累乘积
I=sort(A)   %使 A 的各列元素按递增排列

结果为:

Amax= 5   17   3

Amin= -22   -10   -10

Amed= -3.5000   5.5000   -3.0000

Amean= -6.0000   4.5000   -3.2500

Astd= 12.2474   11.0905   5.8523

Aprod= 1980   -5100   0

Asum= -24   18   -13

S= 5   -10   -6   第一行就是原数据,
   7   -4   -3   第二行是前两行之和,
   -2   1   -13   以此类推.
   -24 18   -13

P= 5   -10   -6
    10   -60   -18
    -90   -300   180
    1980   -5100   0

I= -22   -10   -10
   -9   5   -6
   2   6   0
   5   17   3

求矩阵元素的最大值、最小值可用:

Amax=max(max(A)) 或 **Amax=max(A(:))**

Amin=min(min(A)) 或 **Amin=min(A(:))**

习题

1. 计算矩阵 $\begin{pmatrix} 5 & 3 & 5 \\ 3 & 7 & 4 \\ 7 & 9 & 8 \end{pmatrix}$ 与 $\begin{pmatrix} 2 & 4 & 2 \\ 6 & 7 & 9 \\ 8 & 3 & 6 \end{pmatrix}$ 之和与差.

2. 已知角度 $x = (30 \quad 45 \quad 60)$,求 x 的正弦、余弦、正切和余切.

3. 对数组(2.4568,6.3982,3.9375,8.5042)分别按向上、向下、中心及四舍五入法取整.

4. 将矩阵 $\boldsymbol{a} = \begin{pmatrix} 4 & 2 \\ 7 & 5 \end{pmatrix}, \boldsymbol{b} = \begin{pmatrix} 7 & 1 \\ 8 & 3 \end{pmatrix}$ 和 $\boldsymbol{c} = \begin{pmatrix} 5 & 9 \\ 6 & 2 \end{pmatrix}$ 组合成两个新矩阵:

(1) 组合成一个 4×3 的矩阵,第一列为按列顺序排列的 $\boldsymbol{a}$ 矩阵元素,第二列为按列顺序排列的 $\boldsymbol{b}$ 矩阵元素,第三列为按列顺序排列的 $\boldsymbol{c}$ 矩阵元素,即

$$\begin{pmatrix} 4 & 7 & 5 \\ 5 & 8 & 6 \\ 2 & 1 & 9 \\ 7 & 3 & 2 \end{pmatrix}.$$

（2）按照 ***a***, ***b***, ***c*** 的列顺序组合成一个行矢量，即(4 5 2 7 7 8 1 3 5 6 9 2)．

5. 将$(x-6)(x-3)(x-8)$展开为系数多项式的形式．
6. 求解多项式$x^3-7x^2+2x+40$的根．
7. 求解在$x=8$时多项式$(x-1)(x-2)(x-3)(x-4)$的值．
8. 计算多项式乘法$(x^2+2x+2)(x^2+5x+4)$．
9. 计算多项式除法$\dfrac{3x^3+13x^2+6x+8}{x+4}$．
10. $y=\sin(x)$，x从0到2π，$\Delta x=0.02\pi$，求y的最大值、最小值、均值和标准差．

第三章　MATLAB 程序设计基础

第一节　数据文件与 M 文件

1. 数据类型与数据文件

（1）**数据类型**（Data mode）.

字符数组（Character array）；

数值数组（Numeric array）：整形单精度（single）、双精度（double）（MATLAB 最常用的变量类型）、稀疏（sparce）数组；

单元数组（Cell array）；

结构体数组（Structure array）；

函数句柄（Function handle）.

在工作空间浏览器中不同的数据类型有着不同的图标标识.

（2）**数据文件**（Data file）.

① 二进制数据文件（Binary date file）：以 .mat 为扩展名.是标准 MATLAB 数据文件，以二进制编码形式存储.".mat 文件"可以由 MATLAB 提供的 save 和 load 命令存取.

② ASCⅡ码数据文件（ASCⅡ code data file）：扩展名为 .txt，.dat 等，可以在 MATLAB 环境下存储，也可能是其他软件的计算结果，可以被 MATLAB 调用，也可以用文本编辑器打开进行观察与修改.可以用 save 和 load 命令进行读入和存取.

③ 图像文件（Graphics file）：扩展名为 .bmp，.jpg，.tif 等，用于图形图像处理，可以用 imread 和 imwrite 命令进行读入和存取.

④ 声音文件（Sound file）：扩展名为 .wav，用 waveread 和 wavwrite 命令进行读入和存取.

（3）**数据输入向导**（Import wizard）.

File 菜单下的 Import Data 子菜单用于将各种类型数据文件中的数据导入工作空间，称为数据输入向导.在 Import Data 对话框中输入需要导入的数据文件名后出现 Import Wizard 窗口，可预览将要导入的数据、显示图像、播放声音等.

2. M 文件

MATLAB 的两种工作方式：

① 交互式命令操作方式：通过命令窗口进行交互式操作；

② M 文件的编程工作方式.

（1）**M 文件编辑**.

可用普通文本编辑器编制，文件由纯 ASCⅡ 字符组成，确定文件名后加 .m 扩展名，称为 M 文件.

MATLAB 提供了一个方便的编辑/调试器，功能较多，推荐使用.

建立 M 文件的一般步骤：

① 打开文件编辑器：最简单的方法是在操作桌面的工具栏上选择新建文件键或打开已有文件键，也可以在命令窗口输入命令 edit 建立新文件或输入 edit filename，打开名为 filename 的 M 文件；

② 编写程序内容：编写新的文件或修改已有文件；

③ 保存文件：文件运行前必须完成保存操作，与一般的文件编辑保存操作相同；

④ 运行文件：在命令窗口输入文件名即可运行. 如要在编辑器中直接完成运行，可在编辑器的 Debug 菜单下选 save and run 选项，或按 Run 快捷键，最快捷的方法是直接按 F5 键执行运行.

M 文件有两种形式：命令（脚本）文件（Script File）和函数文件（Function File）

（2）**命令文件**.

M 文件中最简单的一种，是可用于自动重复执行的一组 MATLAB 命令和函数组合，不需输出输入参数，用 M 文件可以调用工作空间已有的变量或创建新的变量. 运行过程中产生的变量都是全局变量.

建立一个命令文件等价于从命令窗口中顺序输入文件里的命令，程序只要依次将命令编辑在命令文件中，再将程序保存成为扩展名为 .m 的 M 文件即可.

运行命令文件时，只需在命令窗口键入文件名，回车即可.

例 1 绘制极坐标函数 $\rho_1=2\sin^2 5\theta$，$\rho_2=\cos^3 10\theta$，$\rho_3=\sin^2\theta$，$\rho_4=5\cos^3 3.5\theta$ 的图形.

theta=-pi:0.01:pi;

rho(1,:)=2*sin(5*theta).^2;

rho(2,:)=cos(10*theta).^3;

rho(3,:)=sin(theta).^2;

rho(4,:)=5*cos(3.5*theta).^3;   %计算四种不同 rho

for   k = 1:4

    Subplot(2,2,k)

    polar(theta,rho(k,:))

end

将程序保存成名为 petals 的 M 文件，并运行.

注：① '%'引导注释行，不予执行；

② 不需要用"end"作为 M 文件的结束标志；

③ 若文件存放在自己的目录上，在运行文件前，应先将自己的目录设置为当前工作目录. 最简单方法：在当前目录浏览器中设置.

④ 运行后存放在工作空间的变量可以用工作空间浏览器查看.

（3）**函数文件**.

如果 M 文件的第一个可执行行以 function 开始，便是函数文件，函数文件区别于命令文件之处在于命令文件的变量在文件执行完成后保留在工作空间中，而函数文件内定义的变量只在函数文件内起作用，文件执行完后即被清除.

例 2 建立 average 函数用于计算矢量中单元的平均值.

function   y=average(x)

%AVERAGE Mean of vector elements.

%AVERAGE(X),Where X is a vector, is the mean of vector element.

%Non-vector input results in an error.
[m,n]=size(x);
　　if(~((m==1)|(n==1))|(m==1&n==1))
　　　　error('Input must be a vector')
end
y=sum(x)/length(x);

将文件存盘,缺省状态下自动存储名为 average.m 的函数. 这样只要接受一个输入参数便可计算返回一个输出参数,与其他 MATLAB 函数一样使用.

例 3　用已建立的 average 函数文件求 $1\sim99$ 的平均值.
z=1:99;
average(z)

函数文件的基本组成部分:
① 函数定义行:由 function 引导,并定义函数名、输入参数和输出参数,函数定义行必须放在文件的第一个可执行行上. 可以设多个输入输出参数. 如:
function [x,y,z]=sphere(theta,phi,rho)
也可以没有输出参数,如:
function printresults(x)
② 帮助文本:建立在线查询信息;
③ 函数体:包含全部的用于完成计算及给输出参数赋值等工作的语句;
④ 注释:以%起始到行尾结束部分的说明文字. 可放置在程序中的任何部位.

(4) **局部变量与全局变量**(Local variable and global variable)

用 global 就可以把一个变量定义为全局变量. MATLAB 中变量名是区分大小写的,习惯上常将大写字母定为全局变量. 如:
global　A　B　C

第二节　程序结构

8 种控制程序流程的语句:for, while, if, switch, try, continue, break, return

1. **循环语句**(Loop statement)

(1) for 循环
for v=表达式　　通常为一个矢量,形式为:m:s:n(初值:步长:终值)
　　循环体
end

例 1　生成数列 $x_n=(n+1)^2$ 的前 10 项.
n=10
for　i=1:n
　　x(i)=(i+1).^2;
end
x

结果为：
x=4   9   16   25   36   49   64   81   100   121

例2 循环嵌套的方法生成 3×4 希尔伯特矩阵（注意与 end 的配对）．

m=3;n=4;
for   i=1:m
    for   j=1:n
        a(i,j)=1/(i+j-1);
    end
end
format   rat
a

结果为：

a =   1   1/2   1/3   1/4
       1/2   1/3   1/4   1/5
       1/3   1/4   1/5   1/6

例3 运用非 1 步长，产生 0～20 以内的偶数．

for   i=0:2:20
    a(i/2+1)=i ;
end
a

结果为：
a =0   2   4   6   8   10   12   14   16   18   20

（2）while 循环

为条件循环语句．循环不确定次数，只要表达式的结果非零，语句体就重复执行，直到循环条件不成立为止．

while   表达式
    循环体
end

例4 使用 while 循环，求解 n！达到 100 位数的第一个 n 是多少．

n=1;
while   factorial(n)<1e100   % factorial 为阶乘函数；
n=n+1;
end
n

结果为：
n =70

2．选择结构

（1）条件语句（Selection statement）

① if-end 语句

```
if    表达式
        语句体
end
```
② if-else-end 语句
```
if    表达式
        语句体 1；
else
        语句体 2；
end
```
当计算的表达式结果为真时执行语句体 1，结果为假时执行语句体 2.

例 5　判断学生是否通过学业.
```
if    ((attendance>=0.90) & (grade>=60))
        pass=1;
else
        fail=1;
end
```
③ if-elseif-end 语句
```
if    表达式 1
        语句体 1；
elseif    表达式 2
        语句体 2；
……
elseif    表达式 n
        语句体 n；
else
        语句体 n+1；
end
```
例 6　产生 100 个随机数，用色彩区分数据点的范围.
```
n=100;x=1:n;y=randn(1,n);
for    i=1:n
        if    y(i)<-1
            plot(x(i),y(i),'*g')
        elseif    y(i)>=-1 & y(i)<1
            plot(x(i),y(i),'ob')
        else
            plot(x(i),y(i),'xr')
        end
hold on
end
```
（2）分支语句：switch-case-end

通过对某个变量值的比较做各种不同的执行选择.形式如下:
switch 表达式(数字或字符串)
case 数字或字符串 1
    语句体 1;
case 数字或字符串 2
    语句体 2;
……
otherwise
    语句体 n;
end

例 7 检查 input_num 的数值.
switch   input_num
case   -1
        disp('negative one');   %当 input_num=-1 时显示
case   1
        disp('positive one');   %当 input_num=1 时显示
otherwise
        disp('other value');   %当 input_num 等于其他值时显示
end

(3)其他流程控制语句
① continue 语句:用于控制 for 循环和 while 循环跳过某些执行语句.
例 8 continue 语句的用法示例.
fid=fopen('magic. m','r');   %打开文件
count=0;   %计数器置零
while ~feof(fid)   %判断是否到文件末尾
    line=fgetl (fid);
    if isempty(line) | strncmp(line,'%',1)   %判断是否为空行或注释行
        continue   %如果是空行或注释行继续下一次循环
    end
    count=count+1;   %如果不是空行或注释行计数器加 1
end
disp(sprintf('%d lines',count));   %显示行数
② break 语句:用于终止 for 循环和 while 循环的执行.
例 9 break 语句的用法示例.
fid=fopen('fft. m','r');   %打开文件
s=' ';   %清空字符数组
while ~feof(fid)   %判断是否为文件末尾
    line=fgetl(fid);   %从文件中读行
    if isempty(line)   %如果是空行
        break   %如果是空行退出循环

```
        end
            s=strvcat(s,line);      %如果不是空行,纵向连接字符数组
end
    disp(s)                         %显示字符数组结果
```
③ return 语句:用于终止当前的命令序列,并返回到调用的函数或键盘.

例 10   return 语句的用法示例.

```
function   d=det(A)        %定义函数 det(A),计算矩阵 A 的行列式
if   isempty(A)            %如果矩阵是空的
    d=1;
    return                 %返回调用函数
else
    …                      %计算过程略
end
```

第三节   数据的输入与输出

1. 数据的输入

常用方法:

(1)键盘输入:数据少时较方便,多时不宜使用;

(2)用 M 文件产生数据:适用于较多数据的输入;

(3)从 ASCⅡ码文件载入数据:对文本格式的数据文件可用 load 命令直接读入 MATLAB,其内容存放在以文件名命名的变量中.

(4)利用 fopen,fscanf,fread 及 MATLAB 其他底层 I/O 命令读取数据:用于读取其他外部应用程序建立的各种特定格式的数据.

2. 数据的输出

(1)利用 diary 命令输出数据:运行 diary 命令可以在当前工作目录上产生一个名为 diary 的日记文件,文件内容可以输出. 关闭日记文件的命令为 dairy off.

(2)利用 Notebook 输出数据:与 dairy 用法相仿,优点是文字质量高、版面规范,且 M-book 中的命令可以随时运行或修改,MATLAB 工作空间中的数据随之改变. 运行 Notebook 要求计算机上装有 MS-Word.

(3)save 命令输出数据:将当前内存中的变量存到文件中去.

(4)利用 fopen,fprintf,fwrite 及其他底层 I/O 命令输出特殊格式的数据:如需要在其他外部应用程序中使用 MATLAB 输出的特定格式的数据,使用此方法.

3. Save 和 load 命令的使用

(1)save(将工作空间的变量存入磁盘)命令的常用调用方法:

① save:将工作空间所有的变量以二进制格式存入名为 MATLAB. mat 的缺省文件;

② save dfile:将工作空间所有的变量以二进制格式存入 dfile. mat 文件,扩展名自动产生;

③ save dfile x:只把变量 x 以二进制格式存入 dfile. mat 文件,扩展名自动产生;

④ save dfile. dat x:将变量 x 以 ASCⅡ码形式存入 dfile. dat 文件.

（2）load 命令的常用方法（usual application of command load）：
① load：把磁盘 MATLAB.mat 的内容读入内存；
② load dfile：将磁盘文件 dfile.mat 内容读入内存；
③ load dfile.dat：将磁盘文件 dfile.dat 内容读入内存，这是一个 ASCⅡ码文件，系统自动将文件名定义为变量名.

4. 命令窗口数据直接输入语句（input）

可利用语句中输入的字符串内容提示用户在命令窗口直接输入程序运行所需的参数. 调用格式为：

R=input('How many apples')

执行后出现提示字符串，输入的内容可以是 MATLAB 可估值的任何表达式. 输入保存在变量 R 中.

R=input('What is your name','s')

执行后出现提示字符串，等待字符串输入，字符串直接输出为 MATLAB 字符串形式.

例 编制可由命令窗口输入被处理温度，使之在摄氏和华氏间转换的程序.

k=input('选择转换方式(1--摄氏转换为华氏,2--华氏转换为摄氏): ');
if k~=1 & k~=2
  disp('请指定转换方式')
  return
end
tin=input('输入待转变的温度(允许输入数组): ');
if k==1
  tout=tin*9/5+32;   %摄氏转换为华氏
  k1=2;
elseif k==2
  tout=(tin-32)*5/9;   %华氏转换为摄氏
  k1=1;
end
str=['°C';'°F'];
disp(['转换前的温度', '   ', '转换后的温度'])
disp(['   ',num2str(tin),str(k,:), '   ', num2str(tout),str(k1,:)])

习题

1. 有一个 4×5 矩阵，编程求出其最大值及其所处的位置.

2. 编程求 $\sum\limits_{n=1}^{20} n!$.

3. 一球从 100 米高度自由落下，每次落地后反跳回原高度的一半，再落下. 求它在第 10 次落地时，共经过多少米？第 10 次反弹有多高？

第四章 MATLAB 符号数学基础

第一节 符号对象的创建

1. 创建符号变量和表达式（Creating a symbolic variable and expression）

创建符号变量和表达式的两个基本函数：sym, syms

① x=sym('x') 创建一个符号变量 *x*，可以是字符、字符串、表达式或字符表达式.

② **syms** 可方便地一次创建多个符号变量，调用格式为：

syms a b c d.

其书写简洁，意义清楚，建议使用.

例 1　使用 **sym** 函数创建符号变量.

a=sym('a')

b=sym('hello')

c=sym(('(1+sqrt(5))/2')

y=sym('x^3+5*x^2+12*x+20')

结果为：

a=a

b=hello

c=(1+sqrt(5))/2

y=x^3+5*x^2+12*x+20

例 2　用 **syms** 函数创建符号变量.

syms　a　b　c　d

2. 创建符号矩阵（Symbolic matrix creating）

例 3　创建一个符号矩阵.

syms　a　b　c

n=[a　b　c;b　c　a;c　a　b]

结果为：

n=[a, b, c]

　　[b, c, a]

　　[c, a, b]

例 4　将 3 阶 **Hilbert** 矩阵转换为符号矩阵.

h=hilb(3)

h1=sym(h)

结果为：

h=1.0000　　　0.5000　　　0.3333

　0.5000　　　0.3333　　　0.2500

```
           0.3333       0.2500       0.2000
h1=[    1,    1/2,    1/3]
   [ 1/2,    1/3,    1/4]
   [ 1/3,    1/4,    1/5]
```
注意：符号矩阵与数值矩阵的区别．

3. 默认符号变量（Implied symbolic variable）

在 MATLAB 的符号数学工具箱中，以最接近 x 的顺序排列默认自变量的顺序，可利用 **findsym** 函数对默认自变量进行查询．

例 5 创建符号变量 a, b, n, x 和 t，建立函数 $f = ax^n + bt$，然后求 f 的默认自变量．

```
syms    a b n t x
f=a*x^n+b*t;
f2=findsym(f,2)      %f 表达式中按最接近 x 顺序排列的 2 个默认自变量
f5=findsym(f,5)      %f 表达式中按最接近 x 顺序排列的 5 个默认自变量
```
结果为：

f2=x,t

f5=x,t,n,b,a

第二节 符号表达式的化简和替换

符号数学工具箱提供的符号表达式的因式分解、展开、合并、化简、通分等操作如下．

1. 符号表达式的化简（Simplifying of symbolic expression）

（1）**因式分解**（Factorization）．

符号表达式的因式分解函数为 **factor(S)**，可分解符号表达式 S 的各个元素．

例 1 对表达式 $f = x^9 - 1$ 进行因式分解．

```
syms x
f=factor(x^9-1);
pretty(f)
```
结果为：

f =(x-1)*(x^2+x+1)*(x^6+x^3+1)

例 2 对大整数 12345678901234567890 分解质因数．

factor(sym('12345678901234567890'))

结果为：

ans=(2)*(3)^2*(5)*(101)*(3803)*(3607)*(27961)*(3541)

（2）符号表达式的展开（Expanding of symbolic expressions）．

符号表达式的展开函数为 **expand(S)**，此函数能够展开符号表达式 S．

例 3 展开表达式 $f = (x+1)^5$ 和 $f = \sin(x+y)$．

```
syms x y
f1=expand((x+1)^5)
f2=expand(sin(x+y))
```

结果为：

f1=x^5+5*x^4+10*x^3+10*x^2+5*x+1

f2=sin(x)*cos(y)+cos(x)*sin(y)

（3）符号表达式的同类项合并（Similar term merging for symbolic expression）.

符号表达式的同类项合并函数为 **collect(S,n)**,此函数将符号表达式中自变量的同次幂项的系数合并.

例4 对于表达式 $f = x(x(x-6)+12)t$,分别将自变量 x 和 t 的同类项合并.

syms x t

f=x*(x*(x-6)+12)*t;

f1=collect(f)

f2=collect(f,t)

结果为：

f1=t*x^3-6*t*x^2+12*t*x

f2=x*(x*(x-6)+12)*t

（4）符号表达式的化简（Simplifying of symbolic expression）.

符号表达式的两个化简函数：**simplify，simple.**

① **simplify** 可用于化简各种表达式,直接给出化简结果.

例5 对表达式 $f = \sin^2(x)+\cos^2(x)$ 进行化简.

syms x

f=sin(x)^2+cos(x)^2;

simplify(f)

结果为：

ans=1

② **[r,how]=simple(S)** 函数可寻找符号表达式 S 的最简型,r 为返回的简化形式,**how** 为化简过程中使用的主要方法,**simple** 函数综合使用了下列化简方法：

 *simplify   函数对表达式进行化简

 *radsimp   函数对含根式（surd）的表达式进行化简

 *combine   函数对表达式中以求和、乘积、幂运算等形式出现的项进行合并

 *collect   合并同类项

 *factor   函数实现因式分解

 *convert   函数完成表达式形式的转换

例6 化简 $\cos^2 x - \sin^2 x$.

syms x t

[r,how]=simple(cos(x)^2-sin(x)^2)

结果为：

r=cos(2*x)

how=simplify

（5）符号表达式的分式通分.

符号表达式的分式通分函数为 **[n,d]=numden(S),** 此函数将符号表达式转换为分子（numerator）和分母（denominator）都是正系数的最佳多项式.

例 7　对表达式 $f = \dfrac{x}{y} + \dfrac{y}{x}$ 进行通分.

syms x y
[n,d]=numden(x/y+y/x)
结果为：
n=x^2+y^2
d=y*x

2. 符号表达式的替换（Replacing of symbolic expression）

MATLAB 的符号数学工具箱提供了符号表达式的替换函数 **subs**，可通过符号替换使表达式的输出形式简化.

函数 **subs** 是用指定符号替换符号表达式中的某一特定符号，调用格式为：
R=subs(S,old,new)
它可用新的符号变量 **new** 替换原来符号表达式 **S** 中的 **old**. 当 **new** 为数值形式时，显示的结果虽然是数值，但它事实上是符号变量.

例 8　分别用新变量替换表达式 $a+b$ 和 $\cos(a)+\sin(b)$ 中的变量.

syms a b
s1=subs(a+b,a,4)
s2=subs(cos(a)+sin(b),{a,b},{sym('alpha'),2})　%单元数组完成不同性质元素的替换
结果为：
s1=4+b
s1=cos(alpha)+sin(2)

第三节　符号方程的求解

*g=solve(eq)　　求解符号表达式 **eq=0** 的代数方程，自变量为默认自变量；
*g=solve(eq,var)　　求解符号表达式 **eq=0** 的代数方程，自变量为 **var**；
*g=solve(eq1,eq2,…,eqn,var1,var2,…,varn)　　求解符号表达式 eq1,eq2,…,eqn 组成的代数方程组，自变量分别为 **var1,var2,…,varn.**

例 1　分别求解代数方程 $ax^2+bx+c = 0$ 和 $\cos 2x + \sin 2x = 1$.

syms a b c x
s=a*x^2+b*x+c;
s1=solve(s)
s2=solve('cos(2*x)+sin(2*x)=1')
结果为：
s1=-(b + (b^2 - 4*a*c)^(1/2))/(2*a)
　　-(b - (b^2 - 4*a*c)^(1/2))/(2*a)
s2 =0
　　pi/4

例 2　求解代数方程组 $x^2-y^2+z = 10, x+y-5z = 0, 2x-4y+z = 0.$

```
syms x y z
f=x^2-y^2+z-10;
g=x+y-5*z;
h=2*x-4*y+z;
[x,y,z]=solve(f,g,h)        %以数值数组形式输出求解结果
S=solve(f,g,h);             %缺省情况将方程组的解存放在结构变量 S 中
eval([S.x,S.y,S.z])         %使用估值函数 eval 取解的近似值
```

结果为：

x = (19*2409^(1/2))/240 - 19/80
　　- (19*2409^(1/2))/240 - 19/80
y = (11*2409^(1/2))/240 - 11/80
　　- (11*2409^(1/2))/240 - 11/80
z = 2409^(1/2)/40 - 3/40
　　- 2409^(1/2)/40 - 3/40
ans =3.6481   2.1121   1.1520
　　-4.1231   -2.3871   -1.3020

习题

1. 求线性方程组 $d+\dfrac{n}{2}+\dfrac{p}{2}=q$, $n+d+q-p=10$, $q+d-\dfrac{n}{4}=p$, $q+p-n-8d=1$ 的解.

2. 求方程组 $\begin{cases} uy^2+vz+w=0 \\ y+z+w=0 \end{cases}$ 关于 y, z 的解.

第五章 MATLAB 图形处理功能

第一节 二维图形

1. 基本绘图函数：plot

（1）**单矢量绘图**（single vector plotting）.

plot(y) 绘制矢量 y 的元素与 y 元素下标之间在线性坐标下的关系曲线.

例 1 单矢量绘图.

y=[0   0.6   2.3   5   8.3   11.7   15   17.7   19.4   20];

plot(y)

结果如图 5.1.1 所示.

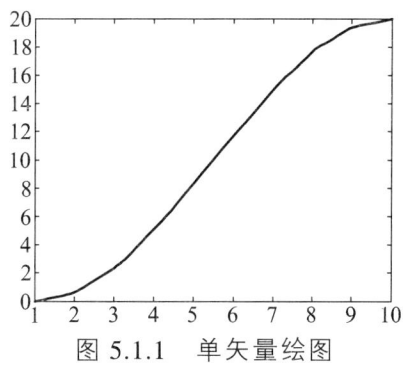

图 5.1.1 单矢量绘图

（2）**双矢量绘图**（Double vector plotting）.

如 x 和 y 是同样长度的矢量，**plot(x, y)** 命令将绘制 y 元素对应于 x 元素的函数 $y(x)$ 曲线图.

例 2 双矢量绘图.

x=0:0.05:4*pi;

y=sin(x);

plot(x,y)

结果如图 5.1.2 所示.

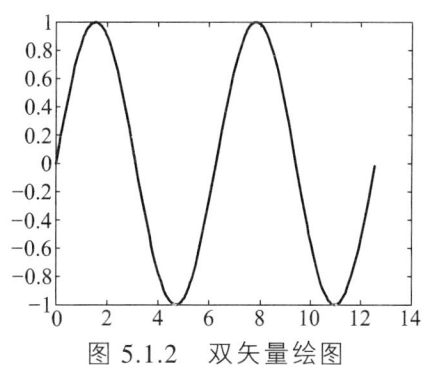

图 5.1.2 双矢量绘图

（3）**多组变量绘图**.

对于一系列相应的矩阵 y_i 和 x_i, 可以使用多组变量绘图法:

plot(x1,y1,x2,y2,…,xn,yn)

这种方法的优点是允许将不同大小的矩阵或矢量的图形绘制在一张图上.

例 3 在同一画面上展示 $y = \sin x$, $y = 0.6\sin x$, $y = 0.3\sin x$ 的图形.

x=0:pi/50:2*pi;

y1=sin(x);

y2=0.6*sin(x);

y3=0.3*sin(x);

plot(x,y1,x,y2,x,y3)

结果如图 5.1.3 所示.

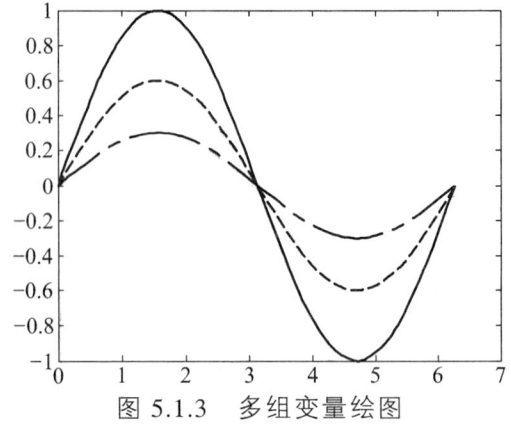

图 5.1.3 多组变量绘图

2. 线形、点标记和颜色

（1）图线的形式（**style of plot**）.

线形:实线'-', 虚线'- -', 冒号线':', 点划线'-.'等.

点标记类型:'.', '+', '*', 'o', '×', 's'(或 square), 'd'(或 diamond)等.

颜色:红'r', 绿'g', 蓝'b', 黄'y', 粉红'm', 青'c'(cyan), 黑'k'.

例 4 用红色虚线绘制 $\sin x$, 用绿色+绘制 $\cos x$.

x=0:pi/20:2*pi;

y=sin(x);z=cos(x)

plot(x,y,'r--',x,z,'g+')

结果如图 5.1.4 所示.

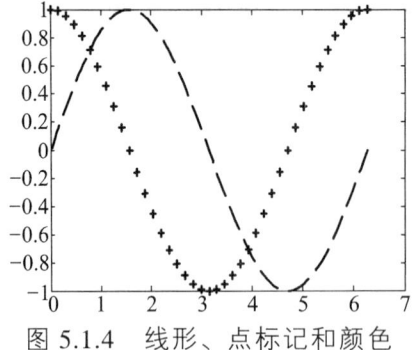

图 5.1.4 线形、点标记和颜色

（2）图线的其他属性.

可设置图线的宽度、标记点的边缘颜色、填充颜色、标记点的大小等.

例 5 设置图线的线形、颜色、宽度、标记点的颜色及大小.

t=0:pi/20:pi;

y=sin(4*t).*sin(t)/2;

plot(t,y,'-bs','LineWidth',2,'MarkerEdgeColor','k','MarkerFaceColor','y','MarkerSize',10)

结果如图 5.1.5 所示.

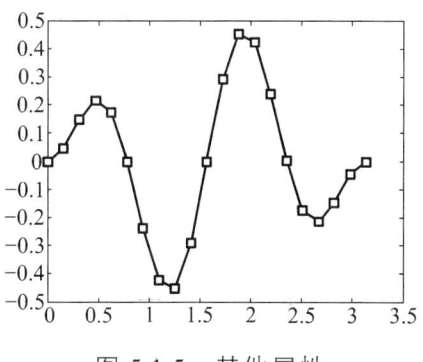

图 5.1.5 其他属性

3. 图形的输出（Output figures）

（1）**图形复制与保存**.

在图形窗口菜单 Edit|Copy Figure，将图形复制在剪贴板上，可将其直接粘贴到文档中，或者点击工具栏保存按钮，保存为 jpg 格式图片，再将其复制到文档.

（2）**图像文件的读写**.

imread 函数用于读取图片文件中的数据，图形窗口中显示的任何图形都可以通过 **getfram** 命令得到相应的位图数据，然后用 **imwrite** 命令存储为其他格式的图像文件. 如：

x=imread('flowers.tif');

image(x)

f=getframe;　　　　　　　% f 是一个结构函数

imwrite(f.cdata,'flowers.jpg')

第二节　图形的控制与表现

1. 图形窗口（figure window）

（1）**图形窗口的创建和选择**.

figure(n) 函数用于为当前的绘图创建图形窗口，每运行一次 **figure** 就会创建一个新的图形窗口，n 表示第 n 个窗口，如果窗口定义了句柄，也可以用 **figure(n)** 将句柄 n 的窗口作为当前窗口.

（2）**在一个图形窗口中绘制多个子图形**.

subplot(m,n,p)，把窗口分成 $m×n$ 个小窗口，并把第 p 个窗口当作当前窗口.

例 1　将 4 个图形显示在同一个图形窗口中.

t=0:pi/20:2*pi;[x,y]=meshgrid(t);

subplot(2,2,1);plot(sin(t),cos(t))

axis equal

subplot(2,2,2);z=sin(x)+cos(y);plot(t,z)

axis([0　2*pi　-2　2])

subplot(2,2,3);z=sin(x).*cos(y);plot(t,z)

axis([0　2*pi　-1　1])

subplot(2,2,4);z=sin(x).^2-cos(y).^2;plot(t,z)
axis([0   2*pi   -1   1])
结果如图 5.2.1 所示.

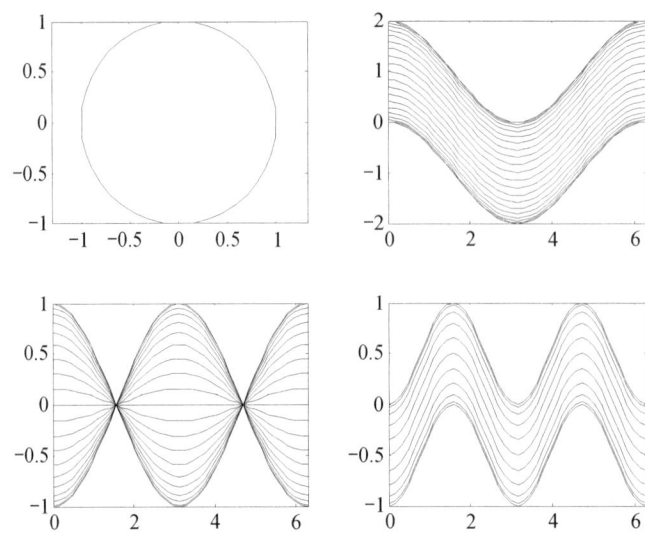

5.2.1   子图效果

（3）在一个已有的图形上绘图.

用 **hold on** 命令在一个已有的图形上继续绘图，使用 **hold off** 命令结束继续绘图.

例 2   将 peaks 函数的等高线图与伪彩色图画在一起.

[x,y,z]=peaks;   %产生变量数组
contour(x,y,z,20,'k')   %绘制等高线
hold on
pcolor(x,y,z)   %绘制伪彩色图
shading interp   %表面色彩渲染
hold off

结果如图 5.2.2 所示.

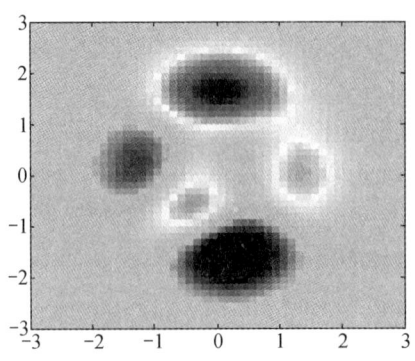

5.2.2   hold on 实现叠加

2. 坐标轴控制命令（Axis control commands）

控制坐标性质的 axis 函数的多种调用格式：

Axis(xmin xmax ymin ymax)	指定二维图形 x 和 y 轴的刻度范围
axis auto	设置坐标轴为自动刻度（缺省值）
axis manual(或 axis(axis))	保持刻度不随数据的大小而变化
axis tlght	以数据的大小为坐标轴的范围
axis equal	使坐标轴刻度增量相同
axis square	使各坐标轴长度相同，但刻度增量未必相同
axis normal	自动调节轴与数据的外表比例，使其他设置失效
axis off	使坐标轴消隐
axis on	显现坐标轴

（1）坐标轴的范围（Domain of coordinates axis）.

二维图形坐标轴范围在缺省状态下是根据数据的大小自动设置的，如欲改变，可利用
axis(xmin xmax ymin ymax)
函数来定义.

例 3 定义坐标轴范围对观察图形的影响.

x=0:.01:pi/2;
figure(1)
plot(x,tan(x),'-ro')   %y_{max}=tan(1.57),而其他数据都很小,将使图形难于观察.
figure(2)
plot(x,tan(x),'-ro')
axis([0,pi/2,0,5])   %对坐标轴的范围进行控制就可得到较满意的绘图结果

结果如图 5.2.3 所示.

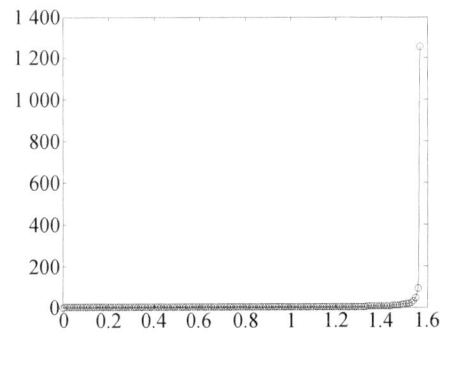 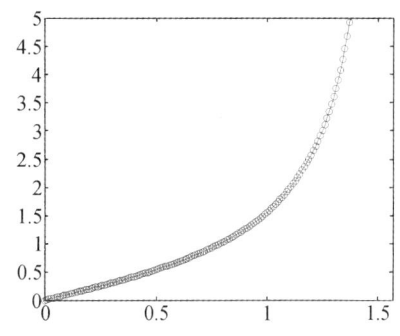

（a）图形全景　　　　　　　（b）定制坐标显示的局部图形

图 5.2.3　定制坐标轴范围对观察图形的影响

（2）显示比例对绘图结果的影响（Effect of display scaling on plotting results）.

例 4 比较**(Default,axis square,axis equal,axis tight)**几种不同的显示方式的效果.

t=0:pi/20:2*pi;
figure(1)

subplot(2,1,1);plot(sin(t),2*cos(t))   %缺省状态下的图形比例
gridon
subplot(2,1,2);plot(sin(t),2*cos(t))
axis square   %正方形的显示比例
grid on
figure(2)
subplot(1,2,1);plot(sin(t),2*cos(t))
axis equal   %具有相等的刻度比例
grid on
subplot(1,2,2);plot(sin(t),2*cos(t))
axis tight   %紧缩形式
grid on

结果如图 5.2.4 所示.

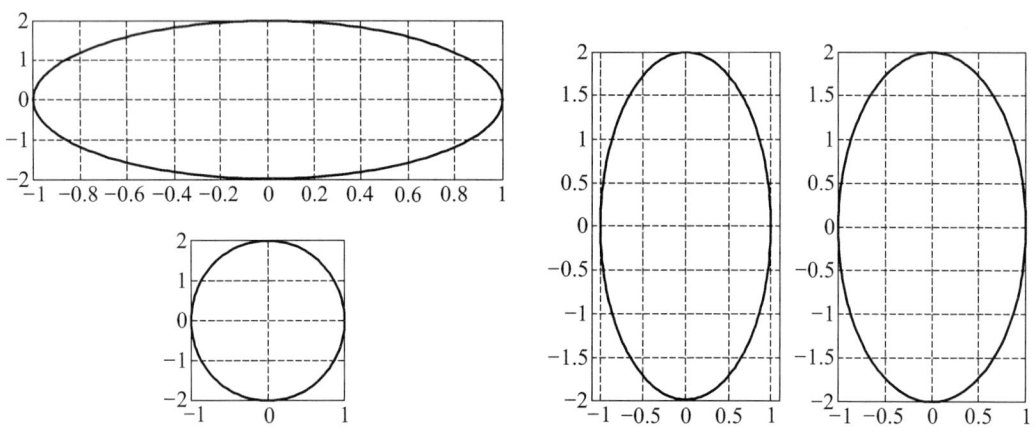

图 5.2.4　几种坐标轴显示方式

3. 添加网格

grid on   显示网格
grid off   隐藏网格

4. 图形标注

title   标题；
xlabel   *x* 轴标注；
ylabel   *y* 轴标注；
text   任意定位的标注；
gtext   鼠标定位标注；
legend   标注图例.

图形标注可以使用字母、数字、汉字或按规定的方法表示希腊字母，如\pi 表示 π，\leq 表示≤，\rm 表示后面的字恢复为正体字，\it 表示斜体字，**FontSize** 表示字体的大小，**FontName** 表示字体的类型等.

添加标注时，可以使用图形窗口的 Insert 菜单，也可以使用属性编辑器，还可以使用

函数输入的方法加标注，以下介绍相关函数的使用方法.

（1）加注坐标轴标识和图形标题（Add axis labels and title of figure）.

加注坐标轴标识：**xlabel('s'), ylabel('s')**

图形标题：**title('s')**

（2）图中加注文本（Add text in the figure）

text(x,y,'字符串')

例5 在正弦图中加注释语句.

t=0:pi/100:2*pi;

y=sin(t);

plot(t,y)

axis([0　2*pi　-1　1])

xlabel('0\leq\itt\rm\leq\pi','FontSize',16)

ylabel('sin(t)','FontSize',20)

title('正弦函数图形','FontName','隶书','FontSize',20)

text(3*pi/4,sin(3*pi/4),'\leftarrowsin(t)=0.707','FontSize',16)

text(pi,sin(pi),'\leftarrowsin(t)=0','FontSize',16)

text(5*pi/4,sin(5*pi/4),'sin(t)=-0.707\rightarrow','FontSize',16,'HorizontalAlignment','right')

结果如图 5.2.5 所示.

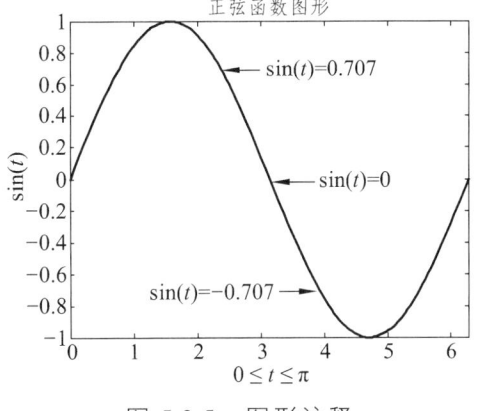

图 5.2.5　图形注释

句中：

leftarrow 表示加一个向左的箭头

rightarrow 表示加一个向右的箭头

Horizontal Alignment 表示右对齐水平排列

gtext 函数用于在图形窗口上用鼠标直接在指定的位置上加注文本，调用格式：

gtext('字符串')

（3）指定 TeX 字符.

例6 在标题中指定 TeX 字符示例.

t=0:pi/100:2*pi;alpha=-0.8;beta=15;

```
y=sin(beta*t).*exp(alpha*t);
plot(t,y)
title('{\itAe}^{-\it\alpha\itt}sin\it\beta{\itt}\it\alpha<<\it\beta')
xlabel('时间\mus.'),
ylabel('幅值')
```
结果如图 5.2.6 所示.

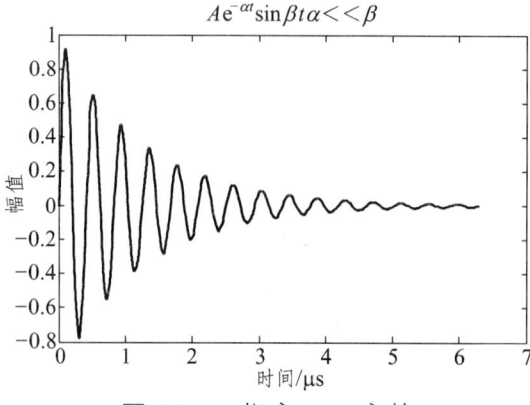

图 5.2.6　指定 TeX 字符

在 title 中字符串表现的是 $Ae^{-\alpha t}\sin\beta t\alpha<<\beta$

{\itA}e^{-\it\alpha\itt} sin\it\beta{\itt}\it\ alpha<<\it\beta

斜体 A　上标斜体 αt　　斜体 βt　　斜体 α　　斜体 β

（4）在图形中添加图例框（Add legend in the figure）.

legend(字符串 1,字符串 2,…)

例 7　在当前图形中添加图例框示例.

```
x=0:pi/10:2*pi;
y1=sin(x);
y2=0.6*sin(x);
y3=0.3*sin(x);
plot(x,y1,x,y2,'-o',x,y3,'-*')
legend( '曲线 1','曲线 2','曲线 3')
legend('boxoff')
```
结果如图 5.2.7 所示.

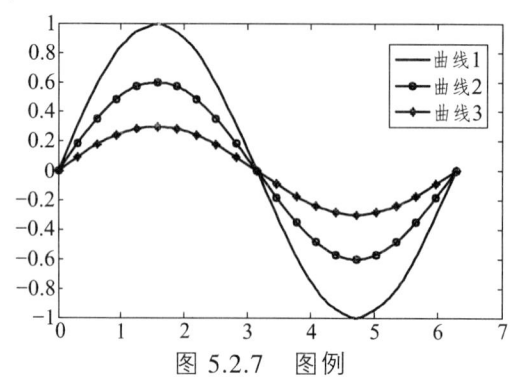

图 5.2.7　图例

第三节 特殊图形

1. 条形图（Bar figure）

条形图：bar(y),bar(x,y),bar3(y),bar3(x,y)

（1）二维条形图：**bar(y), bar(x,y), barh.**

① 如果 y 是矢量，**bar(y)** 绘制最简单的条形图，每一个条形图的位置由 y 元素的下标决定，高度由 y 元素的大小决定.

例 1 单组条形图.

a=[1　3　5　4　3　7　2　8　4]

bar(a)

结果如图 5.3.1 所示.

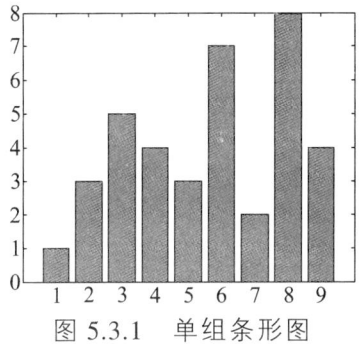

图 5.3.1 单组条形图

② 当 y 是 $m×n$ 阶的矩阵时，**bar(y)** 绘制的条形图以分组或叠加的形式表现. 矩阵中每一行元素绘制在一组中，每一列元素绘制在每组中相对应的位置上（各组中同样颜色的条形表示同一列数据）.

例 2 绘制分组形式的条形图.

y=[9　8　6;2　5　8;6　2　9;5　8　7;9　4　2];

bar(y)

结果如图 5.3.2 所示.

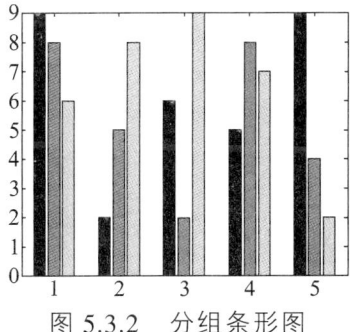

图 5.3.2 分组条形图

例 3 绘制叠加形式的条形图.

y=[9　8　6;2　5　8;6　2　9;5　8　7;9　4　2];

bar(y,'stack')

结果如图 5.3.3 所示.

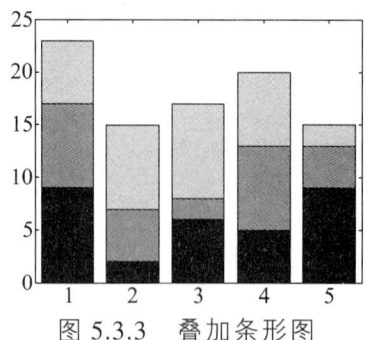

图 5.3.3 叠加条形图

③ 使用 **bar(x,y)** 绘制指定 x 坐标的条形图,其中 x 必须是矢量,用于确定各组条形图的位置.

例 4 指定 x 坐标的二维条形图.

x=[1 2 4 7 10];y=[9 8 6;2 5 8;6 2 9;5 8 7;9 4 2];
bar(x,y)

结果如图 5.3.4 所示.

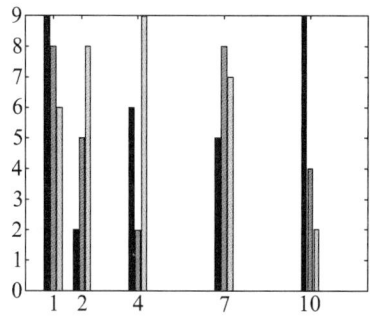

图 5.3.4 指定 x 坐标的分组条形图

例 5 绘制指定 x 坐标的叠加形式的二维条形图.

x=[1 2 4 7 10];y=[9 8 6;2 5 8;6 2 9;5 8 7;9 4 2];
bar (x,y,'stack')

结果如图 5.3.5 所示.

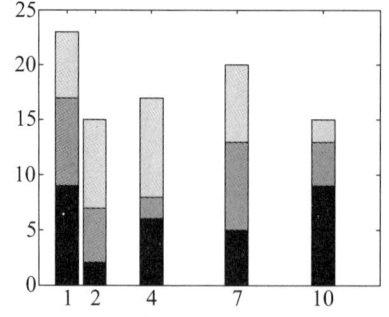

图 5.3.5 指定 x 坐标的叠加条形图

(2)三维条形图:**bar3(y)**,将 $m×n$ 阶的矩阵绘制成分布在三维空间中的柱体,有分组形式和分列形式两种.

例 6 分组形式的三维条形图.
y=[9　8　6;2　5　8;6　2　9;5　8　7;9　4　2];
bar3 (y,'group')
结果如图 5.3.6 所示.

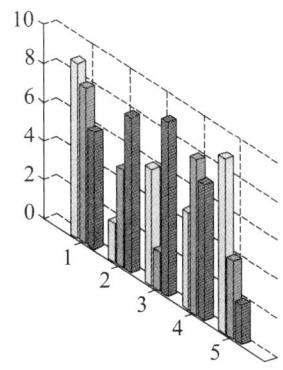

图 5.3.6　分组形式的三维条形图

例 7 分列形式的三维条形图.
y=[9　8　6;2　5　8;6　2　9;5　8　7;9　4　2];
bar3(y)
结果如图 5.3.7 所示.

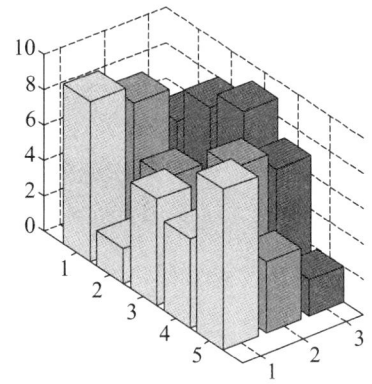

图 5.3.7　分列形式的三维条形图

2. 饼图（pie）

用于表示矢量或矩阵中各元素所占有的比例. 函数 **pie** 和 **pie3** 提供平面饼图和三维饼图的绘图功能.

　　***pie(x)**　使用 *x* 中的数据绘制饼图，*x* 中的每一个元素用饼图中的一个扇区表示.
　　***pie(x,explode)**　将一些扇区从饼图中分离出来，**explode** 为一个与 *x* 尺寸相同的矩阵，其非零元素所对应的 *x* 矩阵中的元素从饼图中分离出来.

（1）不分离饼图.
　　例 8　不分离饼图.
x=[5.5　74.7　44.5　33.2　46.6];
pie(x)

结果如图 5.3.8 所示.

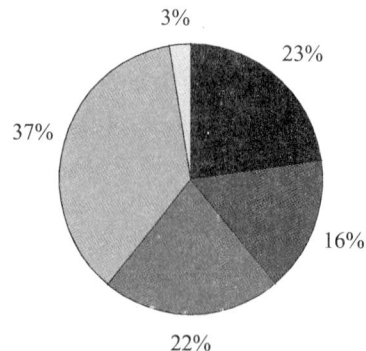

图 5.3.8　不分离饼图

（2）带分离切块的饼图.

在矢量 x 的后面加一个与 x 相同长度的矢量,该矢量中所有不为 0 的元素所对应的矢量 x 中的切块将被分离出来.

例 9　带分离饼图.

x=[5.5　74.7　44.5　33.2　46.6];

pie(x,[0　0　0　0　1])　　　%分离第 5 块

结果如图 5.3.9 所示.

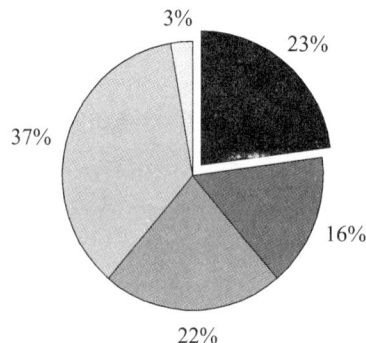

图 5.3.9　带分离饼图

（3）三维饼图.

有一定厚度的饼图,由函数 **pie3** 实现,调用方法与二维饼图相同.

例 10　带分离切块的三维饼图.

pie3([1　2　3　4　5],[0　1　0　1　0])

结果如图 5.3.10 所示.

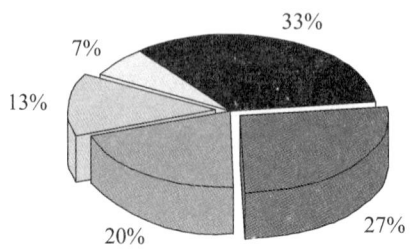

图 5.3.10　带分离三维饼图

习题

1. 在同一坐标系下画出 $y=0.2\mathrm{e}^{0.1x}\sin 0.5x$ 和 $y=0.2\mathrm{e}^{0.1x}\cos 0.5x$ 在区间 $[0,2\pi]$ 的图形.

2. 在同一坐标平面内，取参数 a=1, 1.5, 2, 2.5, 3，绘制不同摆线：
$$\begin{cases} x=a(t-\sin t), \\ y=a(1-\cos t), \end{cases} 0\leqslant t\leqslant 2\pi,$$

观察参数 a 对摆线的影响.

3. 画出曲线 $f(x)=\cos x\mathrm{e}^{2\sin x}-\sin x\mathrm{e}^{2\cos x}, x\in[-10,10]$. 要求：

（1）观察该函数在已知区间上有几个零点，有几个极值点？

（2）编制程序求出函数在已知区间[-5，5]上的最大值点和最大值.

参考文献

[1] 姜启源，谢金星，叶俊. 数学模型[M]. 4 版. 北京：高等教育出版社，2011.

[2] 刘元亮，姚慧华，寇世琪，等. 科学认识论与方法论[M]. 北京：清华大学出版社，1987.

[3] LUCAS W F. 政治及有关模型[M]. 长沙：国防科技大学出版社，1996.

[4] LIU T, ZHENG L. A novel method for solving the river-crossing problem based on dijkstra's algorithm[C]. ITME, 2014: 6-10.

[5] 王连堂. 数学建模[M]. 西安：陕西师范大学出版社，2008.

[6] MICHAEL Mesterton-Gibbons. A Concrete Approach to Mathematical Modeling. Addison-Wesly,1989.

[7] WINSTON W L. Operations Research（影印版）[M]. 北京:清华大学出版社,2004.

[8] FLOUDAS C A, PARDALOS P M, ADJIMAN C S, et al. Handbook of Test Problems in Local and Global Optimization[M]. Amsterdam: Kluwer Academic Publishers, 1999.

[9] 赵静，但琦. 数学建模与数学实验[M]. 3 版. 北京：高等教育出版社，2008.

[10] BRADLEY S P, HAX A C, MAGNANTI T L. Applied Mathematical Programming[M]. Boston: Addison Wesley Publishing, 1977.

[11] 陈国华，韦程东，蒋建初，等. 数学模型与数学建模方法[M]. 天津：南开大学出版社，2012.

[12] ERNST L R. Apportionment methods for the house of representatives and the court challenges[J]. Management Science, 1994, 40 (10):1207-1227.

[13] BALINSKI M L, YOUNG H P. Fair Representation[M]. Washington, D C: Brookings Institution Press, 2001.

[14] BURGHES D N, HUNTLEY I, MCDONALD J. Applying Mathematics: A Course in Mathematical Modeling[M]. New York: John Wiley & Sons, 1982.

[15] ROBERTS F S. Discrete Mathematical Models[M]. Englewood Cliffs:Prentics Hall, 1976.

[16] SAATY T L, ALEXANDER J M. Thinking with Models[M]. Oxford: Pergamon Press, 1981.

[17] BERRY J S. Teaching and Applying Mathematical Modeling[M]. New York: John Wiley & Sons, 1984.

[18] 姜启源. 数学模型[M]. 2 版. 北京：高等教育出版社，1993.

[19] BOWERMAN B L, O'Connell R T. Applied Statistics: Improving, Business Processes[M]. New York: McGraw Hill Comp. Inc. , 1997.

[20] BATES D M, WATTS D G. Nonlinear Regression Analysis and Its Applications[M]. New York: John Wiley & Sons, 1988.

[21] DRAPER N R, SMITH H. Applied Regression Analysis[M]. 3rd ed. New York: John Wiley & Sons, 1998.

[22] 何晓群，刘文卿. 应用回归分析[M]. 3 版. 北京：中国人民大学出版社，2011.

[23] 袁新生，邵大宏，郁时炼. LINGO 和 Excel 在数学建模中的应用[M]. 北京：科学出版社，2007.

[24] 胡运权. 运筹学习题集（修订版）[M]. 北京：清华大学出版社，1995.

[25] 刘铁，武海辉 刘秀丽等. 数学模型与实验[M]. 北京：科学出版社，2018